Vergessene Pfade
Bodensee

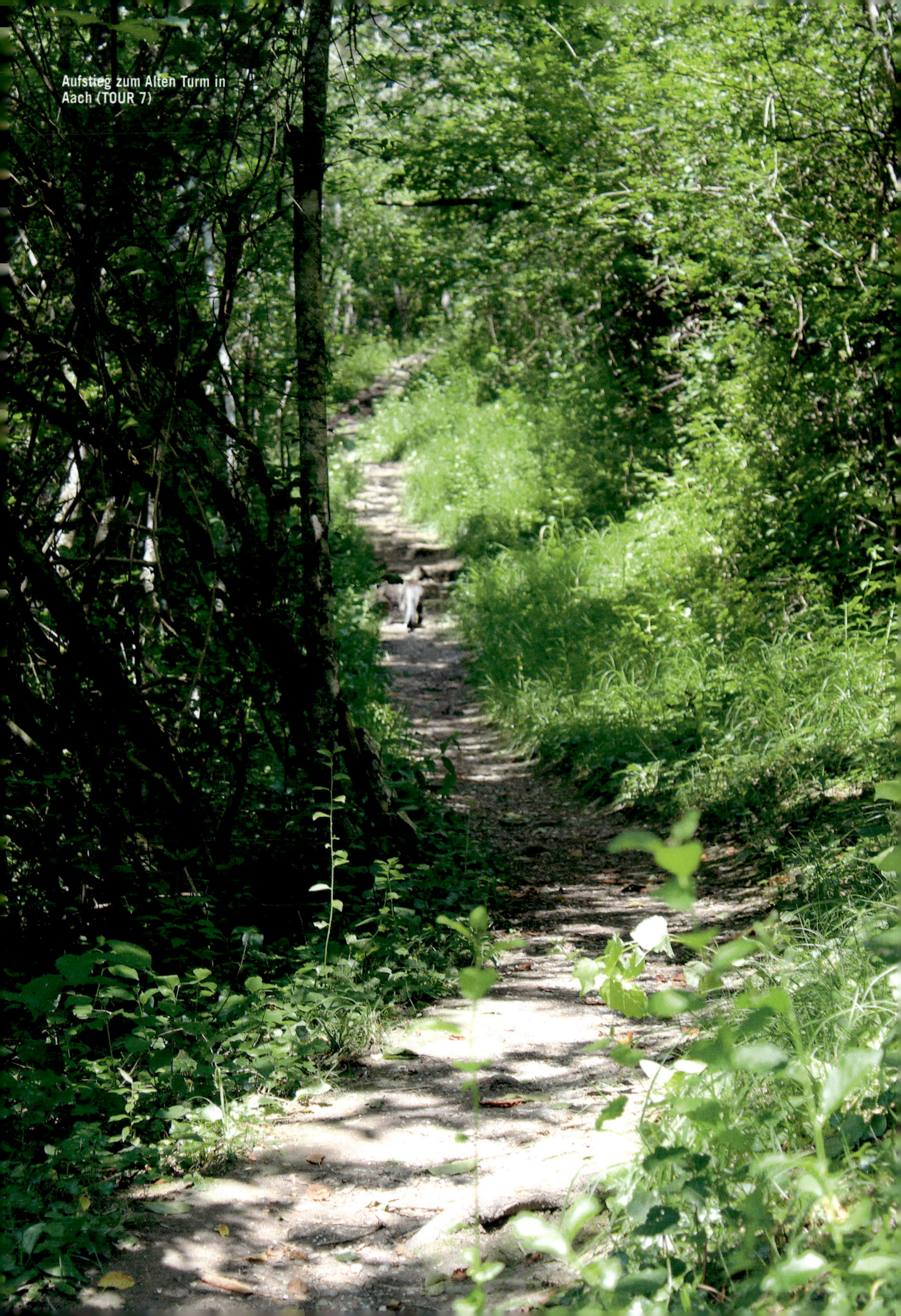

Aufstieg zum Alten Turm in Aach (TOUR 7)

Benedikt Grimmler

Vergessene Pfade
BODENSEE

36 außergewöhnliche Touren
abseits des Trubels

BRUCKMANN

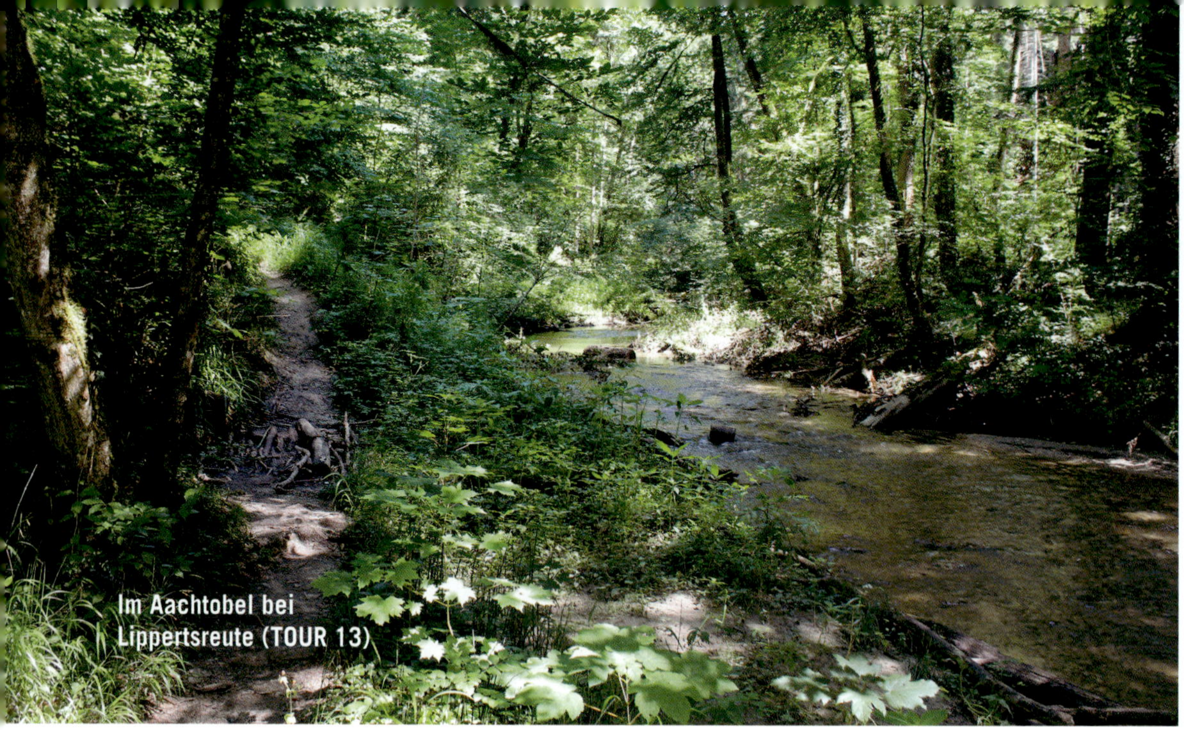

Inhalt

Nachwachsende Verpflegung am Wegesrand (Tour 5)

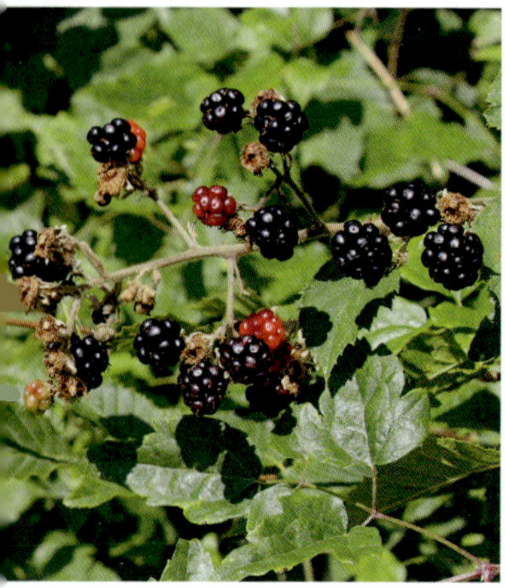

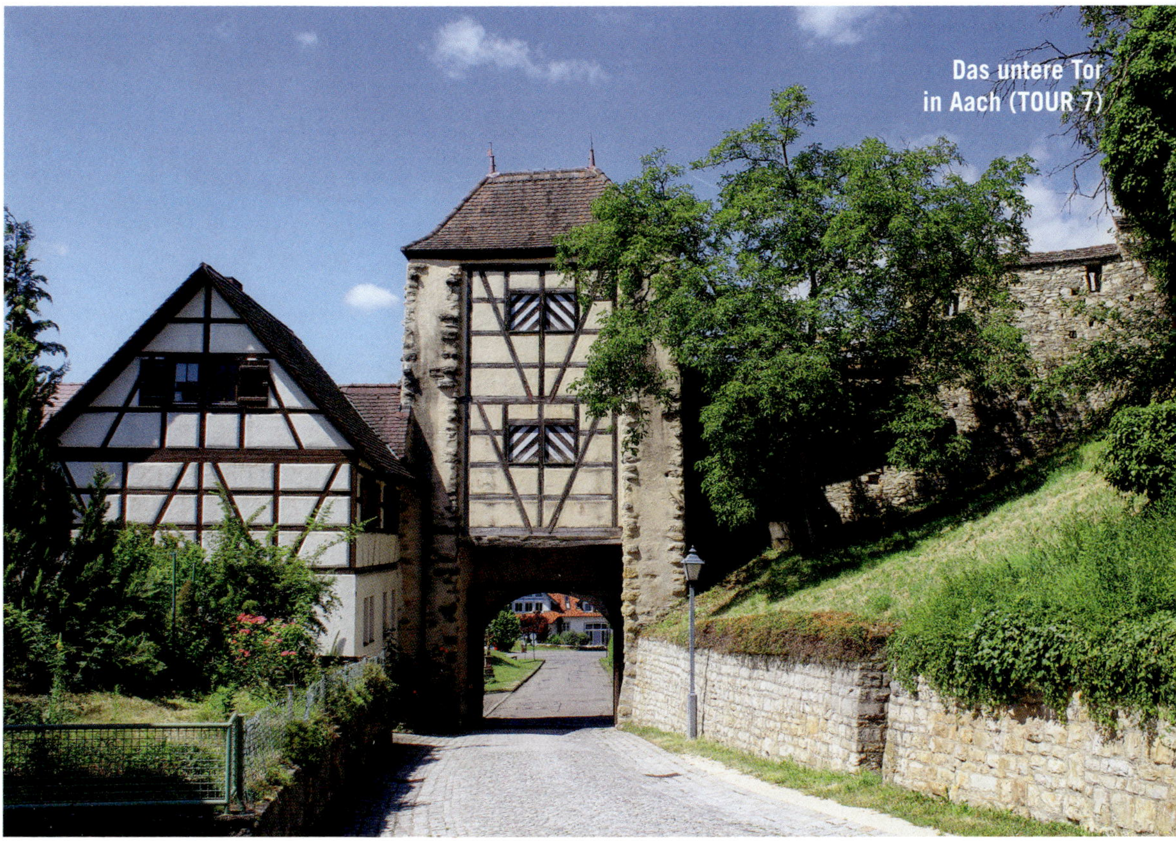

Das untere Tor in Aach (TOUR 7)

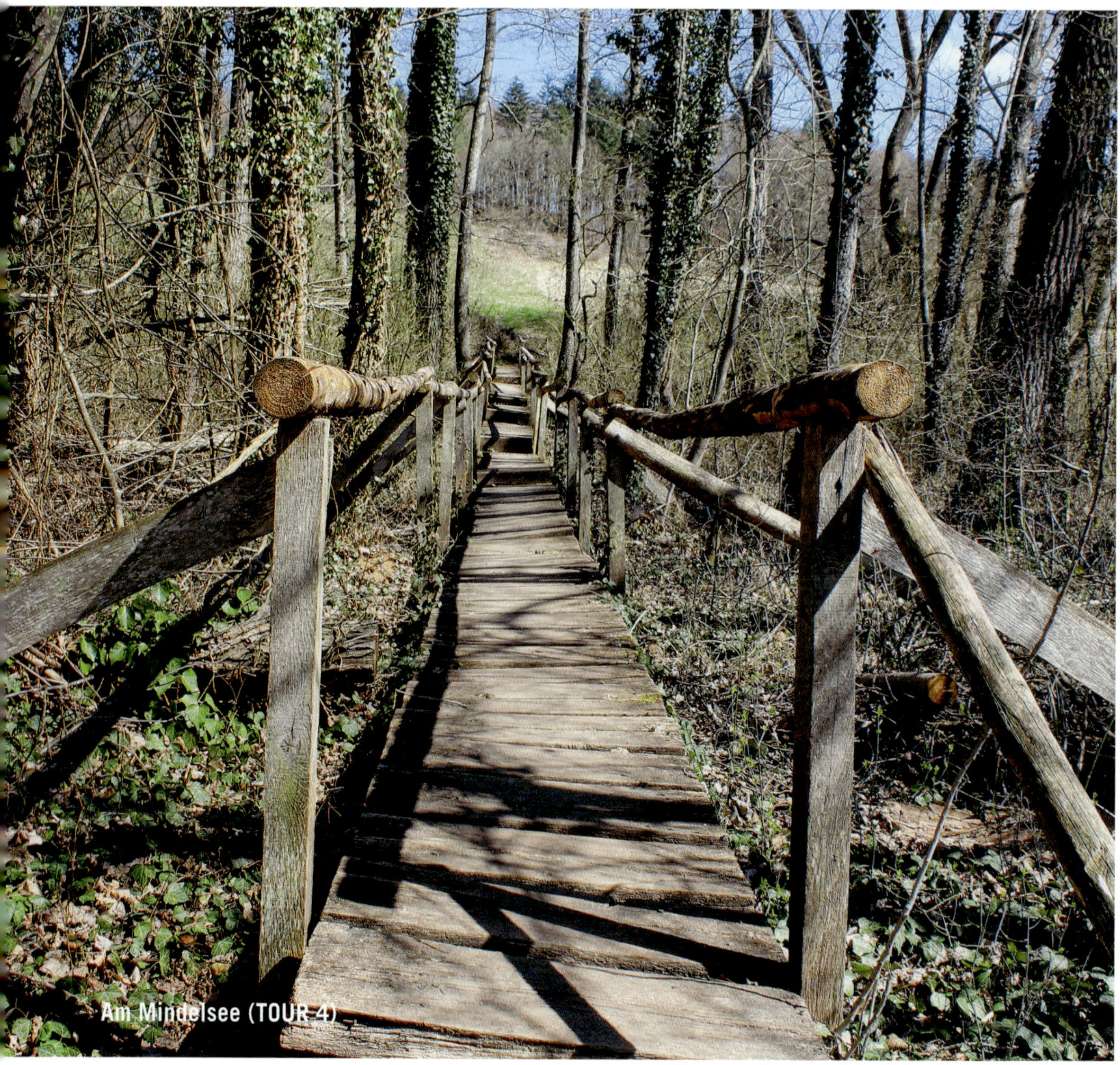

Am Mindelsee (TOUR 4)

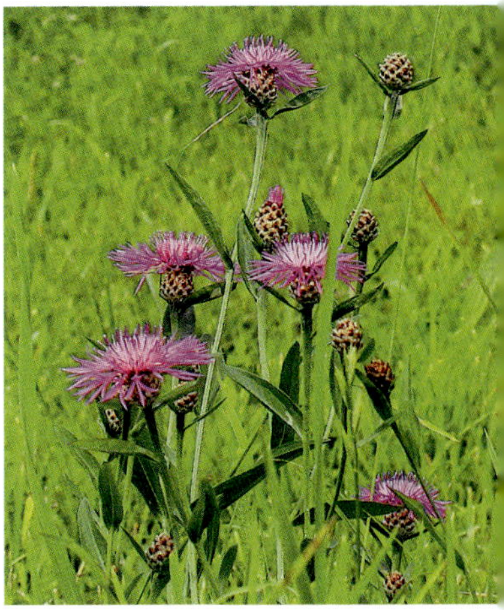

Der Bodenseeraum ist blütenreich.

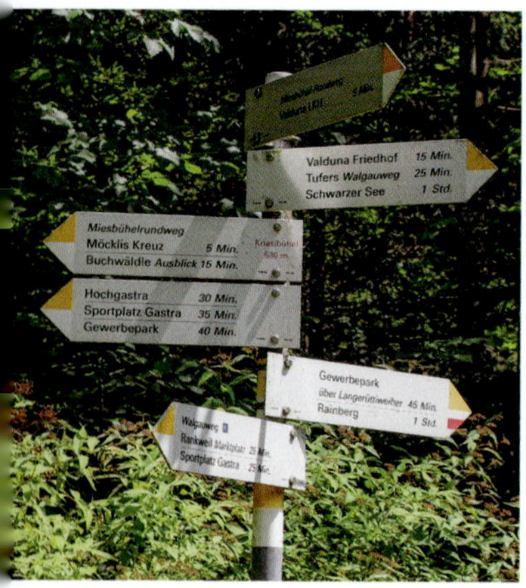

Viele Wege führen durch das Valdunatal (TOUR 28).

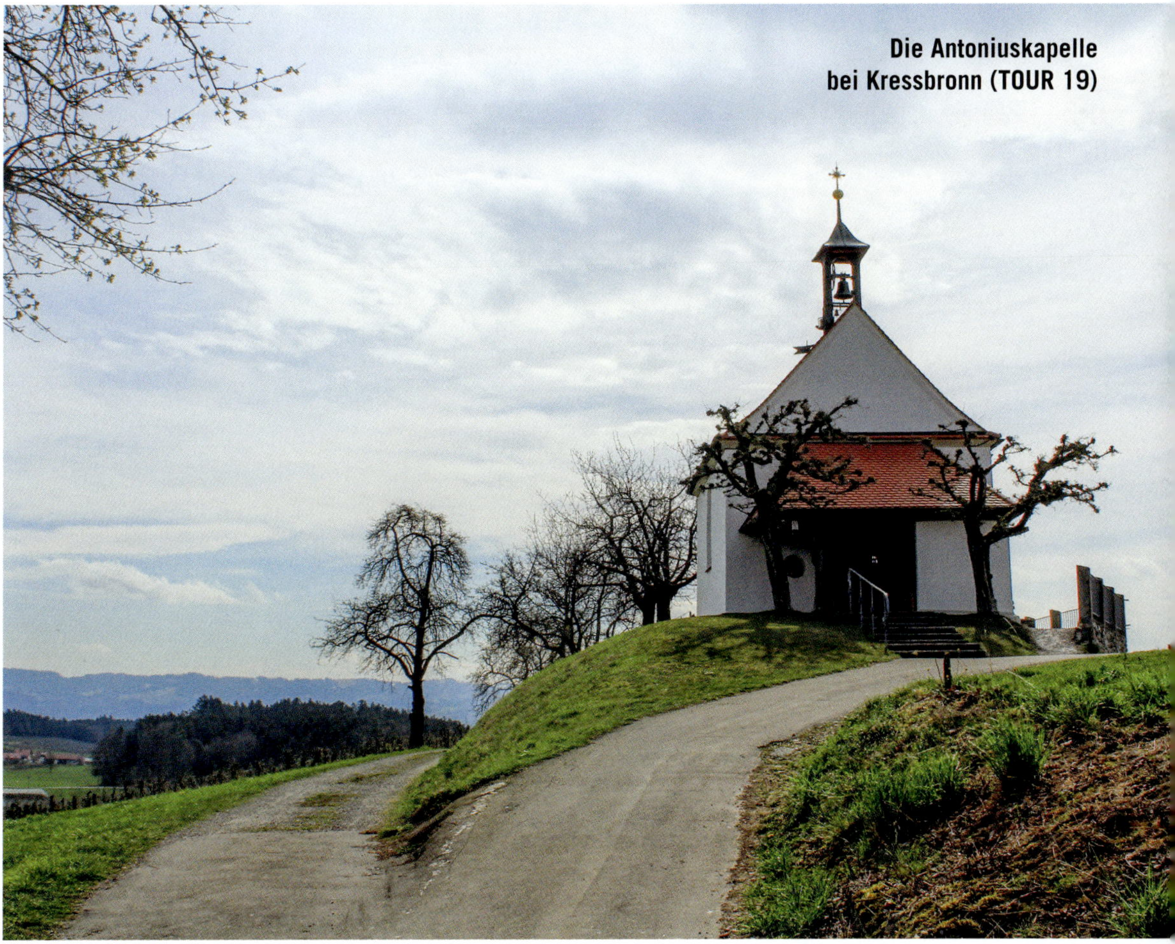
Die Antoniuskapelle bei Kressbronn (TOUR 19)

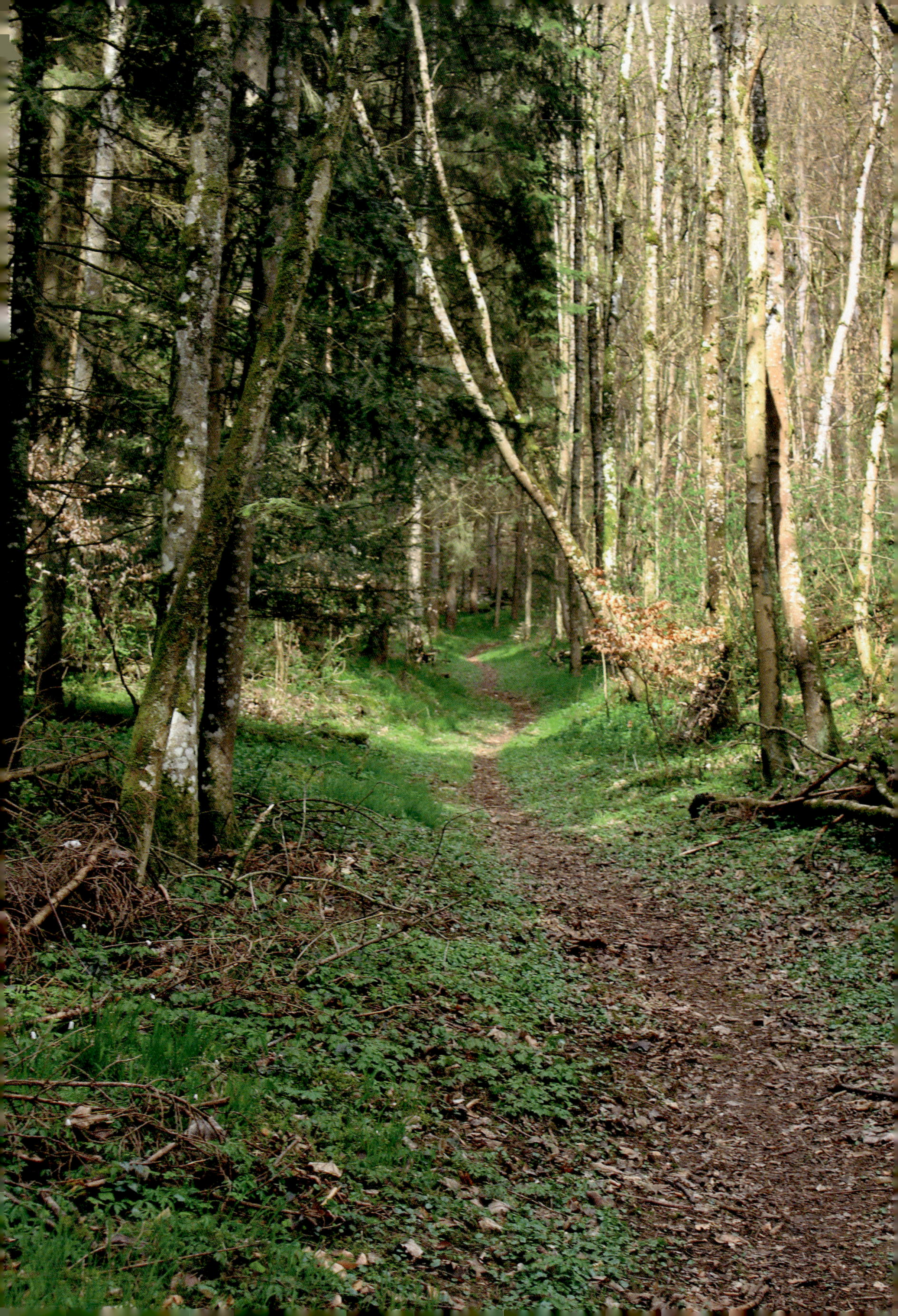

Vorwort

»Vergessene Pfade am Bodensee. Gibt es die überhaupt?« Das ist eine berechtigte Frage – und die Antwort ist ein eindeutiges: Jein. Vergessene Pfade im Sinne von kaum mehr oder seit Langem ungenutzten Wegen, wie wir sie in traditionsreichen Wandergebieten wie dem Schwarzwald, dem Taunus oder dem Fichtelgebirge finden, sind im Bodenseeraum eher die Ausnahme. Hier fehlen undurchdringliche große Waldgebiete, sich bis zum Horizont erstreckende Heideflächen oder menschenleere Hochgebirgslandschaften. Die Region ist seit 6000 Jahren besiedeltes Kulturland, seit gut 200 Jahren beliebtes Touristenziel. Was also sind vergessene Pfade am Bodensee? Es sind die Wege, die nicht auf den ersten, auch nicht auf den zweiten Blick ins Auge fallen. Pfade zu Ortschaften, zu Kunstschätzen, durch Landschaften und die Natur, die abseits des Massentourismus liegen, ins Unbekannte der Region führen.

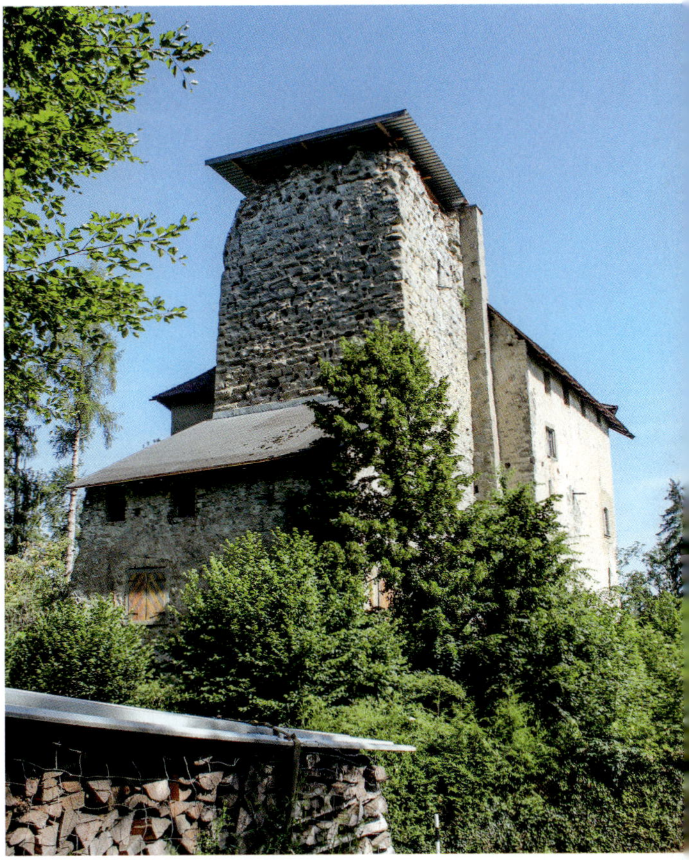

Man sieht ihm das Vergessensein an: St.-Anna-Schloss bei Rorschach

Wir finden auch hier einsame Wege durch stille Täler, überwachsene Trampelpfade, Strecken, auf denen einem lange keine Menschenseele begegnet. Auf all das, wofür der Bodenseeraum für gewöhnlich steht, mildes Klima, Kulturschätze von hohem Rang, Bade- und Freizeitvergnügen, internationales Flair einer Dreiländerregion, örtliche Genussspezialitäten, müssen wir deshalb keineswegs verzichten. Im Gegenteil, wir kombinieren unsere Entdeckerlust, die Sehnsucht, eher das Stille zu genießen, und die vielfältigen Verlockungen und Angebote rund um den Bodensee einfach auf die – hoffentlich – angenehmste Weise, indem wir zu Fuß die etwas weißeren Flecken der Wanderkarte erkunden. Kommen Sie also mit auf die vergessenen Pfade am Bodensee, lernen Sie als Gast oder auch als Einheimischer die Region besser kennen, lassen Sie sich von ihrer Vielfalt im kleinen Detail überraschen und von der Anziehungskraft der Ruhe und des Unbekannten verführen.

Hierbei wünscht Ihnen viel Vergnügen und eine erlebnisreiche Zeit am Bodensee

Benedikt Grimmler

Linke Seite: Einsame Pfade durch den Wald: Wer sie sucht, findet sie auch am Bodensee.

Die Bodenseeregion

Rund um den See: Kultur …

Der Bodenseeraum ist eine beliebte Reiseregion und eine schon früh von Menschen geprägte Kulturlandschaft – seit etwa 6000 v. Chr. sind die ersten, dauerhaft sesshaften Siedler nachweisbar, in den berühmten Pfahlbauten (die übrigens nicht immer am Seeufer stehen mussten, wie Ihnen Tour 34 verrät). Nach ihnen hinterließen Kelten, Römer, Alemannen, Rätoromanen, Staufer, Welfen, Habsburger, Eidgenossen, Wandermönche und Fürstäbte, Pilger nach Sankt Gallen und Einsiedeln, Bischöfe und Industriegrößen, Zeppelinbauer, Erfinder, Maler und Dichter und viele, viele mehr ihre noch immer sichtbaren Spuren; aber auch die einfachen Menschen in ihren Dörfer und Städten, Weilern und Bauernhöfen, die vom Ufer bis in die höheren Regionen der Voralpen sehr zahlreich sind. Ständig tauchen in den Touren als Wegmarken Klöster, Kirchen, Burgen, Ruinen, Reichsstädte und Wallfahrtskapellen auf, aber auch die Stätten der modernen Freizeitkultur wie Strand- und Freibäder, Biergärten, Wild- und Freizeitparks – und unzählige Einkehrstätten aller Art vom Grillplatz über den Strandkiosk, vom Dorfladen bis zum historischen Gasthaus.

… und Natur

Der Mensch hat den Kulturraum Bodensee geprägt und prägt ihn noch immer, doch beliebt war die Region seit dem Einsetzen des Tourismus und der »Sommerfrischler« ab dem frühen 19. Jahrhundert für das, was die Einheimischen ohnehin schon immer zu schätzen wussten, die einmalige Vielfalt an Natur: Der riesige Süßwasserspeicher ist ein Tummelplatz für die Fauna und ein fruchtbarer Boden für die Flora.

Im Hegau: Einzelberge wie hier die Rosenegg (TOUR 6)

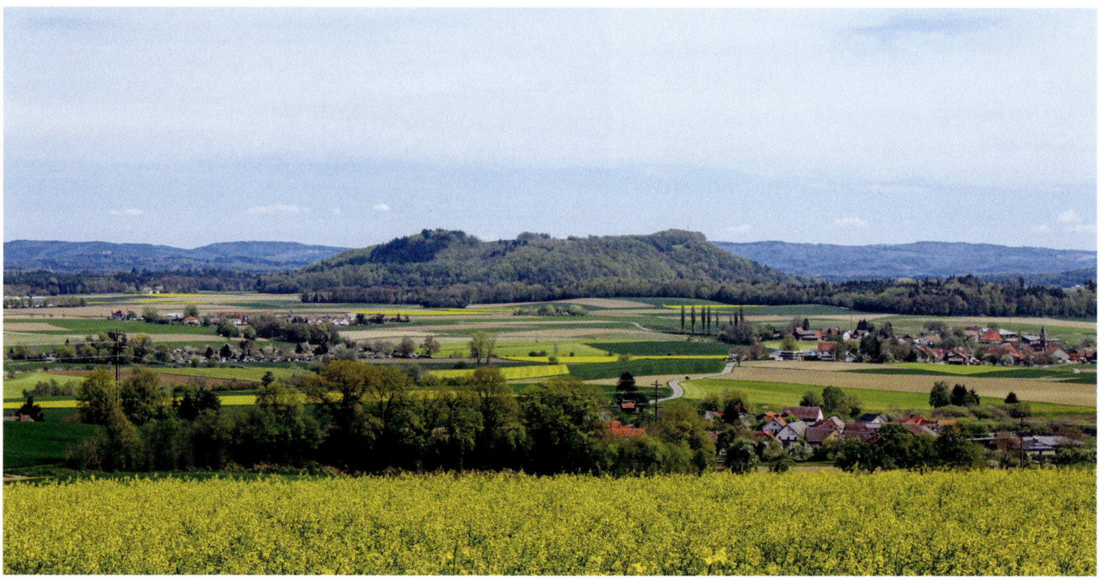

Das Gegenstück zu den drei großen UNESCO-Weltkulturerbestätten Reichenau, Pfahlbauten und Sankt Gallen sowie den vielen Kulturschätzen sind die Naturschutzgebiete von internationalem Rang in allen drei Ländern, darunter das Eriskircher und das Wollmatinger Ried sowie das Rheindelta, wobei diese drei großen umgeben sind von einer kaum überschaubaren Anzahl weiterer mittlerer bis kleinster Schutzgebiete.

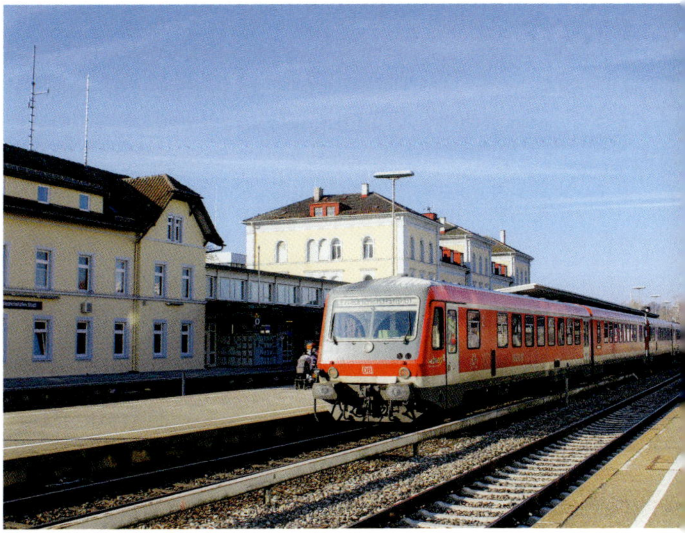

Das Verkehrsnetz um den See ist gut ausgebaut (hier: Bahnhof Friedrichshafen).

Mit gut 540 Quadratmetern Fläche und 273 Kilometern Uferlinie Mitteleuropas größtes Gewässer, besteht der See genaugenommen aus – mindestens – drei Teilen: dem großen Obersee zwischen Konstanz und Bregenz, dem südwestlichen Untersee zwischen Kreuzlingen und Stein am Rhein und dem nördlichen Überlinger See. Politisch kommen die drei angrenzenden Länder hinzu: Deutschland, die Schweiz und Österreich, gelegentlich wird auch Liechtenstein noch dazugezählt. Warum der Bodensee »Schwäbisches Meer« genannt wird, erschließt sich daraus nicht unbedingt: die schwäbische »Küstenlinie« ist nach der österreichischen, auch unter Hinzuziehung des bayerischen Teiles um Lindau, die kürzeste. Badisches oder Ostschweizer Meer wäre somit exakter (und würde manch einem sicher besser gefallen), aber da die Schweizer ihre nördlichen Nachbarn lange summarisch als »Schwaben« bezeichneten, ergibt der Name wiederum durchaus Sinn. Die drei Länder teilen sich übrigens den See als internationales Kondominium – eine eigentliche Grenze gibt es auf dem Obersee nicht.

Vergessene Pfade?

Die Beliebtheit der Region seit der Steinzeit und erst recht in unseren Tagen ist für einen Wanderer, der die Einsamkeit sucht, nicht ganz unproblematisch, wie schon im Vorwort angesprochen. Seit Jahrtausenden ist das Umland des Sees mehr oder weniger dicht besiedelt, und nah am Ufer tut man sich recht schwer mit stiller Wanderfreude, besonders in der Feriensaison. Umgekehrt ist auch das Hinterland uralter Kulturboden und reich gesegnet mit Entdeckenswertem abseits der viel besuchten Touristenpilgerstätten. Vergessene Pfade im Sinne stundenlanger Waldeinsamkeit anzutreffen, ist folglich zwar kaum möglich, aber reizvolle, stille und oft erstaunlich menschenleere Touren zu unbekannten Stätten, Naturschönheiten und Geheimtipps aller Art, die Sie sich nicht mit einer Busladung fotografierwütiger Baedeker-Touristen teilen müssen, gibt es in Hülle und Fülle. Unser Buch möchte also insbesondere die eher vergessenen Schönheiten von Orten, deren Name nicht immer geläufig ist, die selbst mancher Anrainer unterschätzt, vorstellen und Besucher der Region ebenso überraschen wie Einheimische, die aufgefordert werden, vor der Haustür auf Erkundungstour zu gehen.

Die Molasse macht's: Landschaften am See

Molasse ist allgemein gesprochen die Gesteinsschicht, die bei einer Gebirgsbildung im Vorfeld übrig bleibt, in unserem Fall der weiche Sandstein, der die Bodenseeregion prägt. Heute ist die Region für ihr Klima beliebt, milde Winter, warme Sommer (unbeliebter sind die nebligen Herbste); geformt wurde die Landschaft allerdings maßgeblich während der letzten Eiszeit. Höri, Linzgau und Oberschwaben im Norden, aber auch der Thurgau und das ufernahe St. Galler Land sind charakteristische Molasselandschaften mit Moränenhügeln und vielen tief eingeschnittenen Tobeln, selbst bei kleinsten Wasserläufen. Für uns Wanderer hat dies, abgesehen vom welligen Profil, noch andere Auswirkungen: Der feine Abrieb des Sandsteins ist je nach Witterung staubig trocken, vor allem jedoch nach Niederschlägen lehmartig glitschig. Bei schmalen Pfaden an steilen Felshängen – die im Bodenseeraum nicht selten sind – ist dies eine nicht zu unterschätzende Gefahr. Der Hegau im Westen um Singen und Engen ist dagegen eine Vulkanregion, in der auch der Laie die einstigen feuerspeienden Berge mit bloßem Auge erkennen kann. Dabei handelt es sich nicht um die Kegel, sondern die erhärtete Lava aus dem Schlot – den Berg drumherum hat die Erosion längst beseitigt. Im Allgäu und in Vorarlberg haben wir es schließlich mit Voralpenland zu tun, das besonders an den Rändern des Rheintals sehr schnell an Höhe gewinnt.

Wem Wandern allein nicht reicht: Fitness am Wegrand

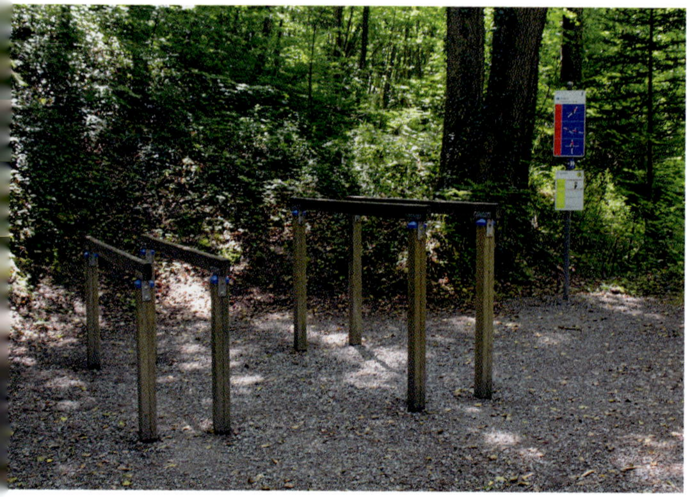

Für Familien geeignet

Dieser Hinweis am Ende unserer Tourencharakteristiken muss naturgemäß näher präzisiert werden. Er bedeutet nicht, dass es sich um einen Spaziergang handelt, sondern durchaus um anspruchsvolle Wanderungen auch mit Anstiegen. Manche Tour sollte für Kinder womöglich von der Länge angepasst, sprich verkürzt werden, hier kann man sich am Text orientieren. Kinderwagentauglich ist keine der Strecken, besonders schwierige Abschnitte (lange An- und Abstiege, steile oder enge Pfade), die aber noch bewältigbar für Kinder sind, werden mit »Für Familien mit Wandererfahrung« charakterisiert. Gibt es ein – wenn auch noch so kurzes – Stück an oder auf einer stärker befahrenen Landstraße, wird die Tour nicht als familientauglich angegeben. Für gewöhnlich finden sich an den kindgerechten Strecken Spielplätze, Bäder, Ritterburgen oder sonst eine im Text erwähnte Attraktion. Natür-

Das Bodenseeticket

Eine Empfehlung für alle Bodenseebesucher ist das Bodenseeticket für den gesamten Nahverkehr der drei Länder, großzügig ausgedehnt bis ins Hinterland. Gültig für die Busse und Bahnen sowie die Fähren, als Bonus mit 25 Prozent Rabatt auf die Schiffe der Weißen Flotte. Die Karte gibt es sehr preisgünstig in verschiedensten Varianten als Tageskarte Einzel und für Gruppen, für drei Zonen oder den Gesamtbereich, für einen Tag oder als Dreitagespass. Unsere Touren bewegen sich alle innerhalb der Grenzen des Gültigkeitsbereichs. Mehr Infos unter: www.bodensee-ticket.com.

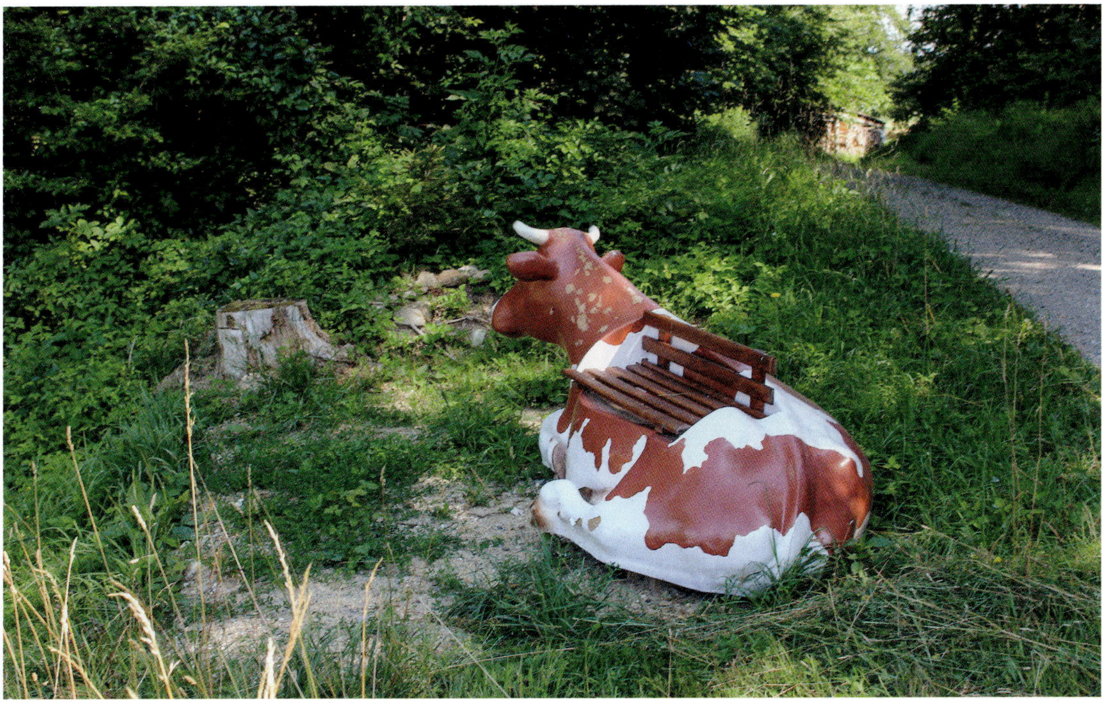

lich aber wissen Sie als Eltern oder Begleiter Ihre Kinder und deren Wanderfähigkeiten am besten einzuschätzen, sodass Sie nach der Lektüre des Textes selbst entscheiden können, welche Touren Sie mit Ihren Sprösslingen in Angriff nehmen möchten.

Eine kurze Ruh auf der Kuh

Begeben Sie sich auf Start

Unsere Touren sind durchnummeriert, doch es versteht sich von selbst, dass die Lese- nicht der Laufrichtung entsprechen muss. Je nachdem, wo Ihre Ausgangsstation ist, starten Sie nach Belieben, ob bei Tour 14 oder 26 und gehen danach zu 7 oder 34, wie es Ihnen gefällt.
Ausgangspunkt ist für gewöhnlich der örtliche Bahnhof, sofern vorhanden, oder die Dorfkirche. Beide haben den Vorteil, leicht auffindbar zu sein und oft Parkmöglichkeiten zu bieten, sofern man nicht mit dem Zug oder Bus anreist, denn natürlich wollen wir als Wanderer unsere Umwelt schonen. Das dichte ÖPNV-Netz aller drei Länder ist überwiegend gut aufeinander abgestimmt. Nicht vergessen: Wir sind in einer Grenzregion. Obwohl alle Staaten dem europäischen Schengenabkommen beigetreten sind – auch die Schweiz – müssen Sie sich natürlich ausweisen können, den Personalausweis oder Reisepass also bei sich haben. Die Zollhäuschen sind zwar zumeist verwaist, doch Kontrollen finden in der Region gerade in der Bahn immer wieder statt. In Österreich und der Schweiz sind die Autobahnen mautpflichtig. Und als Nichtschweizer brauchen Sie naturgemäß den ein oder anderen Franken – in den größeren Grenzstädten Österreichs und Deutschlands gibt es diese oftmals bequem am Bankautomaten.

Wanderzeiten und Schwierigkeitsgrade

Die angegebenen Zeiten sind jeweils relativ großzügig bemessen, geübte Wanderer werden diese sicher des Öfteren unterschreiten; es handelt sich dabei um reine Laufzeiten, das heißt, berücksichtigt sind lediglich Pausen für eine kurze Rast oder der kurze Aufenthalt, etwa an einem Aussichtspunkt. Umgekehrt sind die Längen der einzelnen Touren so gestaltet, dass sie meist über ein paar Stunden nicht hinausgehen und so leicht zum Tagesausflug mit ausgedehntem Aufenthalt in einer gemütlichen Einkehr, in einem Freizeitpark oder Museum, einer Rast am See oder im Bad ausgeweitet werden können (und sollen).

Die angegebene Einstufung von »leicht« bis »schwierig« ist natürlich bis zu einem Punkt ebenfalls subjektiv, objektiv bemisst sie sich nach den An- und Abstiegen, der Wegbeschaffenheit und der Länge. Da wir uns nicht im Hochgebirge und nur äußerst selten direkt am flachen Seeufer bewegen und die Landschaft von einem hügelig-welligen Profil geprägt ist, fallen die meisten Touren in die Kategorie »mittel«, sind also anspruchsvolle Strecken mit wiederholten Anstiegen auf Wegen unterschiedlicher Qualität vom Teersträßchen bis zum engen Wurzelpfad. Die Angabe »60 Höhenmeter« bezieht sich auf das Gesamtprofil (also den höchsten und niedrigsten Punkt der Tour) und ist nicht aufaddiert, kann folglich auch bedeuten, dass es z. B. mehrere Anstiege hintereinander von 60 Metern gibt. Gleichwohl sind auch die »schwierigen« Touren für einen geübten Freizeitwanderer gut zu bewältigen. Zu berücksichtigen sind immer die Witterungsverhältnisse und der entsprechende Hinweis in der Kurzcharakteristik der Strecke.

Vor dem Start: die Ausrüstung

Immer mit dabei sollten Sie haben:
Ausweis (Grenzübertritte sind häufig)
Wanderschuhe
Wanderkarte
Rucksack
Erste-Hilfe-Set
Warme Kleidung (im Herbst und Winter)
Regenschutz
Wasserflasche/Getränk
Proviant
Sonnenschutz (eventuell in Kombination mit Insektenschutz)
Insektenschutz (auch Zecken und Stechmücken lieben leider den Bodensee!)
Geld (in der Schweiz Franken)
Taschentücher
Uhr

Das sollten Sie dabeihaben:
Schreibzeug
Handy
Wechselkleidung
Taschenmesser

Nur für besondere Touren:
Wander-, Trekkingstöcke
Fernglas
Fotoapparat
Kulturbeutel (für Übernachtungen)

Gelb ist Ihre Lieblingsfarbe

Warum? Weil die Wanderwegweiser in allen drei Ländern diese Farbe haben. Dies gilt für Deutschland und die Schweiz ausnahmslos, in Österreich bezeichnen gelbe Pfeile »normale« Wanderwege, was nicht heißt, dass diese anspruchslos sind, sondern dass es zusätzlich mit blauen Markierungen schwierige Wanderungen für erfahrene Profis und rote Markierungen für Steige gibt, die Kletterkenntnisse und die entsprechende Ausrüstung voraussetzen. Letztere kommen in diesem Buch nicht vor. Auch wenn wir uns auf verborgenen Pfaden bewegen, verlassen wir nie offizielle Wanderwege, Umherschweifen in der Natur ist tabu, nicht nur, weil wir uns des Öfteren durch geschützte Gebiete bewegen.

Die Markierungen grenzen in der Schweiz an Perfektion, die dortigen Schilder sind absolut zuverlässig und treue Begleiter, auf die man sich absolut verlassen sollte und kann, selbst wenn so mancher Weg dem ersten Anschein nach in die falsche Richtung oder mitten in ein Gehöft führt – halten Sie sich an die kleinen Gelben und Sie kommen ans Ziel. Auch in Vorarlberg sind die Wegweiser stets gut sichtbar und zielführend. Am deutschen Nordufer muss man hin und wieder spekulieren, der Intuition folgen oder verstärkt die Karte konsultieren, die hier unverzichtbar ist; insgesamt sind aber auch hier die Markierungen hilfreich. Den Rest versuchen wir durch die Beschreibung im Buch auszugleichen.

Die Wege bieten alle Varianten, von breiten Wald- und Forstwegen über steile, enge und wurzelige Trampelpfade, von Radwegen und Gehsteigen neben Autostraßen bis zu sehr einsamen und stillen Tälern und Tobeln. Besonders schwierige Abschnitte – etwa an Steilhängen – sind extra erwähnt, insbesondere mit Blick auf ihre Begehbarkeit bei und nach Niederschlägen. Berücksichtigen sollte man jedoch, gerade bei höheren Touren, dass die Beschaffenheit der Wege schnell wechseln kann: Soeben noch auf einem breiten Waldsträßchen dahinflanierend, geht es urplötzlich auf engstem Raum auf einem kurvigen Steig hinauf oder hinab, dies gilt insbesondere in der Schweiz, wo eine gewisse Gebirgserfahrung grundsätzlich vorausgesetzt wird.

Keine Seltenheit: Wege durch die großen Obstplantagen des Nordufers

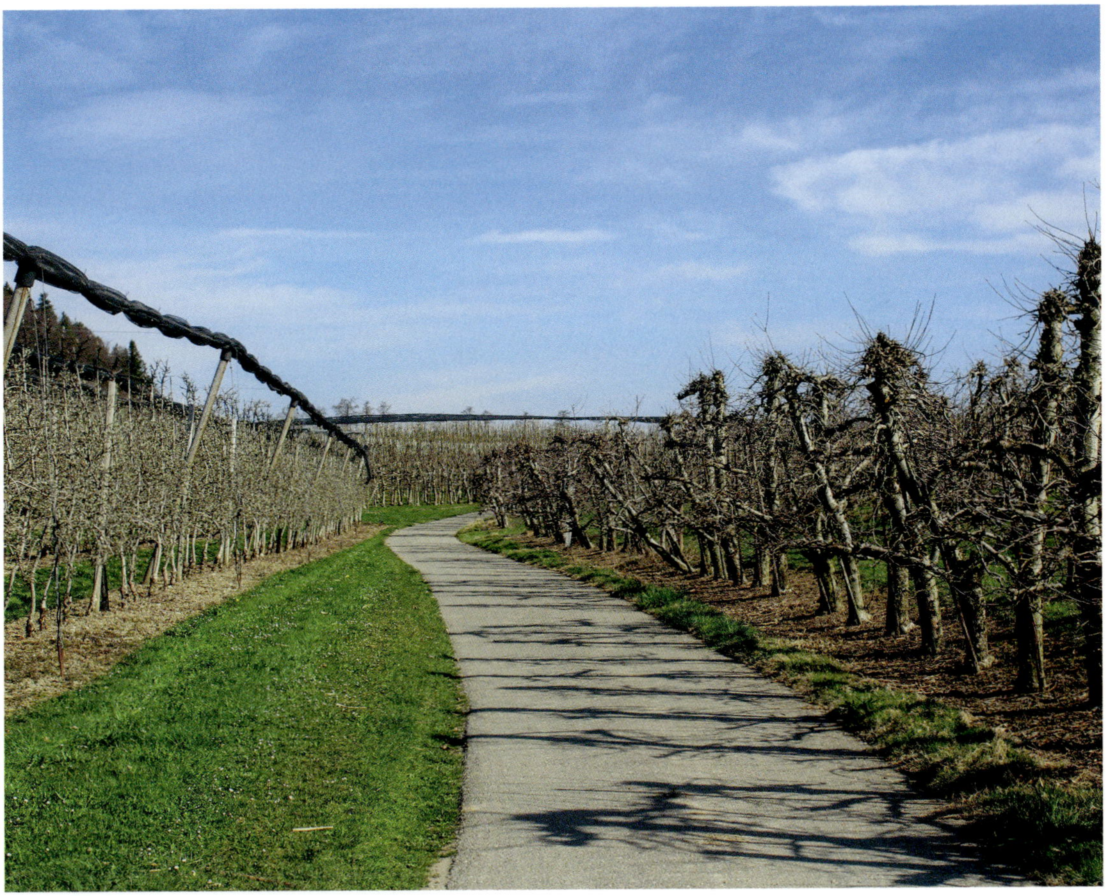

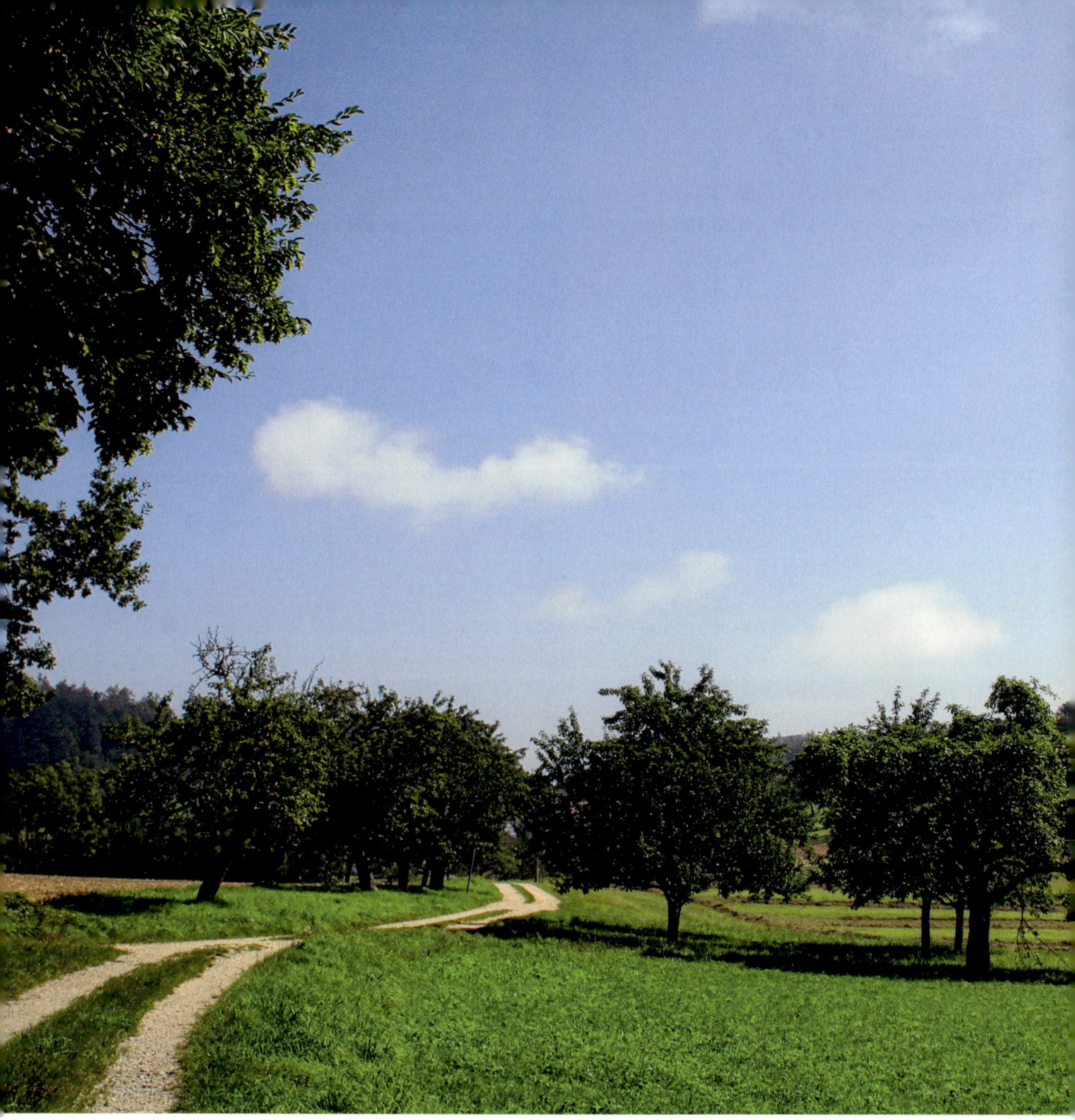

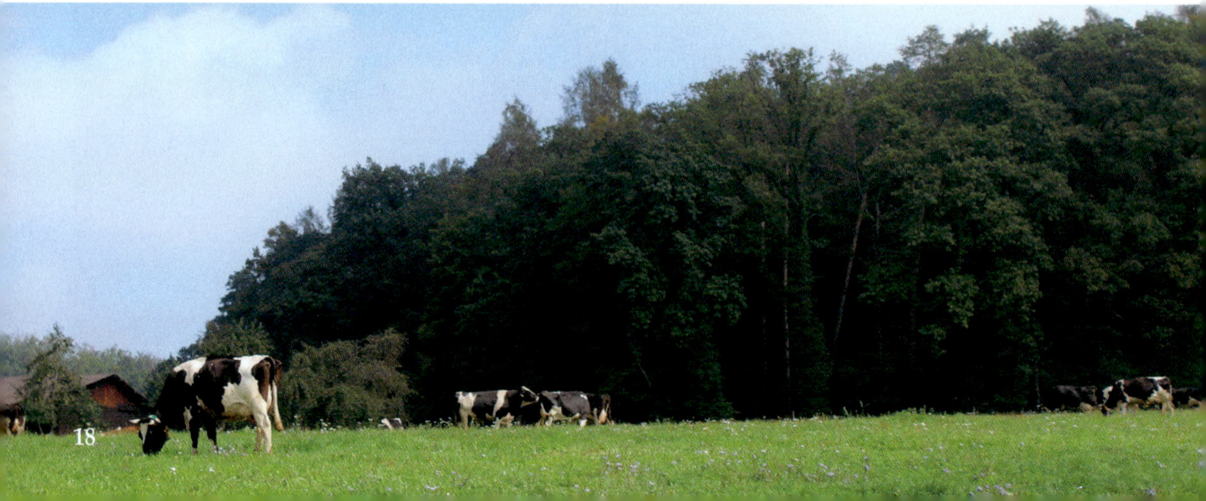

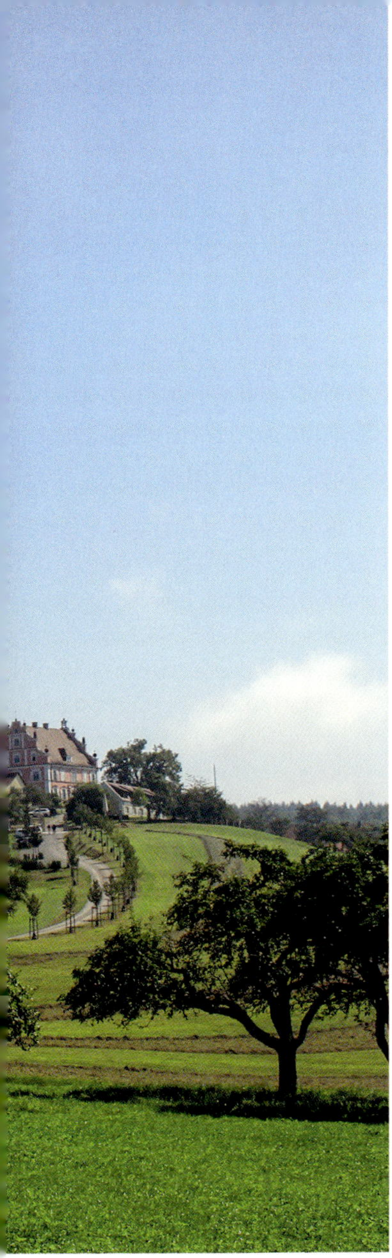

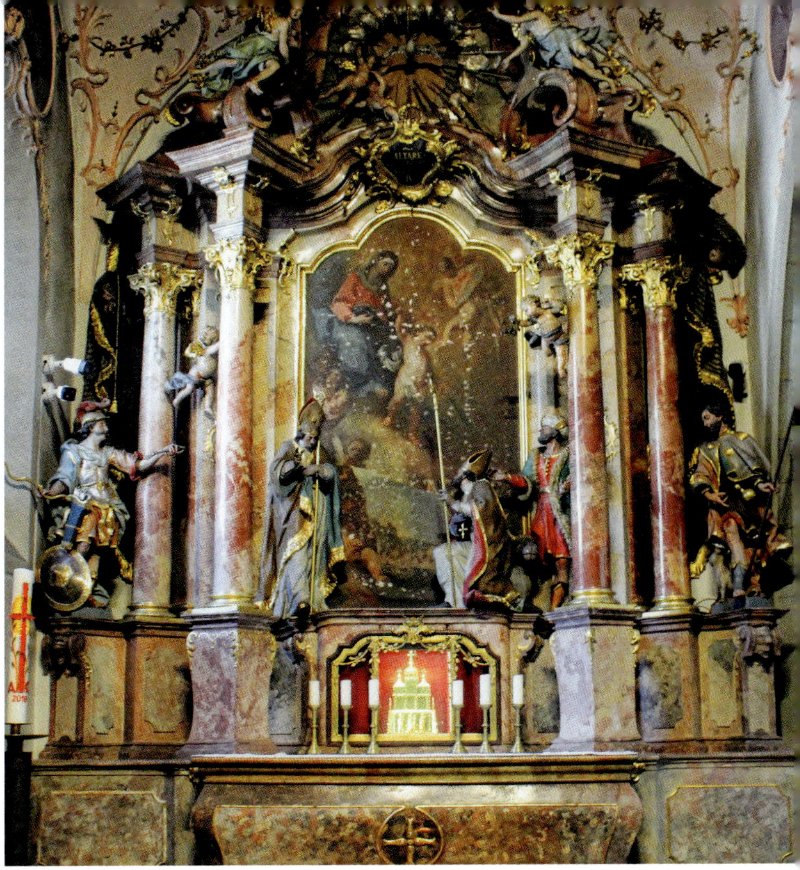

Am westlichen Bodensee – Höri und Hegau

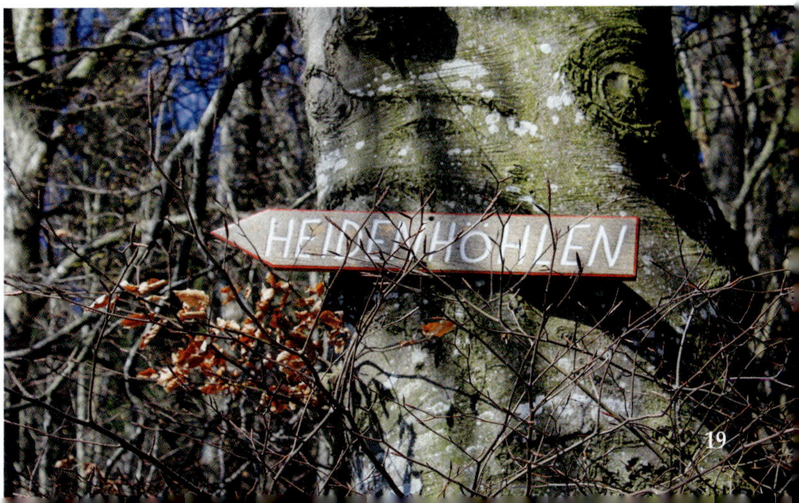

Idyll Schloss Freudental (o. li.); der Hausherrenaltar im Münster Radolfzell (o. re.); hier entlang zu geheimnisvollen Höhlen (u. re.); saftige Weiden auf dem Bodanrück (u. li.).

1 Von Thayngen nach Opfertshofen

Mit dem Biber an der Biber

Mittel 17,5 km 230/230 Hm 4,5 Std.

Tourencharakter
Anspruchsvolles Profil mit längerem Anstieg von Hüttenleben nach Lohn, dazu viel Auf und Ab. Für Familien geeignet (siehe Hinweis im Text). Grenzübertritt

Ausgangs-/Endpunkt
Thayngen Bahnhof

Geokoordinaten
47.745662, 8.704648

Anfahrt
Thayngen liegt an der Bahnstrecke Singen–Schaffhausen, der (deutsche) Bahnhof wird halbstündlich angefahren. Die Autobahn A81 von Stuttgart her endet kurz vor Thayngen und mündet in die B34/E41.

Einkehr
Im erwähnten Ferienheim oder in Opfertshofen direkt an der Wegstrecke, dazu gibt es Gaststätten in Thayngen.

Karte
LGL, Hegau: Randen Schaffhausen (1:35 000)

Information
Reiat Tourismus, Drachenbrunnenweg 5, CH-8240 Thayngen, Tel. +41 (0)526/45 00 18, www.schaffhauserland.ch/de/reiat

Reiat heißt die Region des Kantons Schaffhausen nördlich des Rheins. Sie steckt voller Natur, beschauliche Dörfer – und Grenzkuriositäten wie dem Verenahof.

Thayngen Wir beginnen unsere Tour am **A Bahnhof Thayngen**, heute der Hauptort des Reiat, einer gebirgigen Landschaft nordöstlich von Schaffhausen, die nach Deutschland hineinragt, weshalb uns die Grenze oft begleitet. Vom Bahnhof laufen wir rechts zum Fabrikgelände, von dort links zum Kreisel und hier die zweite Straße links (Biberstraße). Kurz darauf rechts in den Mühlenweg zum Startpunkt des Biberweges. Der Name ist doppeldeutig: Gemeint sind sowohl das Flüsschen Biber als auch das hier lebende Nagetier, dem ein spannender und erlebnisreicher Lehrpfad gewidmet ist – für Familien empfehlen wir, diesem zu folgen (er führt bis Hüttenleben parallel zu unserer Wanderung, von dort wieder nach Thayngen zurück, einfach den Stationen und der Biberbeschilderung folgen). Wir folgen dem Verlauf der Biber bis zum Ortsteil **1 Hüttenleben**, hier über die Brücke und den Zebrastreifen in

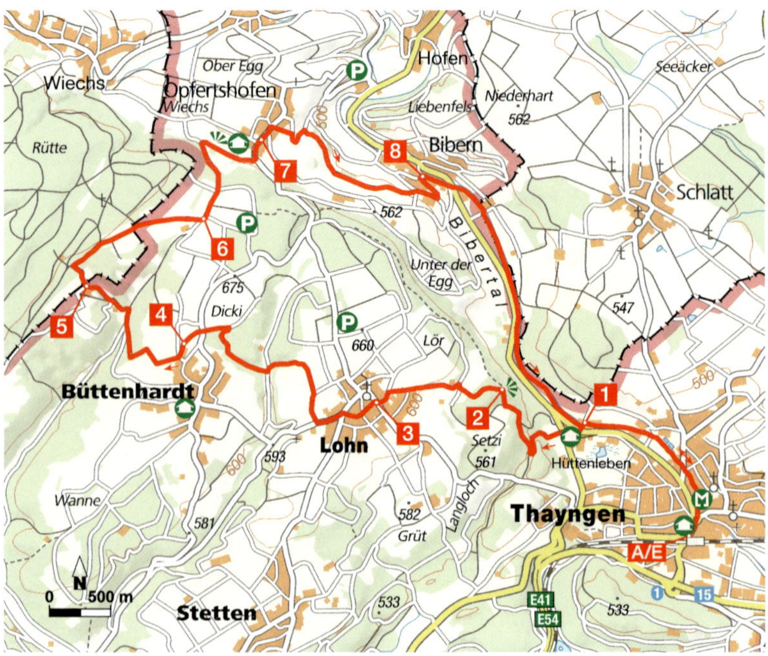

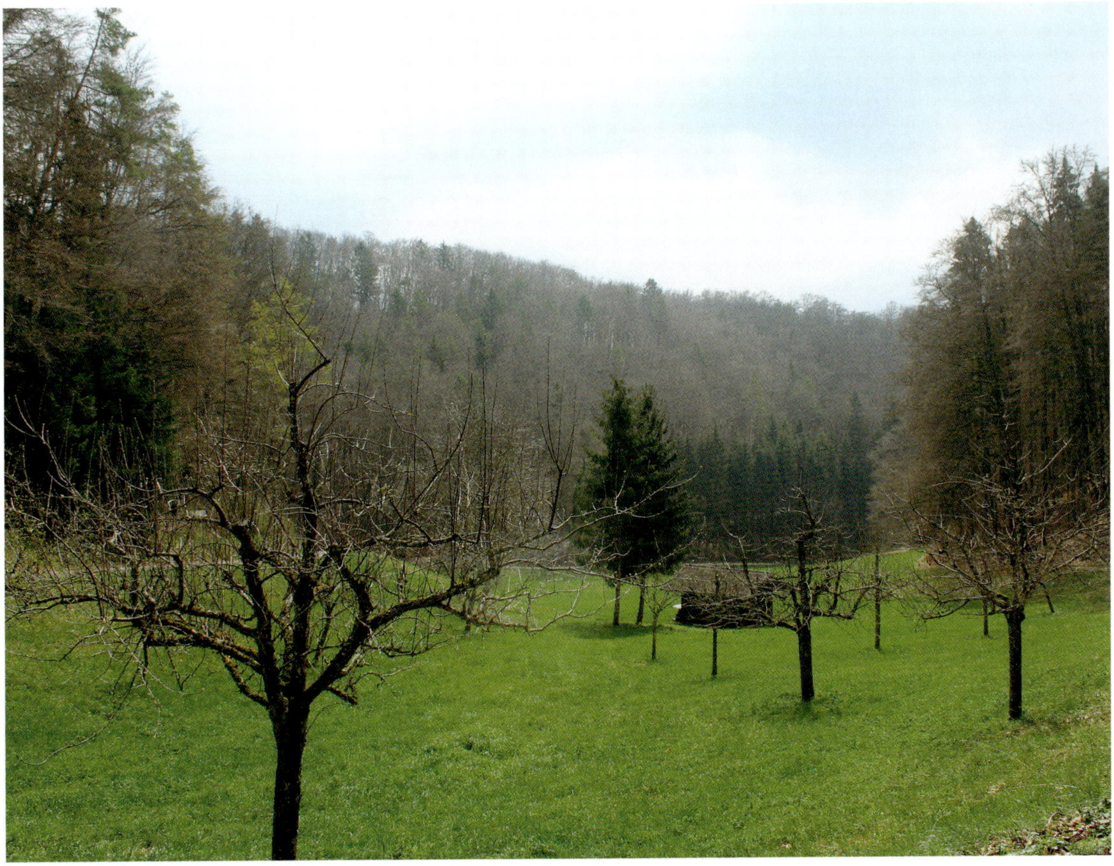

den Hüttenlebenweg bis zur Landstraße, auf dieser einige wenige Meter rechts zum Feldweg links hoch, am Waldrand schließlich rechts und anschließend auf dem schmalen, stark ansteigenden Pfad hinein in den Wald zum Kurzloch, einer Gletscherrinne der Eiszeit, heute ein schönes Felstal. An dessen Ende geht es rechts hoch zum ❷ **Cherzenstübli**, einem herrlichen Aussichtspunkt über das Bibertal und die Hegauvulkane.

Zwischen der Hochfläche finden sich oft menschenleere Täler.

Auf dem Oberen Reiat Vom Cherzenstübli laufen wir vom Tal weg in den Wald hinein in Richtung ❸ **Lohn**. Damit sind wir auf der wasserarmen Hochebene des Oberen Reiat angekommen, der Schornstein der Lohner Ziegelei weist uns den Weg ins Dorf, wir gehen den Cherzenstübliweg entlang, biegen links in den Schulbückli ein und folgen dem Straßenverlauf bis zum kleinen Supermarkt, hier rechts und an der Bushaltestelle links, anschließend via Zebrastreifen rechts zu den neueren Gemeindegebäuden, über deren Parkplatz und dann rechts am Spielplatz vorbei hinaus auf die Felder. Nach kurzer Zeit geht es schließlich links im Wald bergab hinunter ins Freudental. Kaum dort angekommen, geht es schräg links gegenüber auch gleich wieder den Berg hoch. Am Waldrand links in Richtung Landstraße. ❹ **Büttenhardt**, die höchste Gemeinde des Kantons Schaffhausen, liegt eigentlich nur am Rand unserer Strecke, ein Abstecher für Interessierte an Grenzkuriositäten

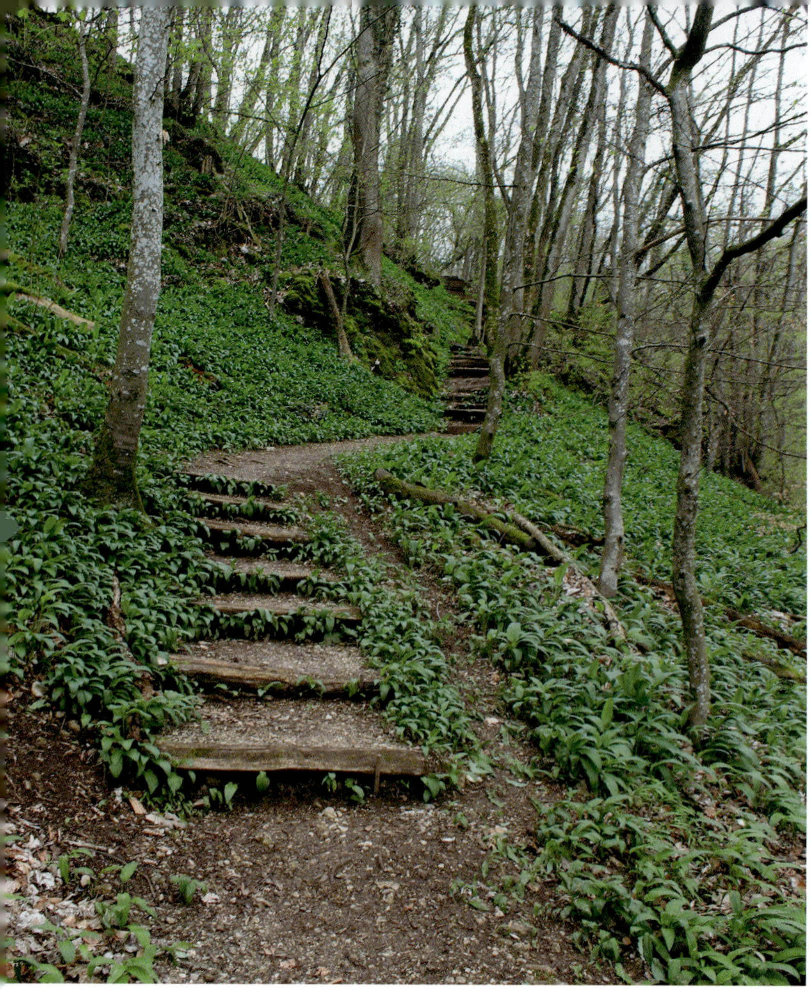
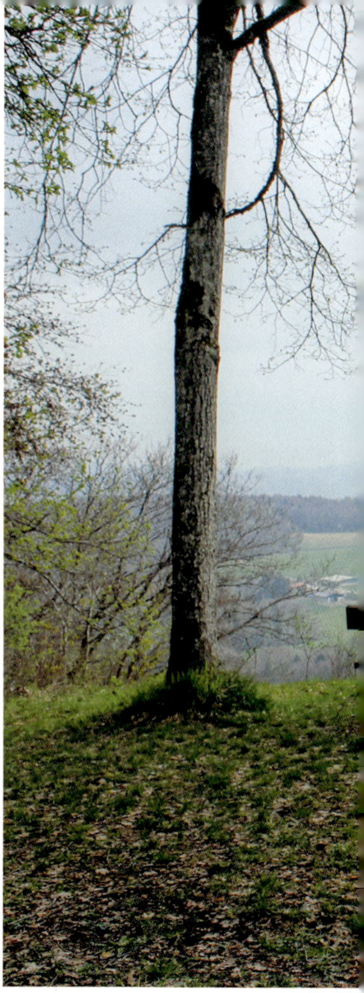

lohnt sich aber, denn im Dorf befindet sich der Verenahof (siehe Kasten). Auf der Landstraße kurz rechts, dann zweimal links auf das Dorf zu, vor diesem jedoch rechts und gleich noch mal rechts, am Waldrand links bis zum Grillplatz, bei diesem rechts in den Wald. Wieder einmal geht es erst bergab in ein idyllisch stilles Tal, in diesem machen wir eine große Linkskurve hinüber auf die andere Hangseite, wo ein Pfad rechts hochführt zum 5 **Ferienheim**. Oben bei diesem angekommen – von Donnerstag bis Sonntag (11–18 Uhr) gibt es hier eine kleine »Beiz« zum Rasten – laufen wir rechts durch das Gelände und weiter bis zum Wegkreuz, an dem wir rechts abbiegen.

Der Verenahof

Er liegt nur ein paar wenige Meter von unserem Kurs entfernt, erkennbar am Büttenhardter Straßennamen »Verenahof«. Die hoch verschuldeten Herren von Tengen wollten im 16. Jahrhundert den Ort Wiechs am Randen der Stadt Schaffhausen verkaufen, doch diese schlug das Angebot aus: Wiechs hängt seitdem wie ein Tropfen im eidgenössischen Gebiet, der einst zum Ort gehörende, aber in Büttenhardt stehende Verenahof lag als Exklave in der Schweiz. Und dies blieb so bis 1967, als nach vielen Versuchen und noch mehr Streitigkeiten durch Gebietstausch die Grenze korrigiert werden konnte. Seitdem verblieb als einzige deutsche Exklave Büsingen am Hochrhein.

Opfertshofen Plötzlich überqueren wir die Grenze in die

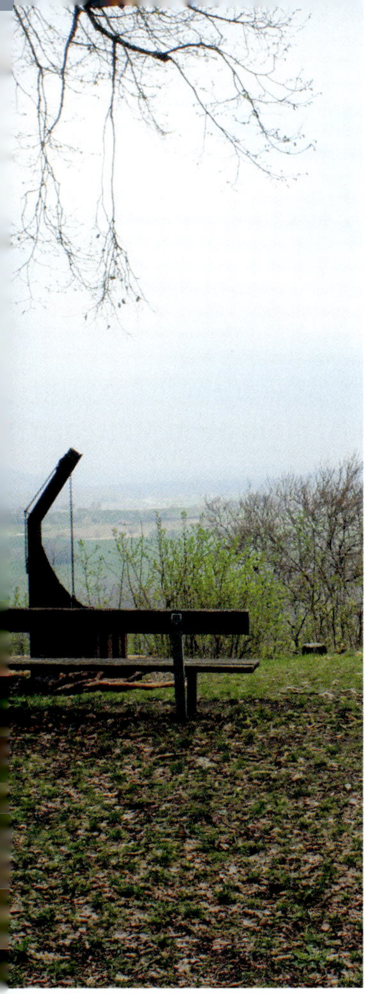

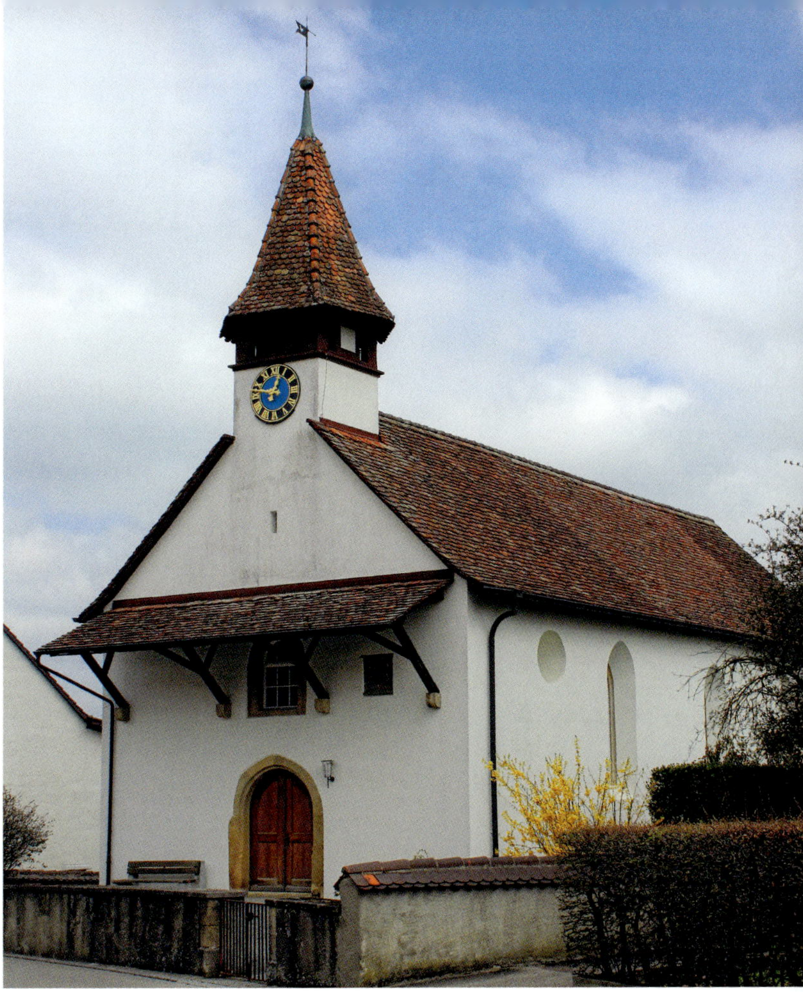

Schweiz. Tatsächlich hatten wir uns ein winziges Stückchen auf bundesdeutschem Gebiet bewegt, ohne dies zu bemerken, Folge des Gebietstausches von 1967. Rechts von uns liegen die ❻ **Reiathöfe**, die der Region den Namen gaben, hier halten wir uns links bis zu einem kleinen Waldstück, in dem der Weg hinunter nach Opfertshofen führt, das wir schon unter uns liegen sehen. Eine große Serpentine führt uns erst links, dann rechts heran ans Dorf, vorbei an einem Aussichtspunkt mit Infotafeln zum Reiat, dann auf die Landstraße.

Hier links dorfeinwärts zur Reiatstube, die mit ihren Spezialitäten und ihrem Ausblick lockt. In ❼ **Opfertshofen** lohnt ein Abstecher in das kleine Kirchlein mit seiner beeindruckenden Lage über dem Bibertal, der Weg in dieses führt allerdings schon vorher von der Dorfstraße rechts ab, kurz auf das kurvenreiche Sträßchen, von diesem sogleich wieder rechts ab und nun längere Zeit am Hang entlang. Nachdem es langsam bergab geht, laufen wir noch kurz rechts bis zum Stallgebäude, dann im spitzen Winkel links hinunter nach ❽ **Bibern**. Im Ortszentrum nahe der Mühle kommen wir an. Wir gehen rechts, überqueren die Talstraße zum Flüsschen und laufen an diesem, das gleichzeitig lange Zeit die Grenze bildet, zurück bis Thayngen, wo wir in Hüttenleben auf den uns schon bekannten Biberweg zum Ⓔ **Bahnhof** stoßen.

Links: Hoch auf den Reiat

Mitte: Oben angekommen: das Cherzenstübli mit Blick auf den Hegau

Rechts: Das Kirchlein von Opfertshofen

2 Von Bietingen nach Diessenhofen

Eine Wanderung auf jüdischen Spuren

Mittel | 9,5 km | 150/170 Hm | 2 Std.

Tourencharakter
Längerer Anstieg hoch zum Rauhenberg, der Abstieg über den »Zick-Zack-Weg« verlangt etwas Erfahrung und Trittfestigkeit (alternative Abstiege vorhanden). Grenzübertritt.

Ausgangs-/Endpunkt
Bietingen Bahnhof/Diessenhofen

Geokoordinaten
47.743979, 8.739061

Anfahrt
Bietingen liegt an der viel befahrenen Bahnstrecke Singen–Schaffhausen und zudem nahe dem Endpunkt der A81 von Stuttgart her, die hier auf die B34 trifft. Der Bahnhof an der Strecke Singen–Schaffhausen wird halbstündlich angefahren.

Einkehr
Sowohl Randegg, als auch insbesondere Gailingen und Diessenhofen besitzen zahlreiche schöne Gasthöfe. In Randegg sollte man von der Ottilienquelle kosten.

Karte
LGL, Hegau: Randen Schaffhausen (1:35 000)

Information
Gemeinde Gottmadingen, Johann-Georg-Fahr-Str. 10, D-78244 Gottmadingen, +49 (0)7731/90 80
www.gottmadingen.de

Vom Hegau zum Hochrhein führt unsere Tour und trifft dabei auf zahlreiche Zeugnisse einst blühenden jüdischen Lebens in der Bodenseeregion.

Nach Randegg Der **A Bahnhof von Bietingen** liegt am Ortsrand, über die Ebringer Straße (rechts ins Ortszentrum) kommen wir am Landgasthof vorbei und über die B34 ins Innere, zur modernen Kirche mit dem

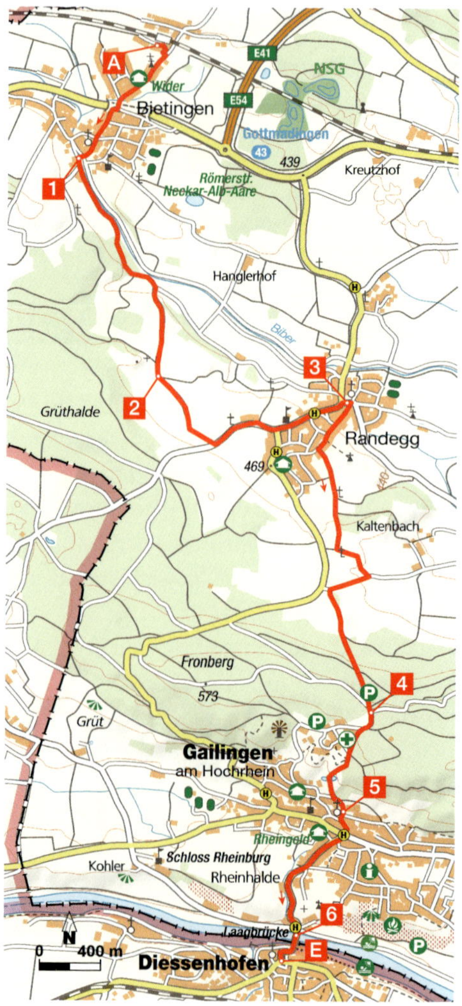

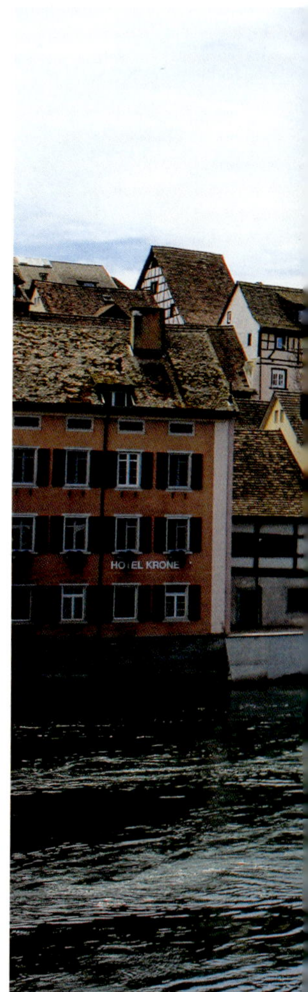

frei stehenden Turm (15. Jh.). Wir halten uns jedoch geradeaus auf der Pfarrhofstraße, die an dem treppengiebeligen ❶ **Schloss** des 18. Jahrhunderts vorbei und hinunter zur Biber führt. Diese überqueren wir und gehen dann links an ihr entlang auf den Feldweg, der bald leicht ansteigend in den Wald hineinführt. Wir halten uns geradeaus, bis der Weg sich kurz nach Waldende gabelt und wählen hier den rechten, ansteigenden Weg, der uns schließlich zum ❷ **alten jüdischen Friedhof** bringt, der sich hier am Hang erstreckt. Dank seiner abgelegenen Lage blieb er recht gut erhalten. Von dem kurzen Abstecher zum Friedhof kehren wir auf unseren Weg zurück und laufen ihn geradeaus weiter (nicht abbiegen!) bis zur Landstraße – mit dieser kommen wir links hinunter nach Randegg, einem kleinen Örtchen mit viel Vergangenheit: Links ragt das Renaissanceschloss mit seinen markanten Ecktürmen auf; hier lebte einige Zeit der Künstler Otto Dix, in dessen Tradition regelmäßig Kunstausstellungen präsentiert werden. Rechts finden wir die Ottilienquelle, einst Mitte des 19. Jahrhundert als Heilbad eröffnet, kann man sich dort noch immer mit dem beliebten Ottilienwasser stärken. Zum Thema unserer Tour kommen wir weiter

Wunderbare Lage am Hochrhein: Diessenhofen

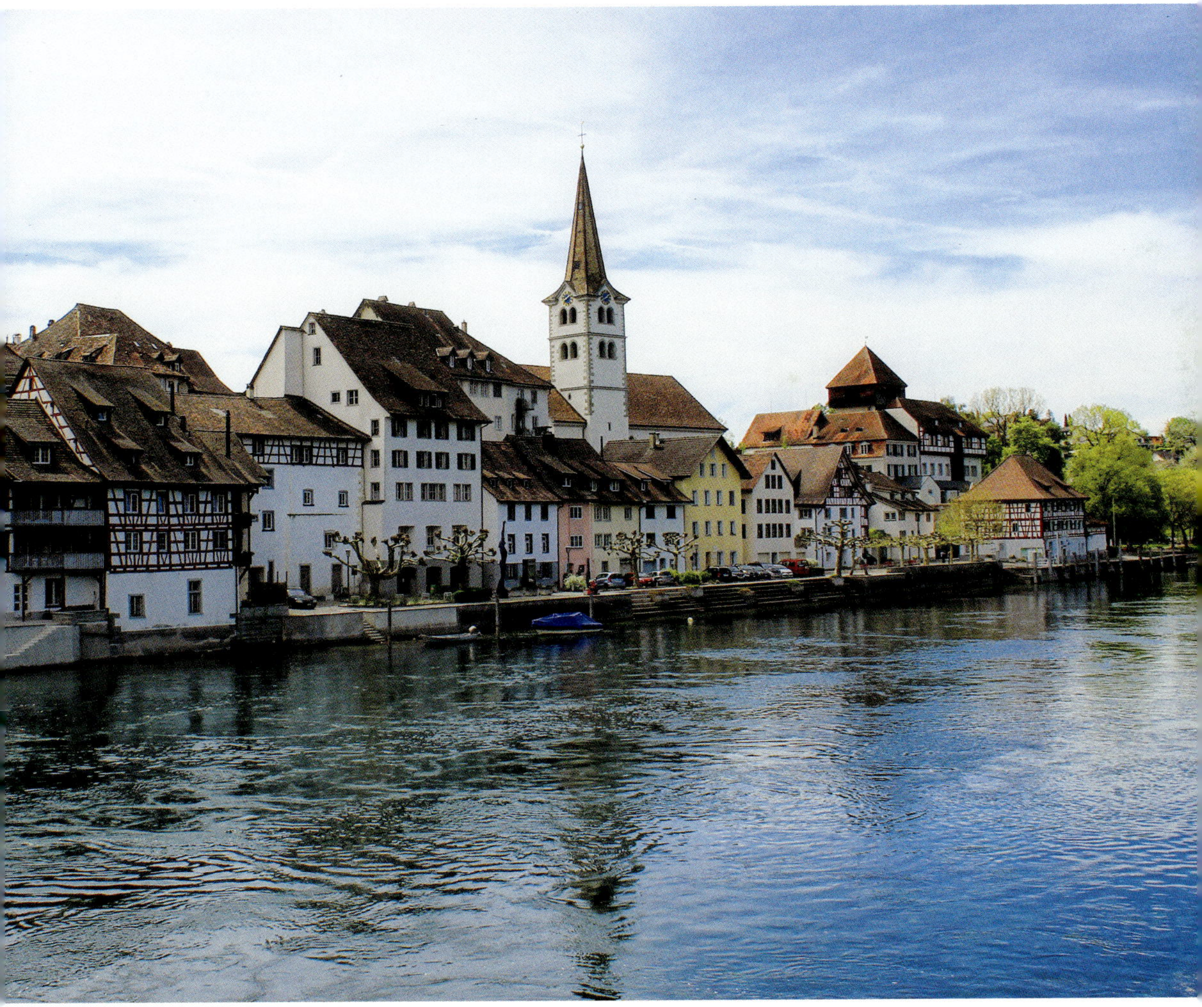

auf der Otto-Dix-Straße mit zahlreichen stattlichen Häusern des 18. Jahrhunderts – oft früherer jüdischer Besitzer – und dem als Denkmal leergelassenen Platz der einstigen Synagoge (siehe Kasten). Schließlich gelangen wir zur ❸ **Pfarr- und Wallfahrtskirche St. Ottilien**. In ihrem spitzbedachten Turm hängt Deutschlands älteste Glocke von 1209. Im Inneren des spätgotischen Kirchleins findet sich neben der Barockausstattung auch die sehr schöne Ottilienbüste von 1350.

Über den Rauhenberg nach Gailingen Von der Kirche aus begeben wir uns zurück zur Straßenkreuzung am Wanderwegweiser und wählen hier die Grenzlandstraße (grobe Richtung Murbach, nicht Gailingen!), biegen jedoch gleich nach der Bushaltestelle rechts ab in die Bergstraße, die wir geradeaus laufen, bis unser Feldweg (die dritte Abzweigung nach links) abgeht. Ab dem Feldkreuz geradeaus bis zur nächsten T-Kreuzung, dort gehen wir links, leicht abfallend, dann rechts und schließlich in spitzem Winkel noch einmal rechts wieder hoch, kurz vor der Landstraße links in Richtung Wald. Ab hier stets geradeaus – auch an der nächsten Waldkreuzung in den hohlwegartigen Aufstieg – und dies durchaus mit ordentlichem Anstieg. Schließlich gelangen wir ungefähr auf der Kuppe des Rauhenbergs zu einem ❹ **Wanderparkplatz**. Wir bleiben noch kurz geradeaus, laufen auf die Kliniken zu und biegen vor deren erstem Haus (nicht früher!) links ab. Wir kommen in den Klinikpark, biegen aber nach nur wenigen Metern erneut links ab auf den »Zick-Zack-Weg« nach Gailingen – es ist der linke Pfad, der uns nun recht wildromantisch auf schmalem Weg schließlich direkt ins alte Zentrum

Links: Im Zickzack hinab nach Gailingen

Mitte: Künstlerschloss Randegg

Rechts: Der jüdische Friedhof zwischen Bietingen und Randegg

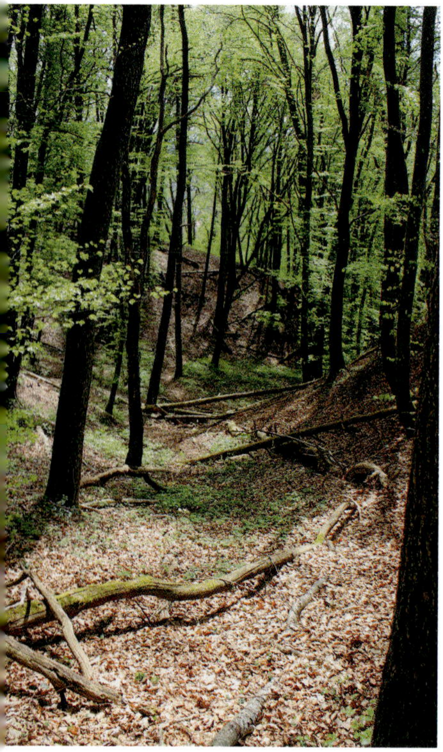

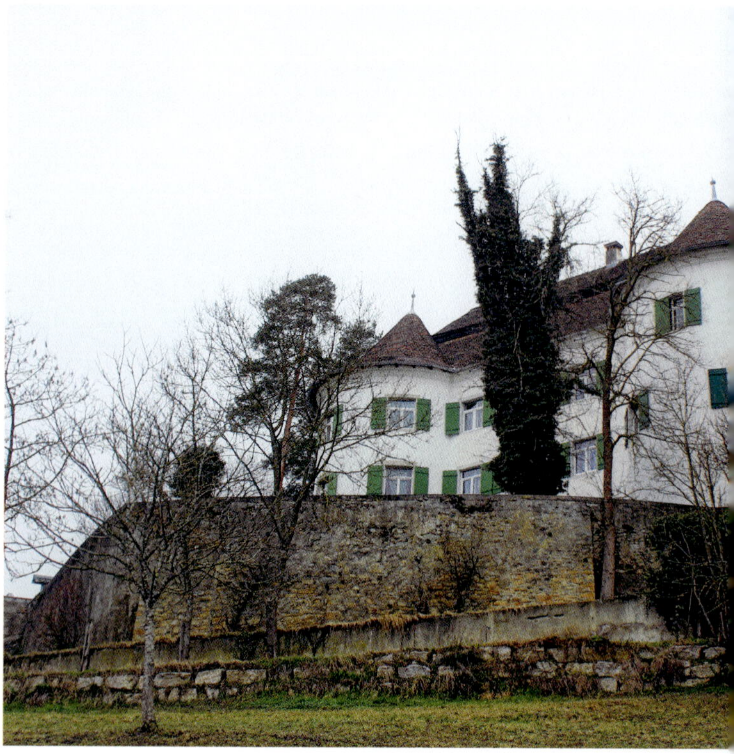

um 5 **Kirche und Schloss** von Gailingen am Hochrhein bringt.

Jüdisches Leben

Mehrere Dörfer des südlichen Hegau und auch der Höri besaßen einst große jüdische Gemeinden, teils machten diese fast die Hälfte der Bevölkerung aus. In Randegg erinnern viele Häuser und der jüdische Friedhof sowie das Synagogendenkmal an die mosaischen Gemeinden, die ausnahmslos im Nationalsozialismus untergingen. In Gailingen, einst Sitz des Bezirksrabbiners, eines jüdischen Krankenhauses und einer Schule, wird die Geschichte des jüdischen Lebens der Region im Jüdischen Museum aufbereitet (werktags 9–16 Uhr), am Ortsrand liegt ebenfalls ein jüdischer Friedhof.

Grenzübertritt nach Diessenhofen

Unterhalb des historischen Ortskerns liegt das »moderne« Gailingen, in das wir via Bergstraße gelangen: neben Geschäften und öffentlichen Bauten gibt es hier auch mehrere Einkehrmöglichkeiten, z.B. im Eichelklauber. Neben diesem Gasthof laufen wir die Rheinstraße hinab, die uns schließlich direkt vor die historische 6 **Holzbrücke** über den Rhein bringt. Der Anblick des gegenüberliegenden Diessenhofen mit Kirche, Stadttürmen, der Burg und vielen weiteren historischen Bauten ist allein alle Mühen des Aufstiegs auf den Rauhenberg wert. Von der Brücke aus sieht man rheinabwärts Sankt Katharinental – wer noch Kraft in den Beinen hat, kann am Rhein entlang in das gut einen Kilometer entfernte Kloster laufen, wo es direkt am Ufer ein sehr nettes Café gibt. Genügend Möglichkeiten zu gemütlichem Ausklang bietet aber auch schon E **Diessenhofen** selbst. Beide Orte (Diessenhofen und Sankt Katharinental) besitzen einen Bahnhof für die Rückfahrt via Schaffhausen oder Konstanz/Singen.

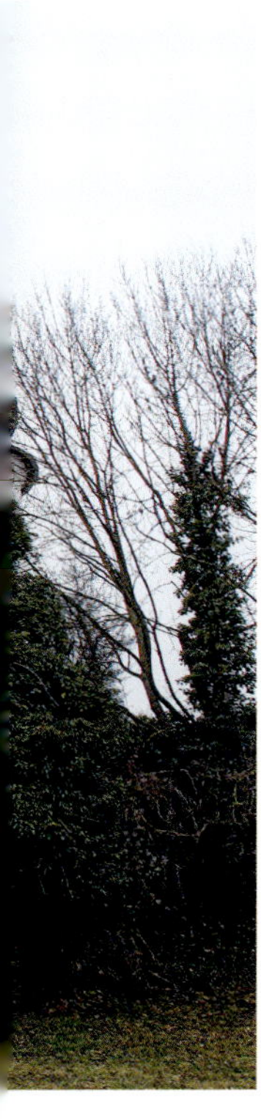

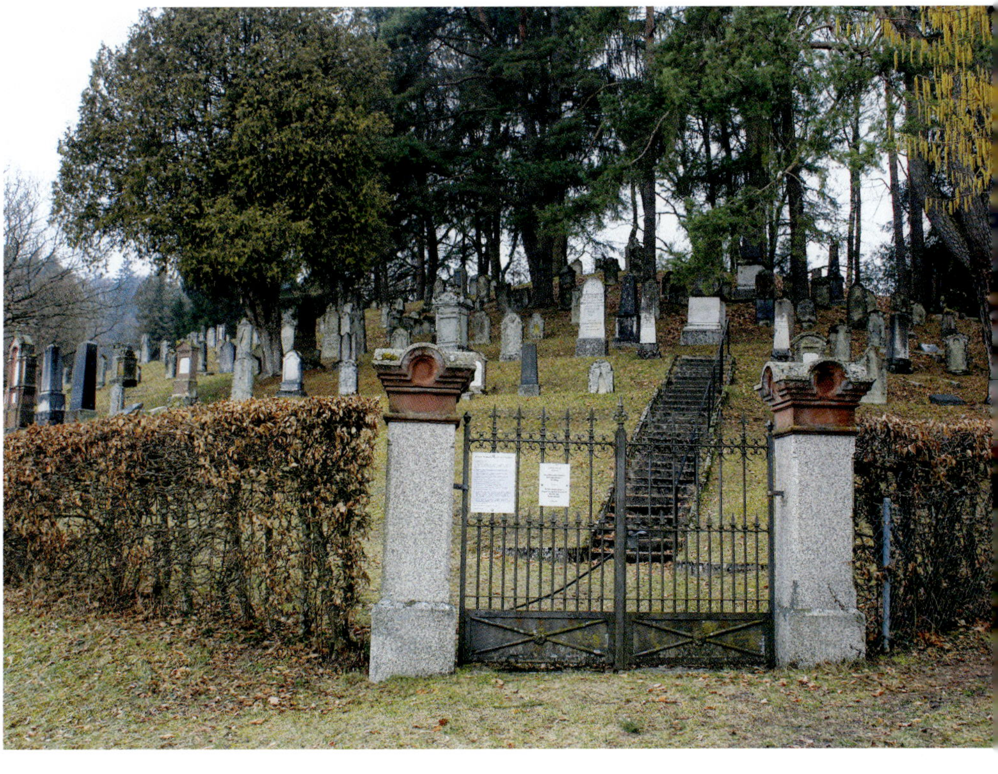

3

Von Weiler auf den Schiener Berg

Im Herzen der Höri

Schwer 9,5 km 265/265 Hm 2,5 Std.

Tourencharakter
Fällt in die Kategorie »schwierig« aufgrund des kilometerlangen Anstiegs. Die Wege sind meist breit, gut befestigt und selten steil, benötigt wird somit nicht Klettererfahrung, sondern Kondition.

Ausgangs-/Endpunkt
Weiler Pfarrkirche

Geokoordinaten
47.708421, 8.953146

Anfahrt
Weiler ist erreichbar mit dem Höribus (Linie 7386), der die Bahnhöfe Stein am Rhein und Radolfzell miteinander verbindet, Haltestelle Weiler-Bankholzer Straße. Mit dem Pkw biegt man in Iznang von der Höristraße (L192) nach Weiler ab.

Einkehr
In Bankholzen gibt es Gasthöfe, ansonsten in den Dörfern am Ufer wie Moos, Iznang und Horn.

Karte
LGL, Westlicher Bodensee: Höri Bodanrück (1:35 000)

Information
Touristinfo Moos, Bohlinger Straße 18, D-78345 Konstanz, Tel. +49 (0)7732/99 96 17, www.moos.de

Gemüse und Künstler, dafür ist die Höri bekannt. Im Inneren ist die Halbinsel jedoch fast unbesiedelt und ein anspruchsvolles Wandergebiet.

Von Weiler nach Grünenberg Wie ein dreieckiger Keil schiebt sich die Halbinsel Höri in den Untersee, Künstler wie Otto Dix, Hermann Hesse und Bodo Kirchhoff liebten die Atmosphäre dieser gleichermaßen rauen wie lieblichen Landschaft – allerdings verbrachten sie ihre Zeit in den Dörfern, die fast ausschließlich in Ufernähe zu finden sind. Mit Ausnahme des Klosterortes Schienen ist das Innere unbesiedelt, kein Wunder,

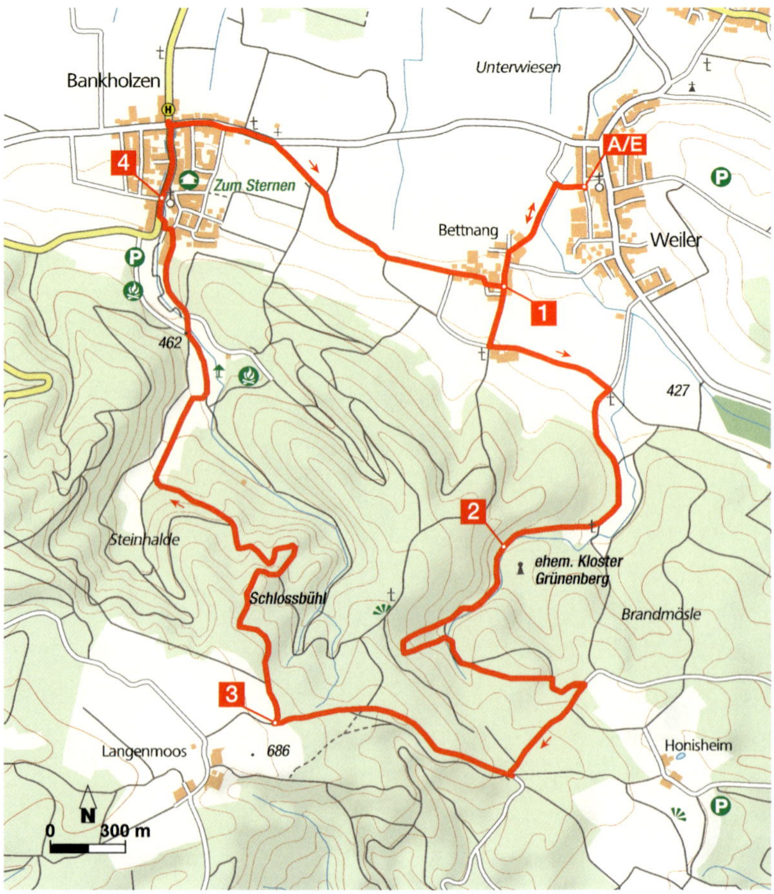

Rechte Seite: Über mindestens sieben Brücken musst du gehen.

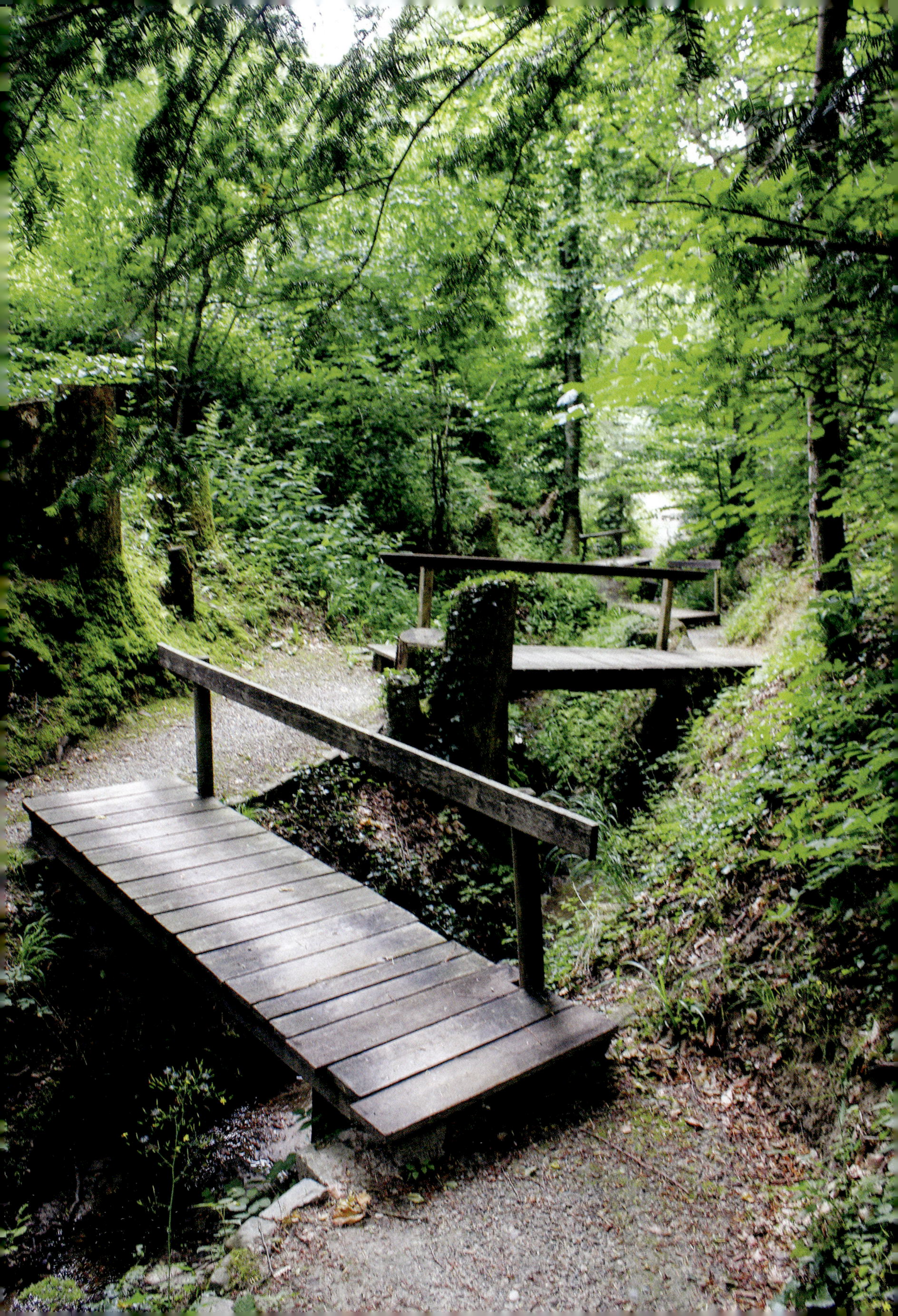

denn das Herz der Höri bildet der mächtige Schiener Berg, der sich von der Uferhöhe von 400 auf gut 720 Meter erstreckt. Ihn wollen wir besteigen. Wir beginnen in **A Weiler**, einem typischen Höridorf mit vielen Fachwerkhäusern, Gemüsehöfen und unserem Startpunkt, der Kirche im Zentrum. Von ihrem Vorplatz am Wanderwegweiser wenden wir uns rechts in Richtung Spielplatz, anschließend nach den letzten Häusern links ins nächste Dörfchen **1 Bettnang**. Wir halten uns links und gehen dann geradeaus durch das gesamte Dorf. Spätestens am Ortsausgang beginnt nun der kilometerlange Anstieg auf den Schiener Berg, anfangs noch etwas gemütlicher mit Flachpassagen. An der Wanderkreuzung mit Wegkreuz neben dem Hof Bruttel gehen wir links. Wir treffen nach einigen hundert Metern erneut auf ein Wegkreuz und gehen hier rechts hoch auf den Wald zu. Lange Zeit geht es nun stets geradeaus ansteigend. Nach kurzer Zeit begegnet uns ein weiteres Kreuz allein auf einer Waldlichtung: Es ist der Standort des ehemaligen Frauenklosters **2 Grünenberg**, das seit dem Mittelalter bis ins frühe 19. Jahrhundert hier in der Einsamkeit stand und bis auf wenige Bodenwellen und ein paar Ausstattungsstücke in der Weiler Kirche völlig verschwand. Eine Infotafel rechts erinnert an seine Geschichte.

Der Anstieg Wie erwähnt, bleiben wir lange geradeaus, auf dem Forstweg am Bachverlauf entlang, die Höhe des teils tief zerklüfteten Schiener Berges – auch er besteht aus Molasse – macht sich nun mit kräftigerem Anstieg fast ohne Pausen deutlich bemerkbar. Am Y-Abzweig am Hochstand gehen wir links weiter. Kurz darauf kommen wir zur nächsten Kreuzung und nehmen hier den Tiefer-Hau-Weg rechts, er führt wiederum zu einer Kreuzung, an der wir rechts gehen, stets bergan. Am Wegweiser »Dreiländereck« wählen wir den Hohlweg rechts (immer noch bergauf) in

Links: Die namensgebende Mühle im Mühlbachtal wurde verkleinert wiederaufgebaut.

Rechts: Dieses Kreuz erinnert an den Standort des Klosters Grünenberg.

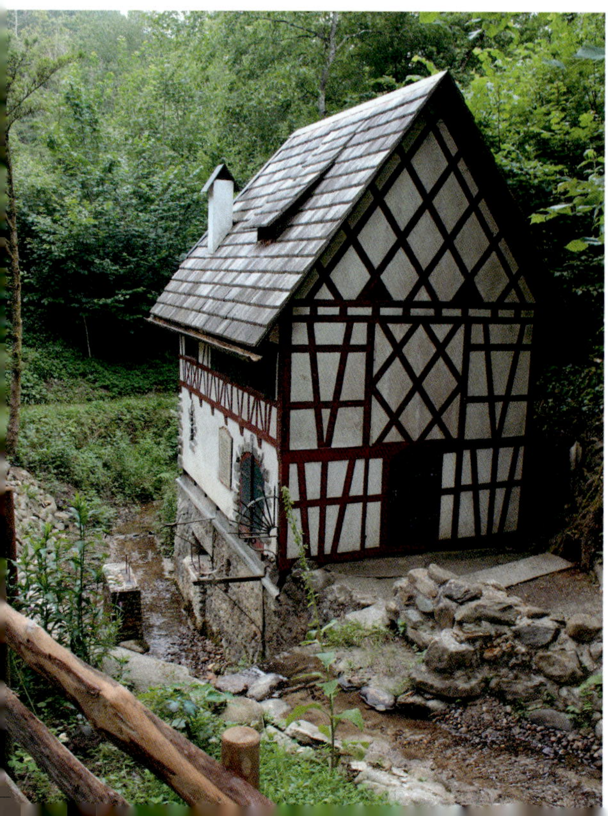

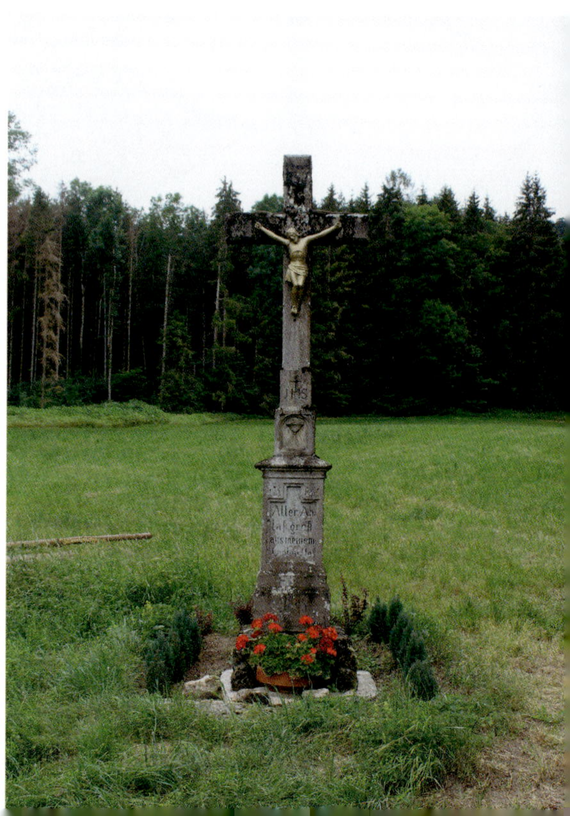

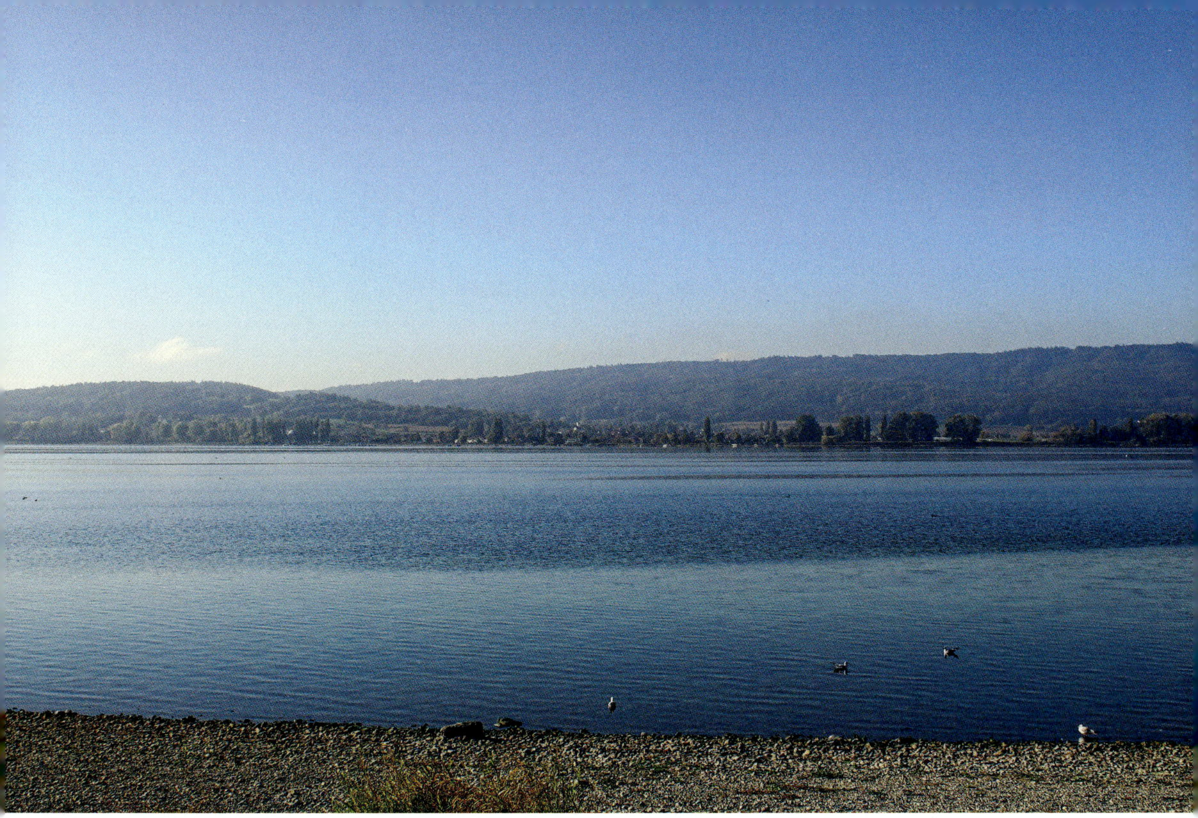

Die Höri vom Radolfzeller Ufer aus gesehen

Richtung »Schienen/Schrozburg«. Er bringt uns zum Waldrand und hier auf den ③ **Firstweg**, den höchsten Punkt unserer Etappe mit gut 675 Metern. Wir laufen rechts bis zum nächsten Wegweiser und bereiten uns dann auf den nicht minder langen Abstieg via Löchleweg vor, rechts hinein in den Wald in Richtung Bankholzen.

Über Bankholzen zurück Im Wald geht es nun auf dem Hauptweg, den wir nicht verlassen, auf breitem Wege stetig bergab, bis wir nach gut 2 Kilometern auf den Waldrand und eine Lichtung treffen. Per Teerweg geht es rechts weiter abwärts, bis zum kleinen Wanderparkplatz mit Infotafel an der Friedenslinde. Hier links, dann wartet noch ein kleines Highlight auf uns: Die Bankholzer haben sich viel Mühe gemacht mit dem kleinen Mühlbachtal, in das wir uns links die Treppchen hinab zu den Brücken begeben. Mit Bänkchen, Brunnen, einem großen Mühlenmodell und vielen Brücken wurde dieser Weg äußerst liebevoll gestaltet – was nicht überrascht, denn auch das Dorf ④ **Bankholzen**, in dem wir nun eintreffen, ist hübsch hergerichtet mit vielen Fachwerkbauten von der Alten Torkel bis zum Gasthof »Kühler Brunnen«, zu dem wir hinablaufen. Hier gehen wir an der Straßenkreuzung rechts bis zum Ortsausgang, dann rechts nach Bettnang, wo wir auf unsere alte Strecke treffen und nach Ⓔ **Weiler** zurückkommen.

An der Strecke: Höri-Gemüse

In den durchquerten Dörfern Weiler und Bankholzen wird sie auch im Straßenverkauf angeboten: die Höri-Bülle. Dahinter verbirgt sich eine ganz spezielle Zwiebelsorte, die nur auf der Höri angebaut wird und von der EU als Name geschützt ist. Der rotbraune Siebenhäuter ist das berühmteste von verschiedenen Gemüsesorten, die im rauen Klima auf dem fruchtbaren Boden der Halbinsel gedeihen und auf vielen Höfen erworben werden können.

4

Von Stahringen zum Mindelsee

Der See im Bodensee

Leicht | 17 km | 70/70 Hm | 3,5 Std.

Tourencharakter
Leichte, gut auch mit Kindern zu bewältigende Strecke, ab Möggingen in äußerst ruhiger, naturreicher Landschaft

Ausgangs-/Endpunkt
Stahringen Bahnhof

Geokoordinaten
47.788226, 8.976532

Anfahrt
Stahringen ist ein Halt des Seehäsle (HZL Radolfzell–Stockach) und liegt an der B34 sowie nahe der B33 (der Verlängerung der A81 Stuttgart–Singen).

Einkehr
Siehe Kasten im Text. Zudem gibt es Gastwirtschaften in Markelfingen, nahe unserer Strecke.

Karte
LGL, Westlicher Bodensee: Höri Bodanrück (1:35 000)

Information
Tourismus- und Stadtmarketing Radolfzell GmbH, Bahnhofsplatz 2, D-78315 Radolfzell,
Tel. +49 (0)7732/815 00
www.radolfzell-tourismus.de

Er liegt etwas versteckt inmitten des Bodanrücks, gerade deshalb konnte sich der Mindelsee zu einem geschützten Naturparadies entwickeln.

Über Güttingen nach Möggingen Unser Startpunkt ist der Ⓐ **Bahnhof in Stahringen**. Wir wenden uns allerdings nicht Richtung Dorf, sondern der Kirche zu, da rechts neben ihr der Fuß- und Radweg in Richtung Konstanz/Radolfzell vorbeiführt. Er bringt uns bis zur B34, die wir queren. An der Kreuzung halten wir uns geradeaus auf den Wald zu, wo wir am Friedhof vorbei nach Güttingen hineingelangen. Die Sankt-Ul-

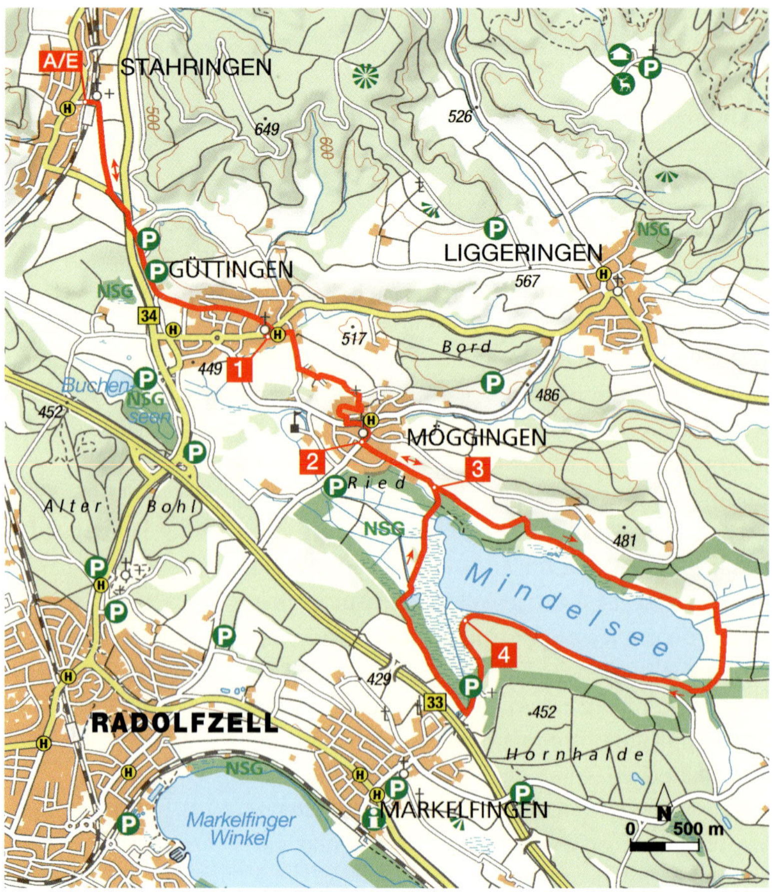

rich-Straße bringt uns – immer geradeaus – in den Kern dieses sehr alten Bodanrückdorfs (Ersterwähnung 860), neben die ❶ **Kirche St. Ulrich** mit ihren historischen Fresken. Wir wenden uns allerdings links, an der Bushaltestelle vorbei, kurz darauf rechts in die Lochgasse, die uns schon wieder hinausführt. Leicht ansteigend geht es schließlich links, am Hof dann erneut links und am nächsten Friedhof vorbei.

An der Strecke: Raststationen

Überregional geschätzt wird der »Adler« in Güttingen. Auch in Möggingen befindet sich ein Gasthof gleichen Namens. Besonders liebenswert ist das kleine Café auf dem Dürrenhof. Der kurze Abstecher, etwa einen Kilometer von unserer Strecke, lohnt sich allemal und bietet einen hübschen Blick hinunter auf den Mindelsee. In Stahringen kann man sich mit Streuobstgetränken aller Art versorgen, siehe Tour 9.

Dort auf der kleinen Höhe (man sieht rechts, leicht versteckt, das Schloss Möggingen, Sitz der international bekannten Vogelwarte Radolfzell) mit der Streuobstwiese können wir abkürzen, indem wir den kleinen Pfad rechts hinab nehmen. Über Treppen kommen wir schließlich direkt ins Ortszentrum von Möggingen mit der Galluskirche und neben dieser der alten Mühle, dem ❷ **Naturschutzzentrum** – hier können wir uns bereits über unser nächstes Ziel, den Mindelsee, umfassend informieren.

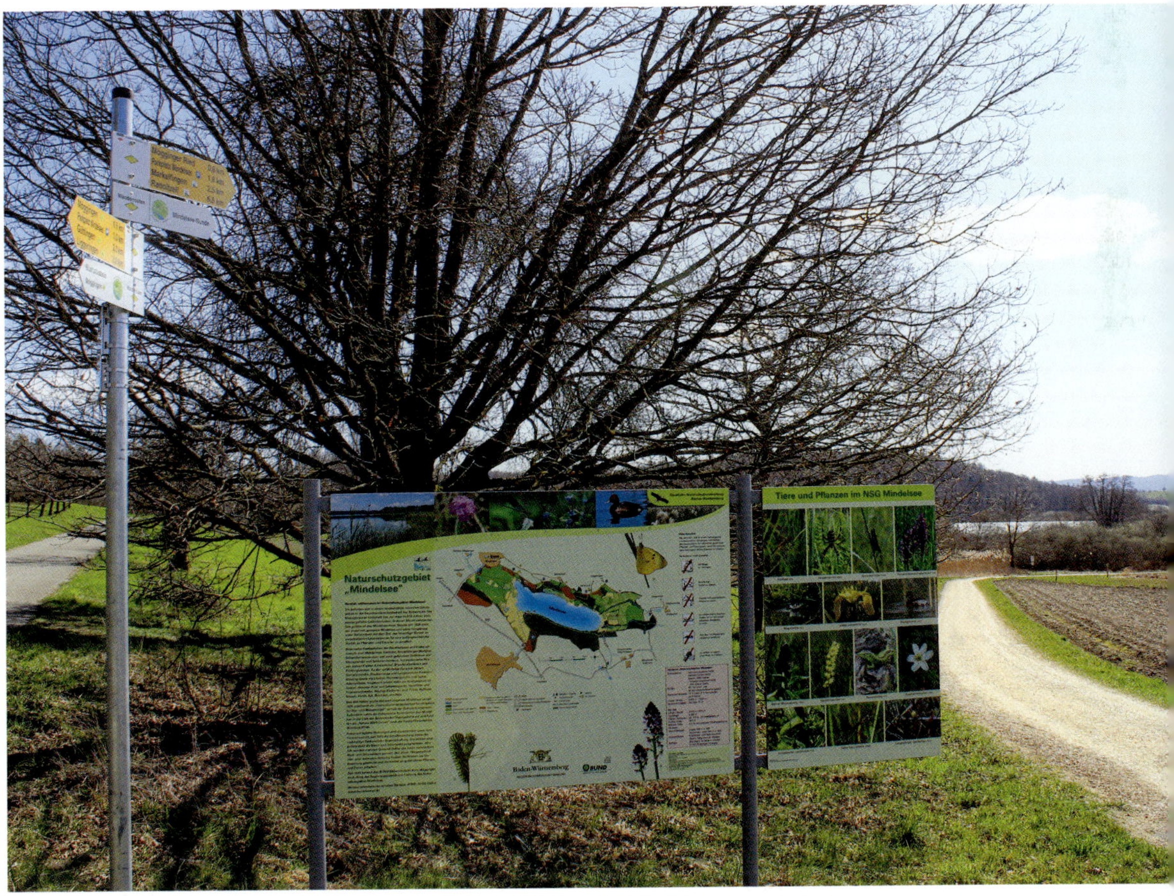

Umfangreich informiert gelangt man zum Mindelsee.

Naturparadies Mindelsee Dass wir diesen überhaupt noch umrunden können, verdanken wir frühen Naturschützern, die die Aufschüttung und Trockenlegung dieses eiszeitlichen Gewässers in den 1930er-Jahren verhindern konnten. Seitdem ist der See mit den umgebenden Mooren Naturschutz- und Forschungsgebiet, wodurch sich ein Rückzugsort für eine umfangreiche Flora und Fauna bilden konnte. Als Gäste machen zahlreiche Zugvögel auf ihren Reisen hier Station, das ganze Jahr über sind knapp 700 Blütenpflanzen zu bewundern, dazu kommen Pflanzenarten, die die Feuchtigkeit lieben wie Moose, Farne und Pilze. Noch vielfältiger sind die Tierarten, insgesamt 2000 verschiedene wurden bislang gezählt, vorwiegend Insek-

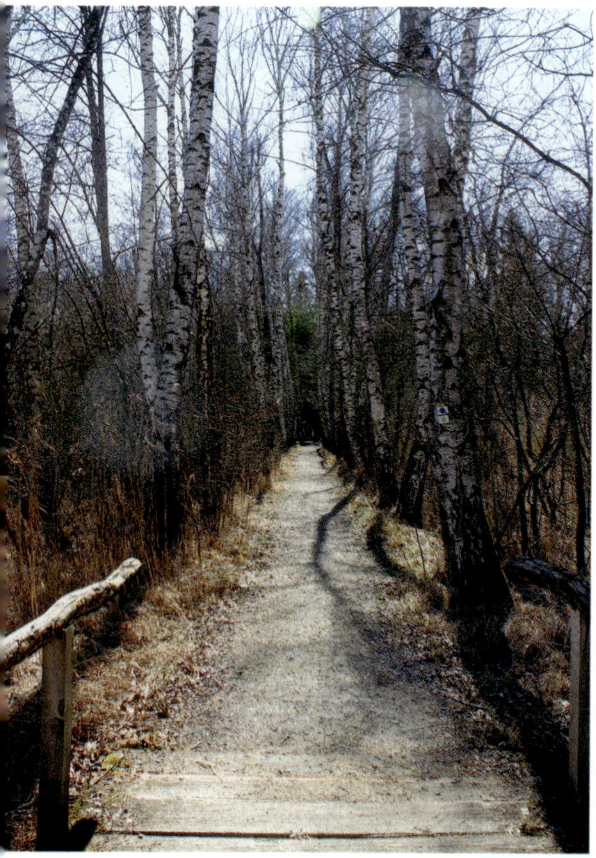

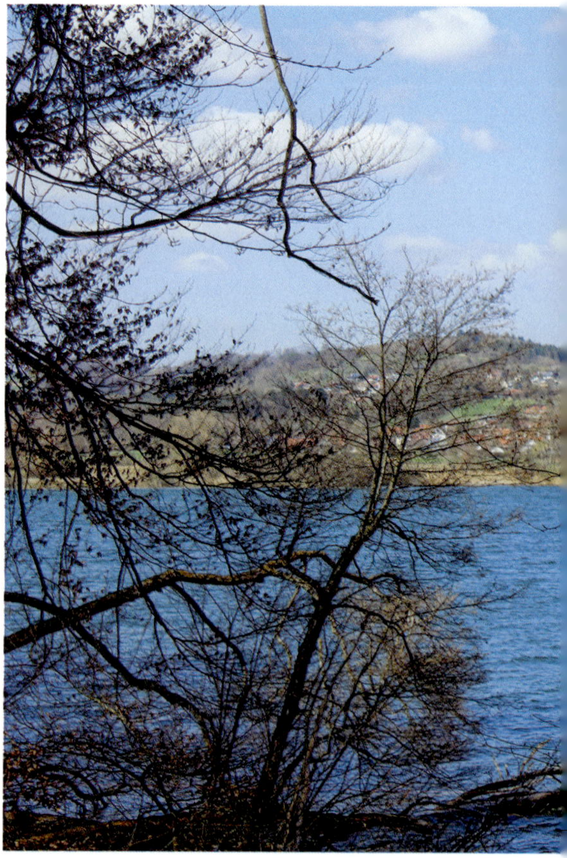

ten, darunter gut 50 Libellen, über 200 Vögel, dazu Kleinsäuger wie Fledermäuse, Siebenschläfer und Mäuse, Amphibien wie Molche und Frösche, Reptilien wie etwa Schlangen sowie natürlich Fische – darunter stattliche Welse.
Vom Naturschutzzentrum Möggingen aus laufen wir noch wenige Meter rechts und dann links in die Mindelseestraße. Diese geradeaus durch die Siedlung ortsauswärts, an der Abzweigung mit den ❸ **Infotafeln** halten wir uns links. Die Hinweise dort sind, wie sich von selbst versteht, absolut zu berücksichtigen. Insbesondere die Bitte, die Wege keinesfalls zu verlassen: Dies dient nicht nur dem Schutz der Tiere, sondern auch Ihrem eigenen. Wir betreten nämlich ein Moorgebiet, und manches,

was nach Wiese oder Waldboden aussieht, ist unfester Grund. An der nächsten Gabelung, wiederum mit Tafeln, muss man sich entscheiden: für einen kurzen Abstecher hoch zum Dürrenhof mit Café (siehe Kasten) oder gleich weiter. Auch wenn Sie sich für den Abstecher entscheiden, kehren Sie bitte wieder hierher zurück – Sie verpassen sonst den schönsten Abschnitt unseres Weges.

Auf dem Uferpfad und zurück Mit dem Waldpfad beginnt der Eintritt ins eigentliche Naturparadies. Durch laubenartige Wäldchen führt er flach in Ufernähe über Wurzeln, Gestein und kleine Brückchen, später – wir bleiben stets rechts – durch

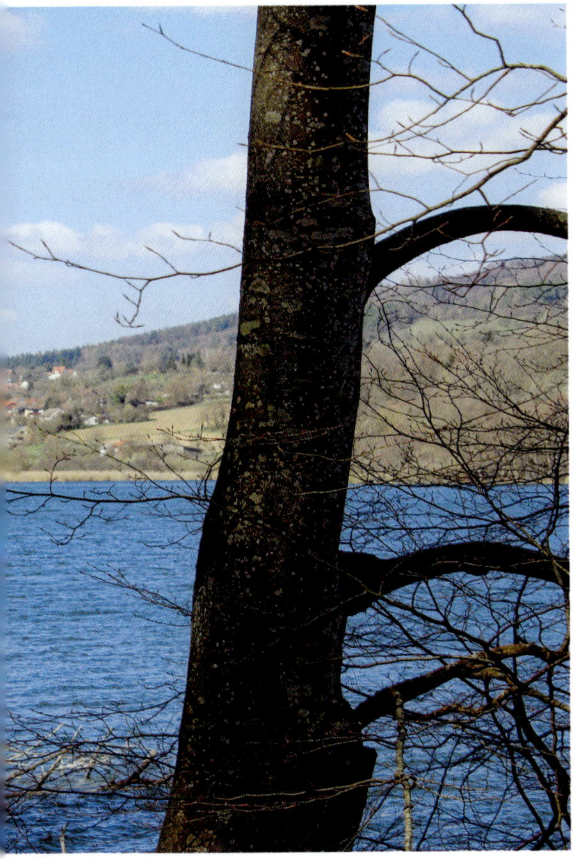

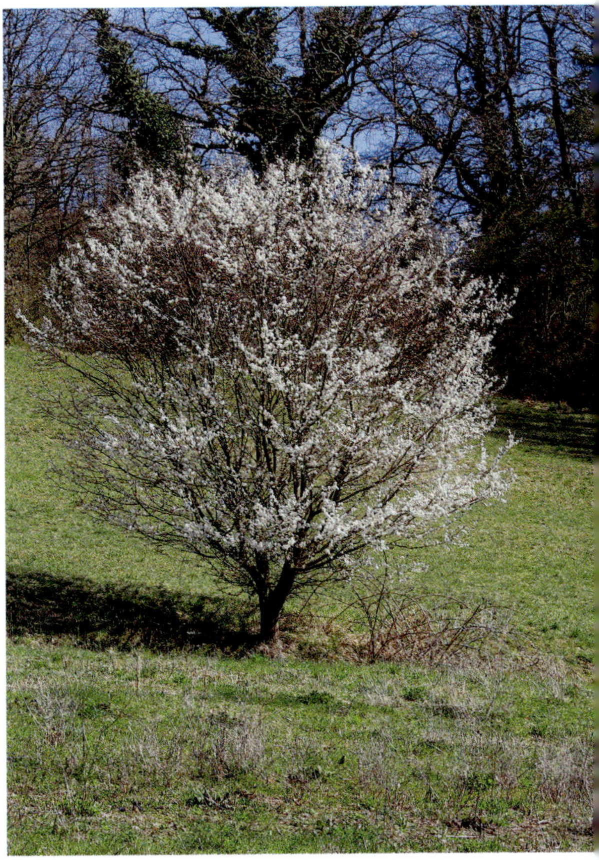

feuchte Wiesen und Schilfe. Durch diese kommen wir, wenn wir das nördliche Waldgebiet verlassen und dann jeweils rechts und wieder rechts abbiegen; der Weg führt hier erkennbar direkt durch das Moor. Am Südufer geht es rechts wiederum in den Wald, anschließend stets geradeaus bis zur ❹ Fischerhütte. Der Weg macht eine Kurve vom See weg zu einem Parkplatz, kurz darauf geht es scharf rechts in Richtung Möggingen. Der nahe Straßenlärm lässt uns noch einmal spüren, welche Oase der Stille der Mindelsee war. An den beiden folgenden Gabelungen halten wir uns jeweils rechts, dann bleiben wir geradeaus und kommen auf unseren alten Weg an den Infotafeln zurück. Von hier geht es auf gleichem Weg bis Ⓔ Stahringen.

Links: Durch Wald und Moor geht es um den Mindelsee.

Mitte: Mit Blick auf Möggingen

Rechts: Nur ein blütenreiches Beispiel der wunderschönen Natur am Mindelsee

5

Von Allensbach nach Freudental

Perle auf dem Bodanrück

Leicht | 12 km | 120/120 Hm | 3 Std.

Tourencharakter
Gemütlicher Rundkurs auf gut befestigten Wegen ohne längere Anstiege, allerdings mit einigen – wenn auch sehr kurzen – Abschnitten auf Landsträßchen

Ausgangs-/Endpunkt
Allensbach Bahnhof

Geokoordinaten
47.714705, 9.068433

Anfahrt
Allensbach ist IR-Halt der Schwarzwaldbahn Konstanz–Karlsruhe, zudem hält hier der Seehas Konstanz–Engen halbstündlich. Die B33 führt als Verlängerung der A81 am Ort vorbei.

Einkehr
In Allensbach gibt es eine Vielfalt an Gaststätten und Cafés. An der Wegstrecke liegt bei Freudental die erwähnte Bauernstube Linz.

Karte
LGL, Westlicher Bodensee: Höri Bodanrück (1:35 000)

Information
Kultur- und Verkehrsbüro Allensbach Im Bahnhof, Konstanzerstr. 12, D-78476 Allensbach, Tel. +49(0)7533/801 34, www.allensbach.de/Tourismus

Allensbach ist – dank des dortigen Instituts – vielen ein Begriff. Im Hinterland des Ortes verbirgt sich aber ein wahres Schmuckstück.

Allensbach Der Ortskern des vor allem durch das Institut für Demoskopie (Radolfzeller Straße 8) deutschlandweit bekannten Allensbach wird beherrscht von der pfirsichfarbenen Barockpfarrkirche St. Nikolaus, dem Schiffsheiligen, dem zu Ehren jährlich am ersten Julisonntag eine Wasserprozession zur gegenüberliegenden Reichenau stattfindet. Auf dem Weg von unserem Startpunkt, dem Ⓐ **Bahnhof**, kommen wir

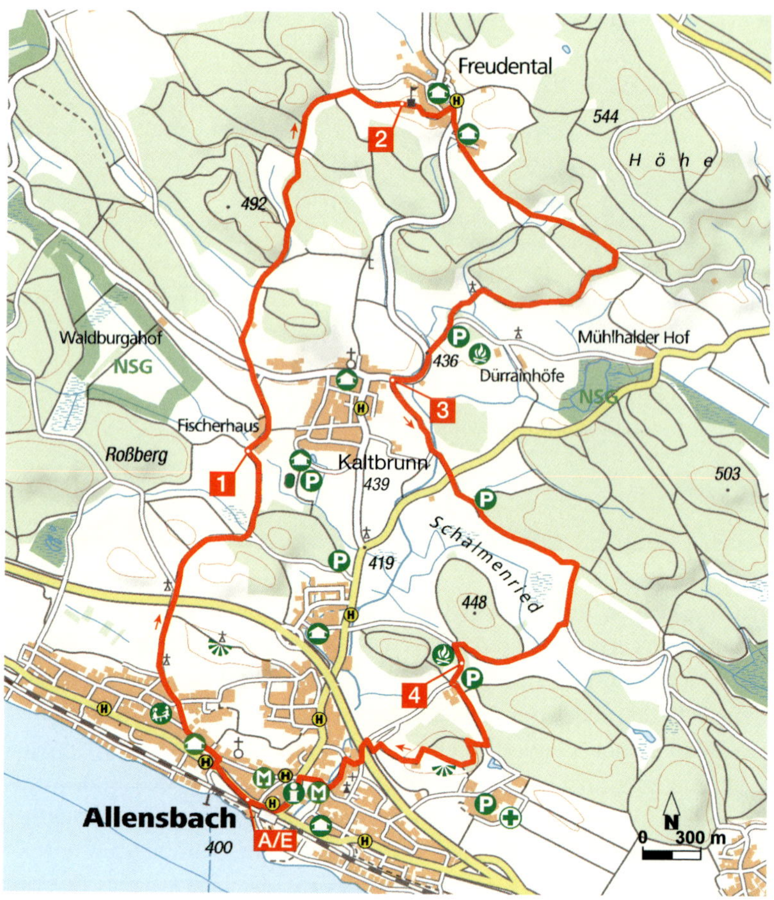

Rechte Seite: In jeder Hinsicht der Höhepunkt unserer Wanderung: Schloss Freudental

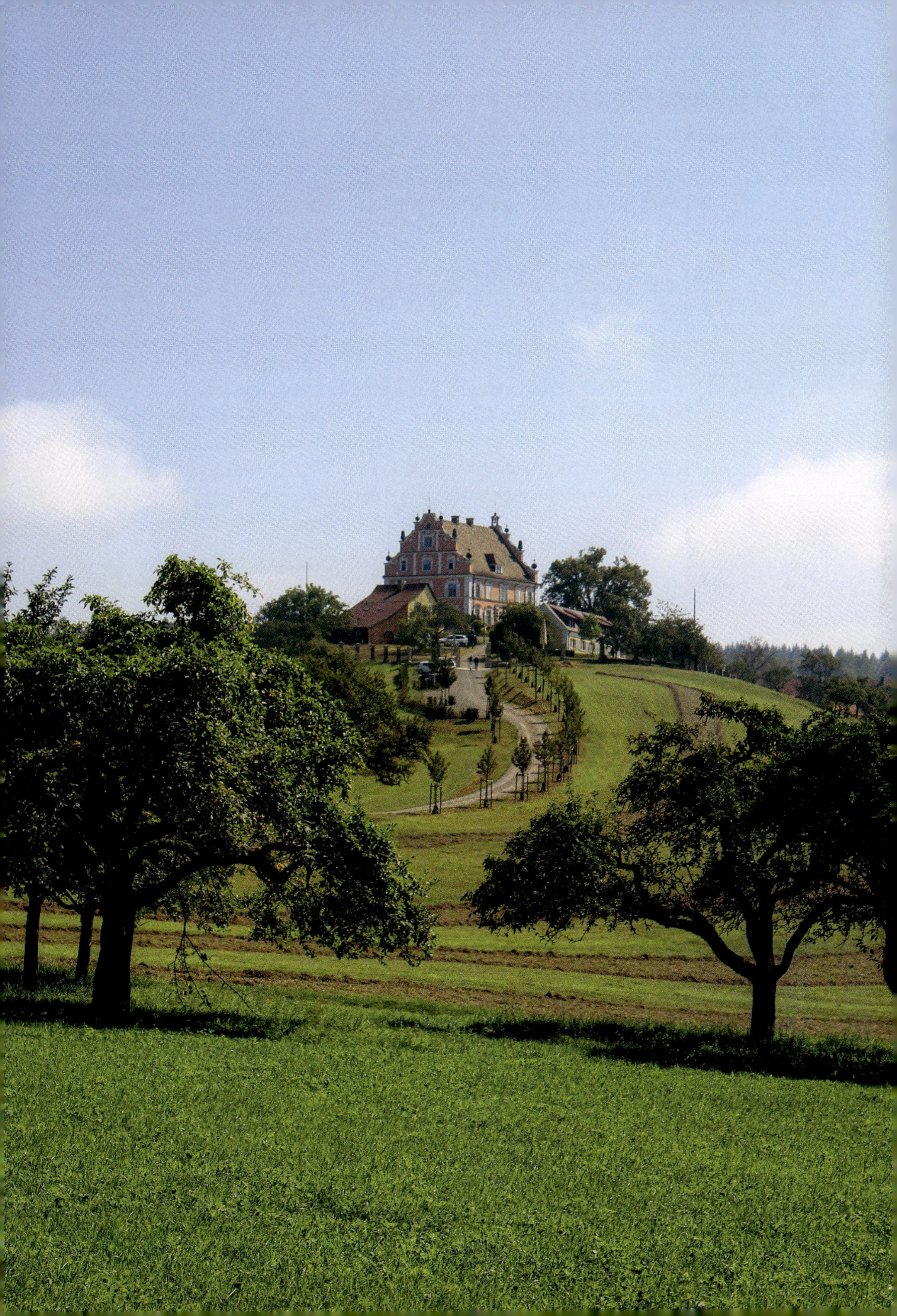

Der Wild- und Freizeitpark Bodanrück Allensbach

Natur und Spiel bietet Familien der Wildpark nahe Kaltbrunn. Neben der heimischen Tierwelt, frei zugänglichen Gehegen und Greifvogelflugschauen warten ein großer Abenteuerspielplatz, ein Kettcar-Parcours, eine kleine Eisenbahn, eine Riesenrutsche und vieles mehr (Mai–Sept. 9–19.30 Uhr, Okt.–April 10–19.30 Uhr, Einlass jeweils bis 17 Uhr). Unabhängig vom Wildpark befindet sich benachbart das Hotel mit Landgasthof Mindelsee.

an einigen schönen Fachwerkhäusern vorbei, wenn wir uns auf die Kirche zubewegen. Links an ihr vorbei (Brunnengasse) kommen wir durch Überquerung der Radolfzeller Straße direkt gegenüber in die Höhrenbergstraße, hier links und anschließend die nächste rechts hoch (Holzgasse) ortsauswärts – man kann sich im Ort zusätzlich an der Radwegbeschilderung orientieren. Wir bleiben nun länger geradeaus, um kurz nach der Brücke über die B33 an der Gabelung rechts abzubiegen. An der nächsten größeren Kreuzung (Riesenberg) gehen wir links bis zum ❶ **Fischerhaus** und schließlich rechts durch dieses Gehöft an Kaltbrunn vorbei leicht links bis zur Landstraße, die wir überqueren in den Weg gegenüber. Am Waldrand wählen wir den Weg halb links, der dann gerade in den Wald hineinführt. Im Wald heißt es dann gut aufpassen, denn vor einer Rechtskurve zweigt unsere Strecke recht unscheinbar (der Wegweiser ist etwas verdeckt) links in einen Pfad ab, der bald auf eine Lichtung führt.

Schloss Freudental Auf der Lichtung laufen wir rechts und dann geradeaus weiter, stets am Waldrand. In großen Kurven kommen wir auf Freudental zu, das wir bald auf seinem Hügel, die Landschaft beherrschend, thronen sehen. Das äußerst adrette ❷ **Schloss** im rosafarbenen Barockstil diente unter anderem nach der Erbauung um 1700 als edler Witwensitz und ist heute ein Hotel. Unzweifelhaft ist es eines der schönsten Gebäude des Bodanrücks, und nicht nur in Metern der buchstäbliche

Kurz vor Allensbach lockt der Blick auf den Gnadensee.

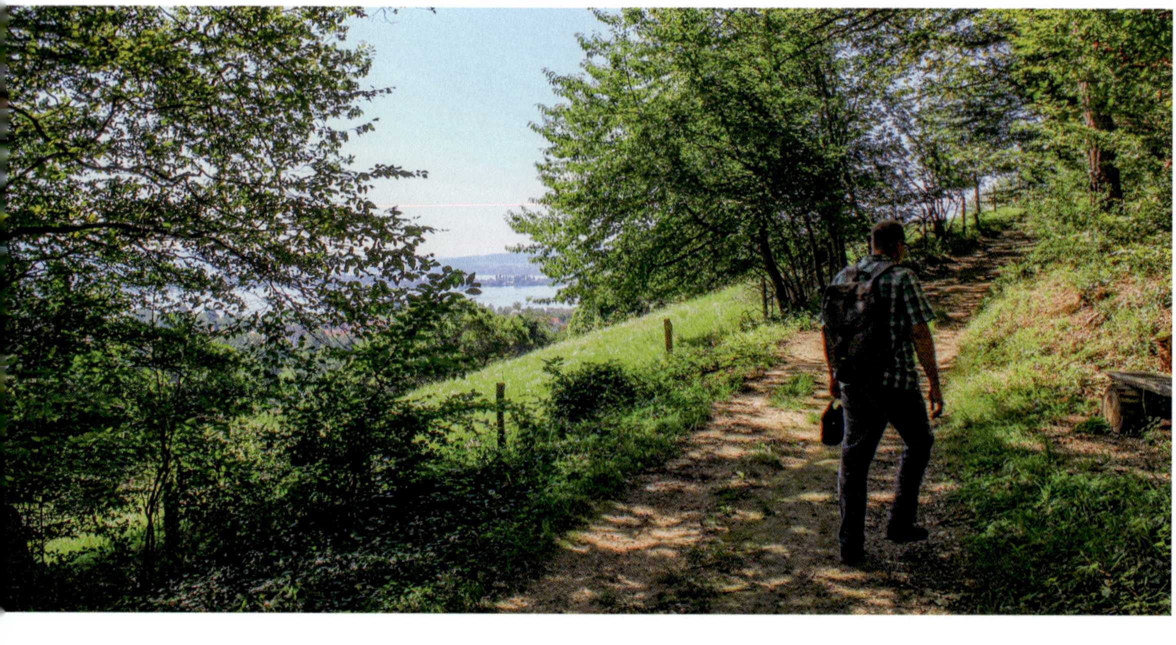

Höhepunkt unserer Tour. Nachdem wir zum Schloss hochgestiegen sind und es rechts am Zaun entlang umlaufen haben, kommen wir hinunter ins gleichnamige Dorf. Unten an Infotafel und Brunnen wenden wir uns kurz rechts auf die Landstraße, um sogleich wieder links in den Weg zur Bauernstube Linz einzubiegen, an dieser gehen wir rechts vorbei auf dem Feldweg auf den Wald zu. In diesen hinein führt ein schmaler Pfad, der uns erst auf einen größeren Forstweg und dann rechts zu einer Kreuzung bringt. Hier nehmen wir erneut den Weg rechts. Diesem folgend, kommen wir schließlich zur Landstraße kurz vor Kaltbrunn zurück, auf der wir links wiederum einige Meter zu gehen haben, um dann direkt am ❸ **Ortsschild** links einzubiegen. An der nächsten Abzweigung bleiben wir halb links auf unserem Weg, der über die nächste Landstraße führt – wegen der Kuppe Vorsicht bei der Querung! – und anschließend am Waldrand entlang.

Zurück nach Allensbach An der nächsten Kreuzung gehen wir rechts – weiter am Waldrand – ebenso wie an der folgenden, nun durch die Felder. Wiederum am Waldrand führt der Weg bei den beiden nächsten Abzweigungen zweimal links zum ❹ **Grillplatz Eichelrain**. Nach diesem rechts zum Bauernhof und an diesem vorbei auf die Schmieder-Kliniken zu. Wieder rechts, doch dann sofort erneut rechts (von den schon sichtbaren Klinikbauten weg) den Hügel hoch – hier dann kurz darauf links, weiter ansteigend. Die kleine Erhebung über Allensbach belohnt uns bald mit einem wunderbaren Ausblick auf den Ort und die komplette, dahinter liegende Insel Reichenau. Auf der anderen Seite hinab, unten schließlich links, aber nach wenigen Metern den kleinen Pfad direkt an der B33 rechts zur Unterführung hinab (auf den Wegweiser mit dem blauen Symbol achten!), durch diese auf die andere Seite. Die erste Straße rechts nach der Brücke (Mühlengasse) und an deren Ende links in die Kaltbrunner Straße, die bis zum Ⓔ **Bahnhof** direkt in die Ortsmitte führt.

Der Bodanrück ist eine uralte Kulturlandschaft.

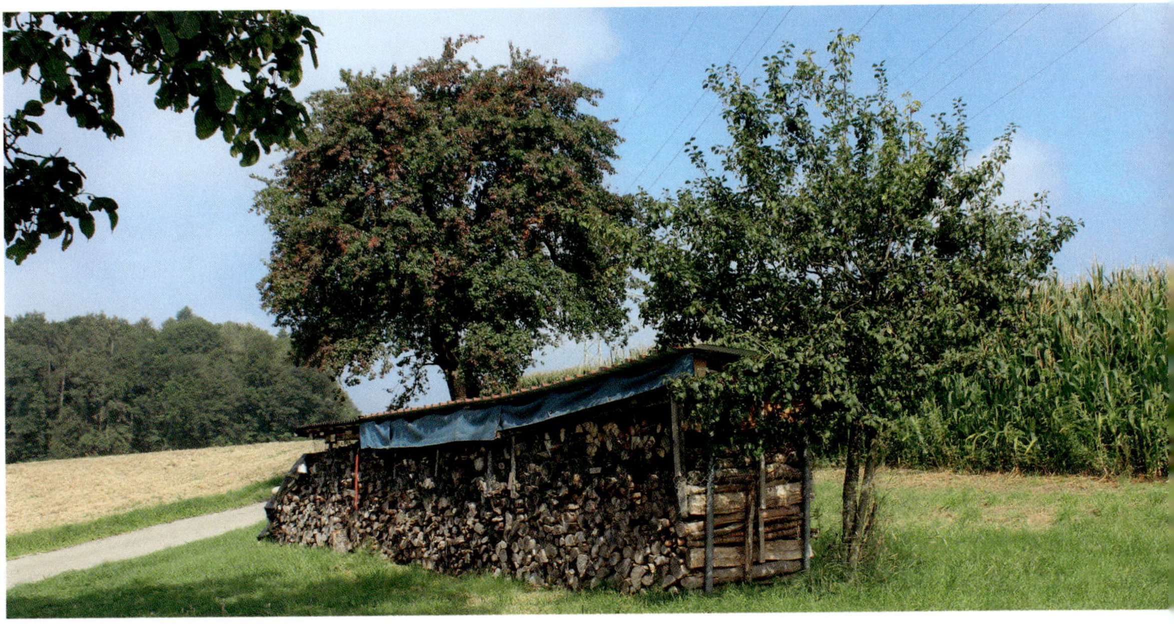

6 Von Singen nach Gottmadingen

Sonntagsausflug auf die Rosenegg

Mittel | 10 km | 120/110 Hm | 2,5 Std.

Tourencharakter
Sehr gute Strecken, der Anstieg auf die Rosenegg ist allerdings etwas für Profis: steil und eng, bei Nässe tabu. Für Familien trotzdem – dank alternativer Aufstiegsmöglichkeiten – geeignet. Grenzübertritt.

Ausgangs-/Endpunkt
Singen Bahnhof/Gottmadingen

Geokoordinaten
47.759038, 8.840726

Anfahrt
Singen ist der zentrale Bahnknotenpunkt des westlichen Bodenseeraumes mit IC-Verbindungen nach Stuttgart und Zürich sowie IR-Zügen nach Basel, Ulm, Konstanz und Karlsruhe. Die Stadt ist Endpunkt der A81 Stuttgart–Singen, Ausfahrt Singen.

Einkehr
Natürlich auf der Rosenegg, alternativ in Singen oder Gottmadingen

Karte
LGL, Hegau: Randen Schaffhausen (1:35 000)

Information
Hegau Touristik, Hofgarten 4, D-78224 Singen, Tel. +49(0)7731/852 62, www.hegau.de

Singen und Gottmadingen, einst Dörfer, sind durch die Grenznähe groß gewordene Industriesiedlungen. Dazwischen liegt hoch oben die Ruine Rosenegg.

Singen Man wird es zugeben müssen: In den Führern zu historischen Highlights taucht Singen eher nicht auf, es gilt als Industrie- und Einkaufsstadt. Zu verdanken hat der Ort, bis ins 19. Jahrhundert ein unscheinbares Hegauer Bauerndörfchen, dies jedoch einer Sehenswürdigkeit von hohem Rang: Der im »Ausland« (siehe Kasten) gelegene Hohentwiel, heute größte Festungsruine Deutschlands, hemmte die Entwicklung, die umso mehr einsetzte, als die Stadt dank ihrer Stellung als Eisenbahnknotenpunkt schließlich einen rasanten Aufschwung erfuhr. Obwohl die Stadt auch ein reiches Kunst- und Kulturleben besitzt, erleben auch wir von unserem Startpunkt am **A Bahnhof** aus eher das industrielle Singen, denn von diesem bewegen wir uns durch den vorderen Bahnsteigtunnel (nicht den in der Mitte!) auf die Südseite direkt auf das große neobarocke Maggi-Werk zu. An diesem laufen wir rechts entlang

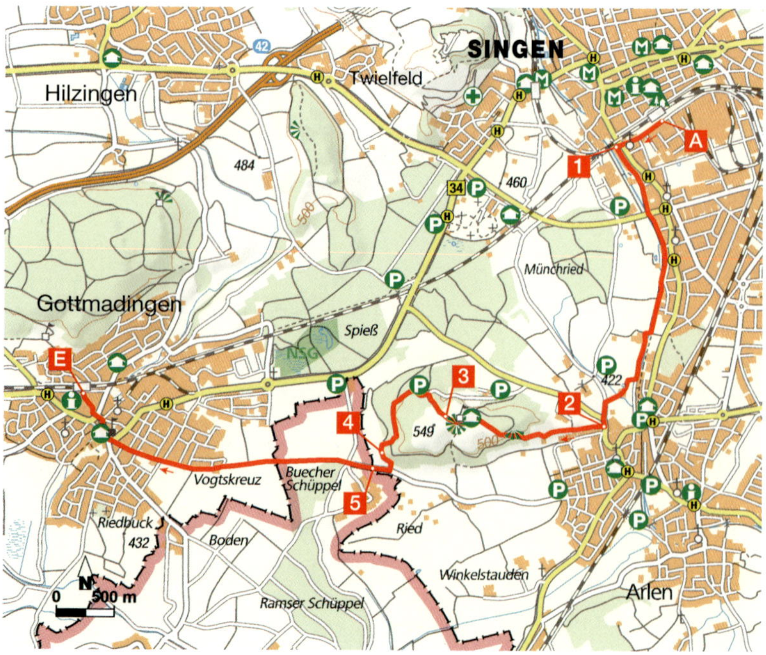

Rechte Seite: Industrielle Vergangenheit, modern genutzt: die alte Brauerei in Gottmadingen

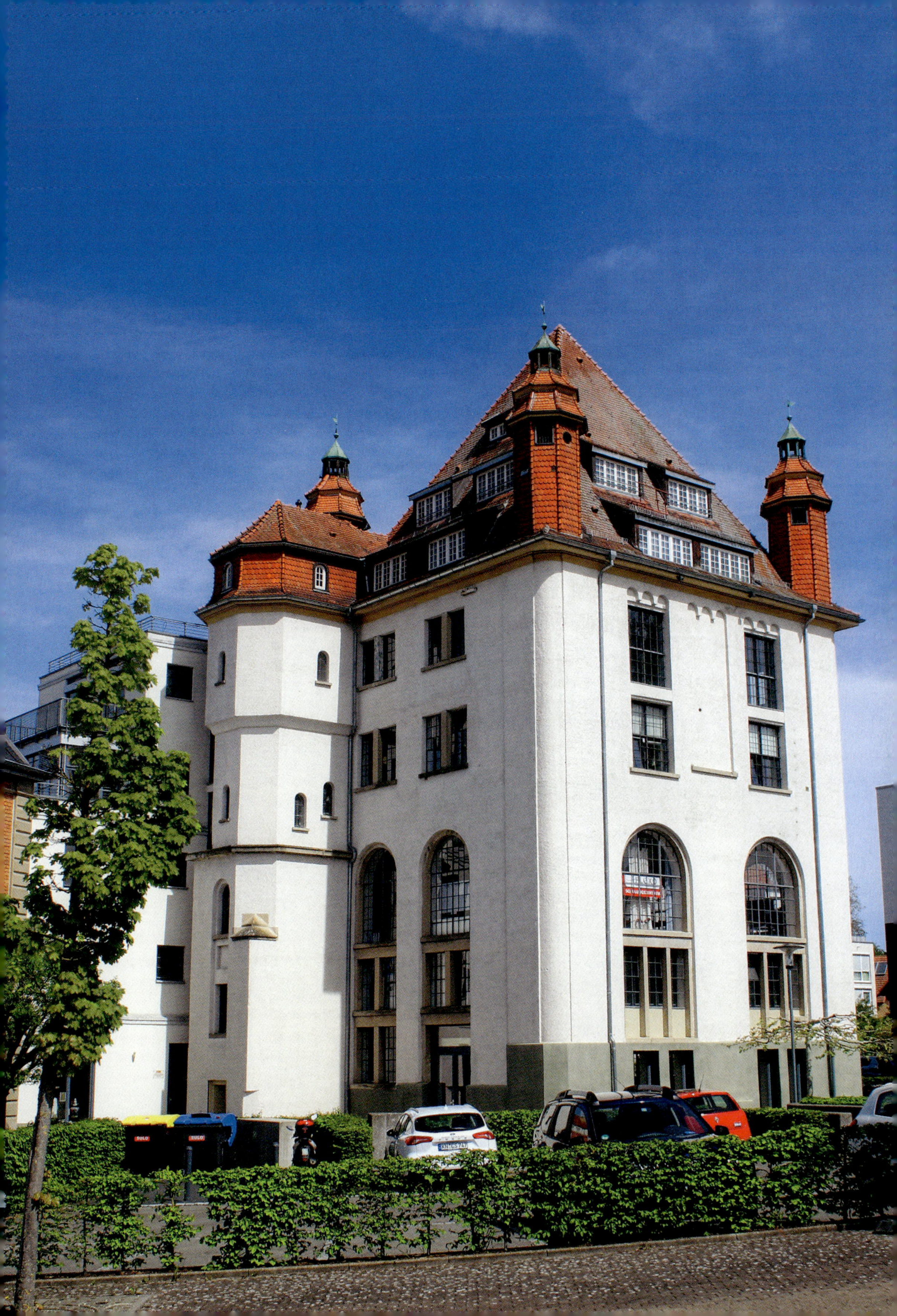

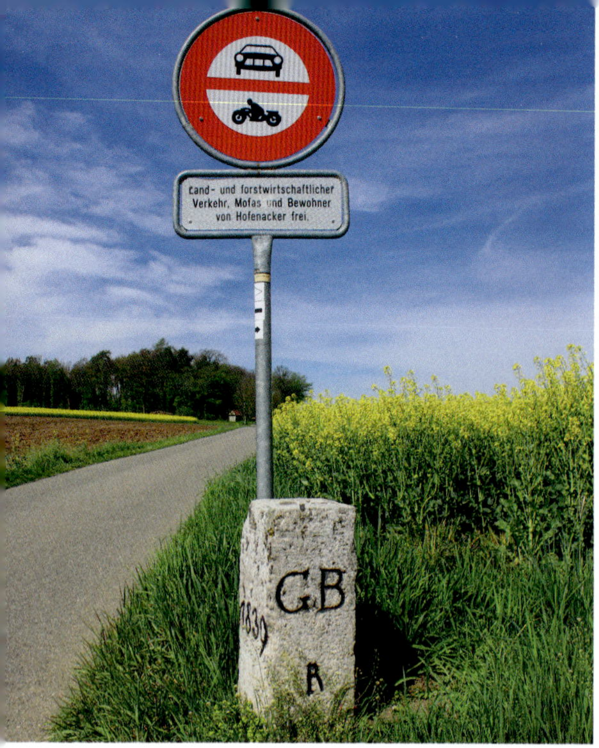

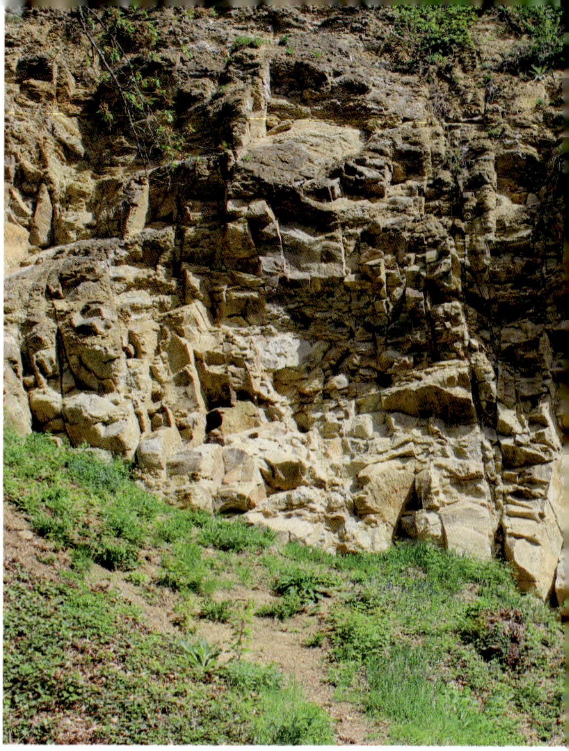

bis zum Parkhaus, überqueren die Straße, laufen kurz rechts und biegen sogleich (vor der Bahnunterführung) links auf den Fußweg ein. Nach der ersten Brücke geht es erneut links in den Park entlang der ❶ **Radolfzeller Aach** und in diesem lange Zeit in den Anlagen am Fluss geradeaus. Nach den letzten Singener Häusern überqueren wir neben der Heimgartenanlage via Brücke die Aach und laufen an der anderen Seite flussabwärts weiter, bis der Wanderweg rechts abzweigt und uns zum Radweg an der Landstraße führt, auf dem wir kurz links zum Ortseingang von ❷ **Rielasingen** laufen.

Festungsruine Hohentwiel

686 Meter hoch liegt seit dem 10. Jahrhundert die Burg Hohentwiel, ab dem 16. Jahrhundert zur Festung mit Bastionen und Rondellen ausgebaut und nie erobert. Als württembergischer »Pfahl im Fleische« lag sie inmitten feindlichen – katholischen – Auslands, was sie insbesondere während des Dreißigjährigen Krieges sowohl zum Ziel von Belagerungen als auch durch den legendären Kommandanten Konrad Widerhold (1598–1667) zum Ausgangspunkt zahlreicher Plünderungs- und Zerstörungszüge machte, der auch die Rosenegg zum Opfer fiel. Anschließend Gefängnis, wurde die Festung 1799 den Franzosen übergeben und geschleift. Erst 1969 ging sie an Baden über. Heute lädt der Vulkanberg Hohentwiel zur Besichtigung mit großartiger Aussicht ein. Infos unter: www.festungsruine-hohentwiel.de.

Aufstieg auf die Rosenegg Kaum dort angekommen, wechseln wir schon nach links gegenüber (Am Rehberg) und sofort an der Infotafel wieder rechts hoch, nach dem Haus schließlich links den stramm ansteigenden Pfad hoch auf die Rosenegg. An der Abzweigung »Hochbehälter« halten wir uns geradeaus (eine bequemere Variante zweigt hier rechts ab) und laufen noch einige Meter weiter, bis nach einem der Gärten am Hang der Weg wiederum als kleiner Pfad rechts hoch abzweigt und dann links am Hang weiterführt, bis uns eine Kreuzung einlädt, nun rechts im Zickzack hoch zur Rosenegg zu steigen. Es wurde uns nicht zu viel versprochen: In langen, steilen und vor allem schmalen Serpentinen kommen wir schließlich auf der Hochebene an einem Aussichtsbänkchen an. Hier links führt der

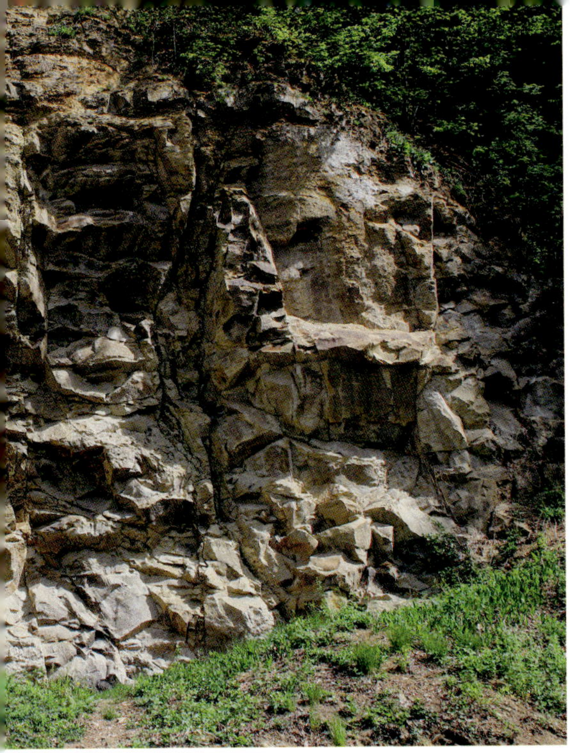 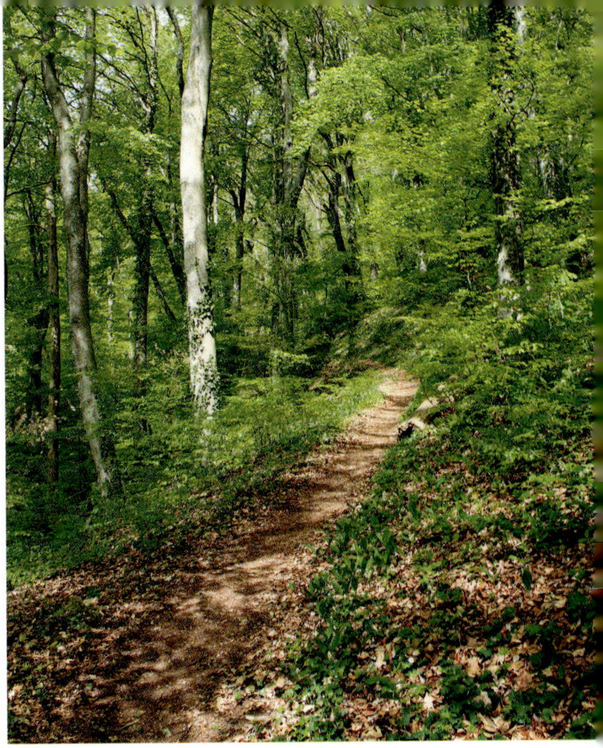

Weg aus dem Wald und auf die schon sichtbaren Überreste der Burg Rosenegg zu. Von der einst mittelalterlichen Anlage, später im 17. Jahrhundert zur fürstbischöflichen Sommerresidenz umgebaut, sind nur noch einige Mauerreste, wie bei vielen Hegauburgen jedoch die Wirtschaftsbauten erhalten. Sie beherbergen heute ein beliebtes ❸ Ausflugslokal mit Biergarten (in der Sommersaison Mi–Do 15–0 Uhr, Fr–So 11–0 Uhr). Nach der Rast geht es kurz auf der Zufahrtsstraße den Berg hinab bis zum Wanderparkplatz, über diesen links und kurz darauf an der Kreuzung rechts.

Links: Hier endet das ehemalige Großherzogtum Baden und die Schweiz beginnt.

Mitte: Für Geologen und Grillfreunde: der ehemalige Steinbruch an der Rosenegg

Rechts: Der Aufstieg zur Rosenegg ist durchaus anspruchsvoll.

Nach Gottmadingen Am nächsten Wegweiser (Kesselbrunnen) laufen wir links weiter Richtung Grillplatz im ehemaligen ❹ Steinbruch, der tiefen Einblick in die Geologie des Berges erlaubt. Nach wenigen Metern bergab verlassen wir den Wald und stoßen auf den Teerweg gegenüber Hofenacker. Hier laufen wir rechts und erreichen damit die Schweizer Grenze mit ihren typischen ❺ Grenzsteinen. Es sind allerdings nur wenige hundert Meter, die wir eidgenössisches Territorium betreten, schon verabschiedet uns der nächste Grenzstein wieder. Vor uns liegt bereits Gottmadingen, dessen Wohnsiedlung wir bald erreichen. An der Rielasinger Straße können wir auf dem Feldpfad mit Wegkreuzen entlanglaufen, bis wir auf den Gehsteig wechseln und zur Hauptstraße gelangen. Gottmadingen, einst ebenso ein kleines Bauerndorf wie Singen, ist dank eines Landmaschinenbetriebs und einer Großbrauerei um 1900 zur stattlichen Gemeinde angewachsen, dementsprechend ist der Ort geprägt von Bauten der Gründerzeit und des industriellen Zeitalters, die nun oft neu genutzt werden; sehenswert ist auch die markante katholische Kirche aus den 1930er-Jahren. Und naturgemäß bietet Ⓔ Gottmadingen zahlreiche Einkehr- und Einkaufsmöglichkeiten. Mit Bus oder Bahn kommt man nach Singen zurück – oder weiter nach Bietingen zur Tour 2.

7

Von Mühlhausen nach Aach

Zu Deutschlands größter Quelle

Mittel | 19 km | 55/55 Hm | 4,5 Std.

Tourencharakter
Kurze Anstiege in die Altstadt und auf den Alten Turm, Letzteren sollte man bei/nach Niederschlag und im Winter auslassen, ansonsten gut befestigte Wege; für Familien geeignet.

Ausgangs-/Endpunkt
Bahnhof Mühlhausen-Ehingen

Geokoordinaten
47.813460, 8.804262

Anfahrt
Der Bahnhof Mühlhausen-Ehingen liegt an der SBB-Regionalbahn Seehas von Konstanz nach Engen. Der nächstgelegene überregionale Bahnhof ist Singen am Hohentwiel mit IC-Verbindungen nach Stuttgart und Zürich sowie IRE nach Basel und Ulm. Mühlhausen befindet sich direkt an der Autobahn A81 Stuttgart–Singen, Ausfahrt Singen.

Einkehr
In Mühlhausen, Aach – unter anderem direkt am Aachtopf – und in Volkertshausen finden sich schöne Gaststätten.

Karte
LGL, Hegau: Randen Schaffhausen (1:35 000)

Information
Hegau Touristik, Hofgarten 4, D-78224 Singen, Tel. +49 (0)7731/852 62, www.hegau.de

Auf einem Hügel im Hegau steht seit Jahrhunderten die kleine Stadt Aach. Berühmt ist sie für den geheimnisvollen Aachtopf.

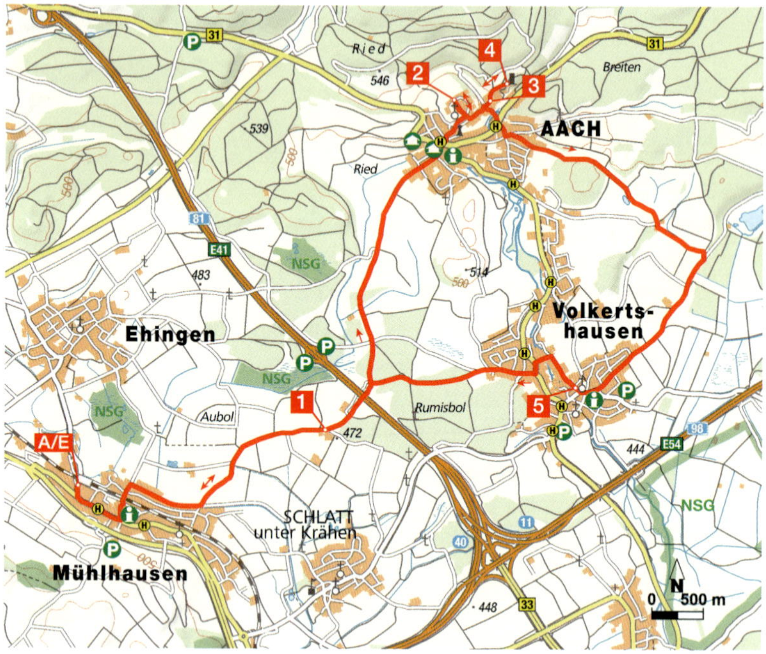

Mühlhausen bis Aach Vom Ⓐ **Bahnhof Mühlhausen** begeben wir uns auf die Dorfseite in die Ehinger Straße, die in die lang gezogene Schlossstraße mündet. Vorbei an der Kapelle gehen wir bis zum Zentrum des Ortes mit dem pittoresken alten Rathaus mit Türmchen und dem Schloss gegenüber. Hier laufen wir links hinab zu den Gleisen und weiter bis zum Bach, nach der Brücke rechts in den Bachweg, diesen bis zur Johannisbrücke am Ortsrand und hier links. Auf diesem Weg bleiben wir in langer Rechtskurve bis zum ❶ **Waldhof**, an diesem dann links halten und über die Autobahn, an der nächsten Kreuzung geradeaus in den Wald, nach dem Waldstück weiter geradeaus. Schon bald zeichnet sich in der Ferne gut sichtbar die Vulkanstadt Aach ab. Via Mühlhauser Straße kommen wir durch die Siedlung ins Innere am Fuß des Altstadthügels, hier an der Radolfzeller Aach nutzen wir die Fußgängerampel und gehen dann die Treppe zwischen den Häusern gegenüber hoch.

Eine kleine Stadt ❷ **Aach** leidet ein bisschen an der Vielzahl der Attraktionen im Bodenseeraum. Dafür, dass es eine einmalige Lage auf einem Hügel, umgeben von Teilen der Stadtmauer, ein schön renoviertes Ortsbild, eine Burgruine und die Aachquelle zu bieten hat, ist das Städtchen fast zu unbekannt. Die Autobahn ist zwar nah, trotzdem wirkt Aach etwas abgelegen, was aber den Vorteil hat, dass hier Ruhe und Stille erfahrbar sind. Am Schulgebäude vorbei stehen wir nun vor dem Unteren Tor (in einem kleinen Kasten rechts am Tor finden Sie einen Stadt- und Informationsplan zum Mitnehmen), durch das wir weiterschreiten zum Oberen Tor, dann steigen wir links ein Treppchen hoch und drehen anschließend eine kleine Runde durch die

Mittlere Kletterkünste erfordert der Anstieg zum Alten Turm.

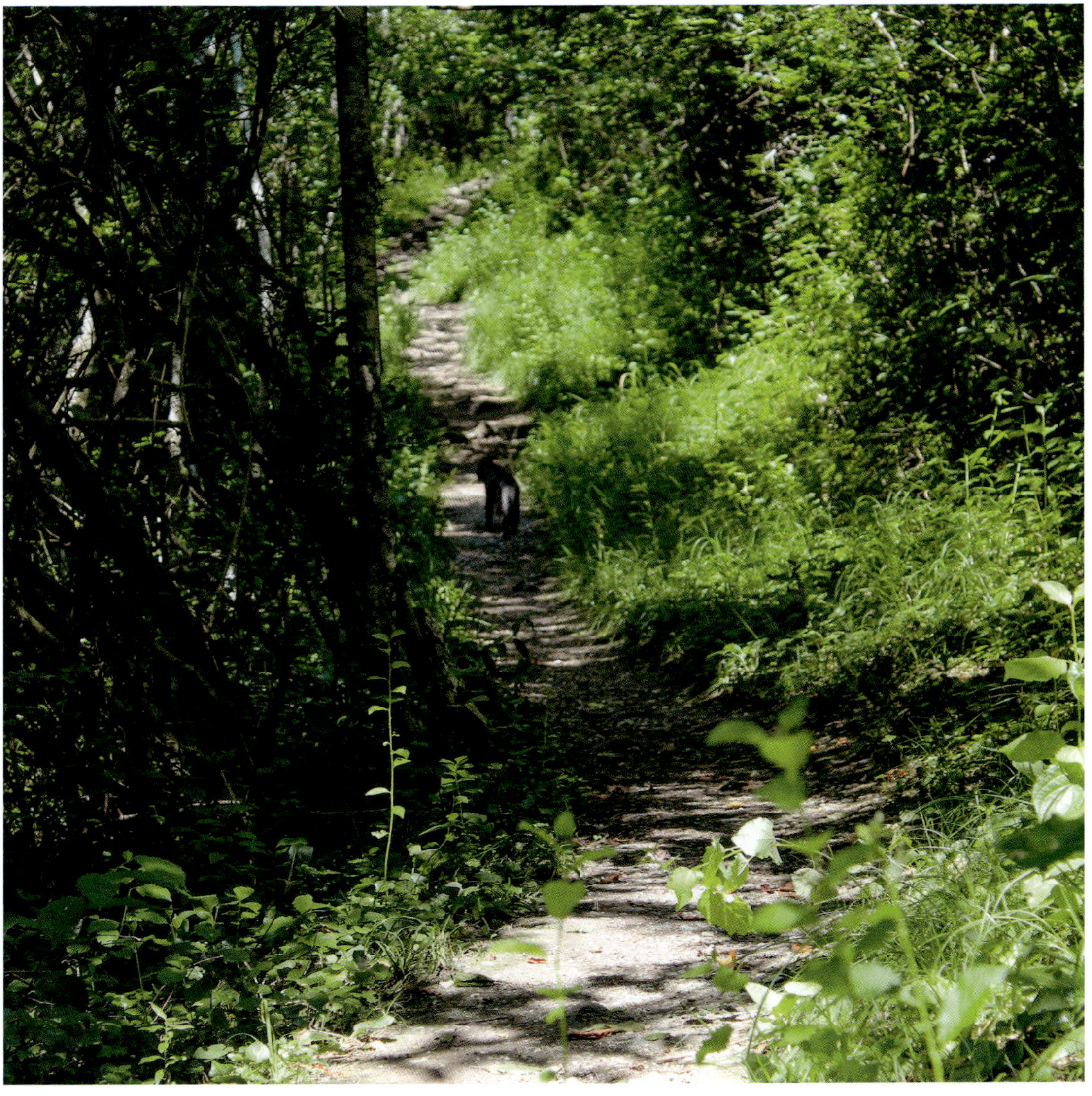

Vorsicht, Poppele!

Auf der 653 Meter hoch gelegenen, im Mittelalter uneinnehmbaren Burg Hohenkrähen über Mühlhausen regierte der Sage nach einst der Poppele, ein bösartiger Burgvogt, der aufgrund seiner Taten dazu verdammt ist, auf ewig sein Unwesen zu treiben. Zum Glück handelt es sich aber meist um Scherze harmloser Natur. Sein Grabmal befindet sich in der Mühlhauser Kirche, er selbst jedoch schleicht noch immer in der Gegend um die Burg herum, seien Sie also gewarnt!

Stadt vom Brunnen am Krämermarkt rechts zur Kirche, von dort weiter über das Pfarr- und Kaplaneihaus rechts wieder zurück zum Brunnen und von dort wieder hinab zu den Toren. Am Kriegerdenkmal dann links abwärts und rechts zum Bach. Vor der Brücke links am Kanal entlang.

Aachtopf und Alter Turm Nach wenigen Metern nutzen wir den Holzsteg hinüber zur Jägermühle mit Kiosk und laufen am ❸ **Aachtopf** entlang, der größten Quelle Deutschlands mit enormer Wasserausschüttung (durchschnittlich gut 8 Kubikmeter pro Sekunde). Genau genommen ist der Aachtopf, unter dem sich eine sehr tiefe Höhle verbirgt, eine Austrittstelle der bei Immendingen und Fridingen versickerten Donau – in zwölf Kilometern Entfernung. Wir schließen die Runde um das Gewässer nicht ganz ab, sondern wechseln nach der zweiten Brücke am Hang auf den Pfad rechts hoch zum Alten Turm. Aufwärts folgen wir der blauen Markierung bis zum Grillplatz, dort rechts weiter in den Wald vor den ❹ **Alten Turm**, eine der ältesten Burgen des Hegaus. Der stattliche Wohnturm wurde im 11. Jahrhundert errichtet, aber schon im 14. Jahrhundert zerstört.

Links: In Aach ist die Vergangenheit noch überall präsent.

Rechts: Die Felsen um die Aachquelle sind geheimnisvoll zerklüftet.

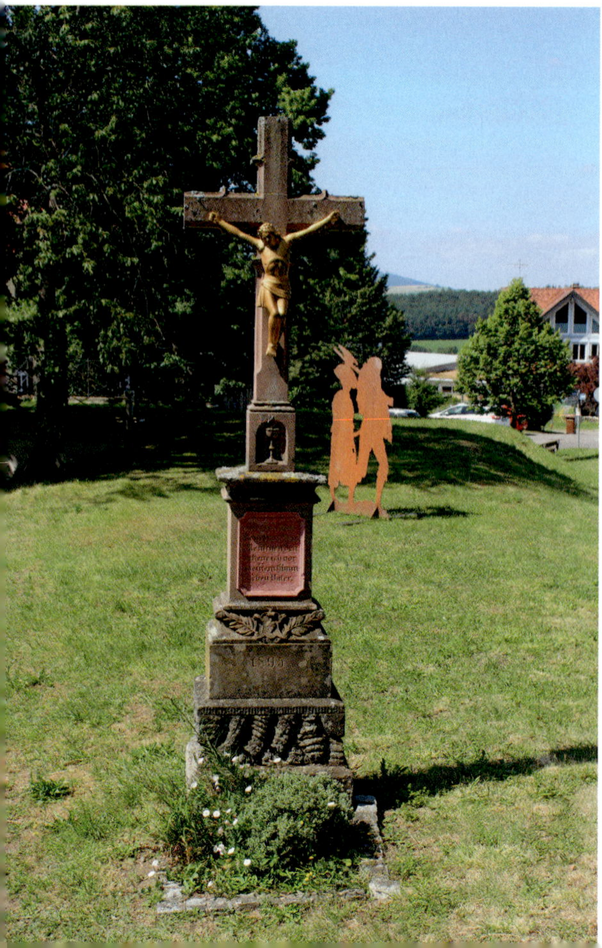

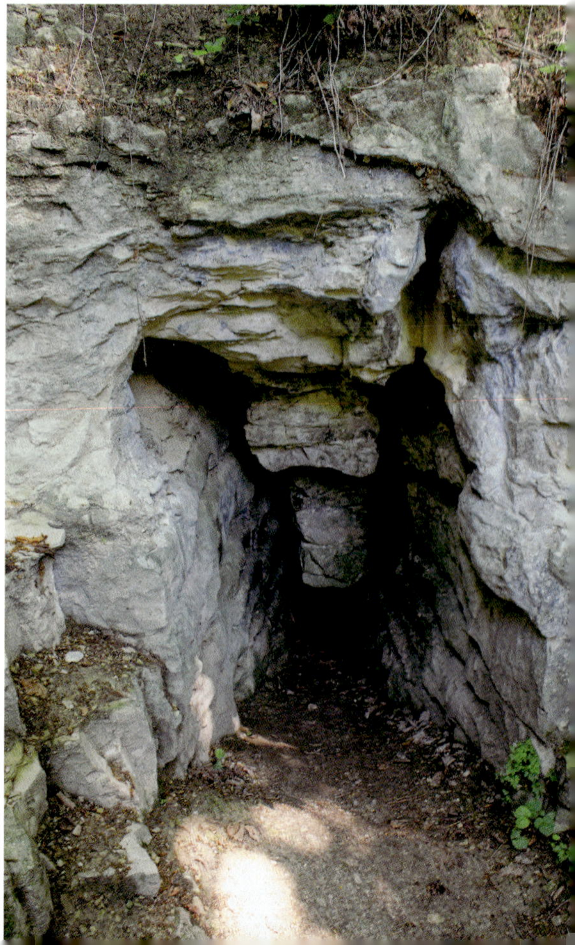

Wir laufen bis zum Grillplatz zurück, wählen von dort aber für den Rückweg eine andere Variante erst rechts, dann links über den Pfad hinab. Hier treffen wir auf unseren Aufstiegsweg, gehen dann am Aachtopf links zum Parkplatz.

Über Volkertshausen zurück Am Parkplatz laufen wir kurz rechts an der Hauptstraße entlang, biegen aber in die nächste Straße (Ettenbergstraße) links ein, an der nächsten Kreuzung (bei der Bäckerei) bleiben wir auf dieser, wenn sie links in die Siedlung führt, und gehen an deren Ende geradeaus weiter. Diesem Weg folgen wir bis zur Kreuzung vor dem Modellflugplatz, den wir zügig geradeaus queren, an der T-Kreuzung dann links. So kommen wir in 5 **Volkertshausen** an, anfangs bleiben wir noch auf der Langensteiner Straße, biegen dann mit ihr leicht rechts zur Alten Kirche ab und gehen an deren Fassade geradeaus vorbei in die Wehristraße. Kurz vor Ortsende nutzen wir links die Holzbrücke über die Aach und kommen so auf der anderen Seite in die Hauptstraße. Wir gehen kurz links, aber schon an der nächsten Kreuzung rechts in die Mühlhauser Straße. Diese zweigt sich nach den letzten Häusern an einer Sitzgruppe, wir wählen den Weg links in den Wald, der uns schließlich zurück auf unsere alte Strecke führt, links über die Autobahnbrücke und den Waldhof geht es zurück nach E **Mühlhausen**, hinter dem Ort die beiden imposanten Hegauruinen Mägdeberg (rechts) und Hohenkrähen (links).

Es geht hoch zum Alten Turm (links) …

… der mit der Aussicht auf die Hegauberge belohnt (rechts).

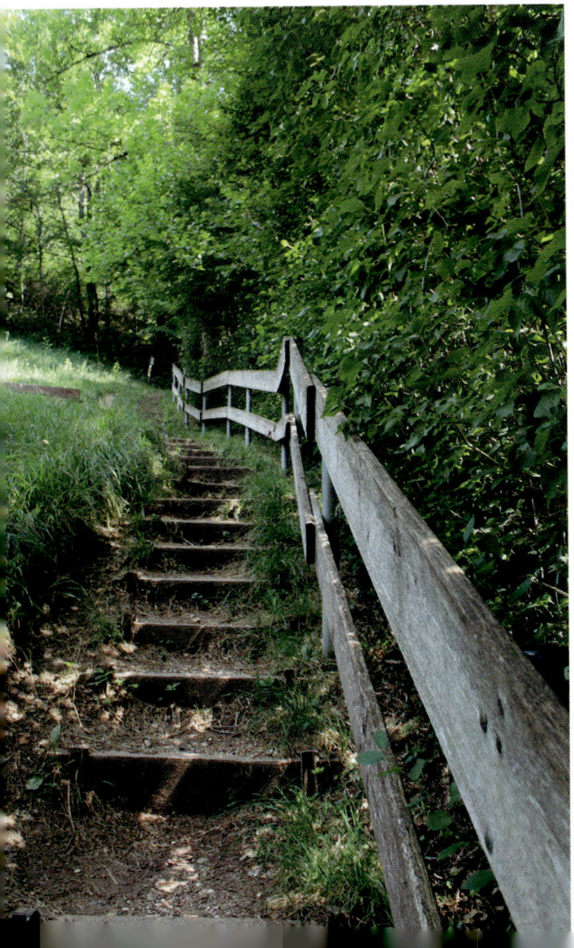

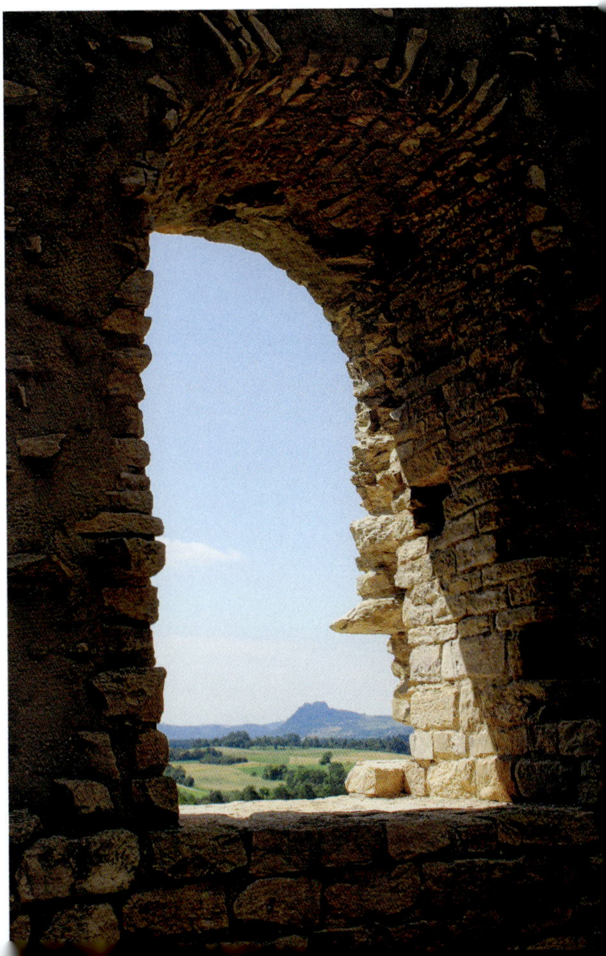

8 Rund um Honstetten

Durch das Krebsbachtal

Mittel | 17 km | 145/145 Hm | 3,5 Std.

Tourencharakter:
Wegstrecke mit einigem Auf und Ab, allerdings ohne wirklich anstrengende Aufstiege. Die Qualität der Wege reicht von hervorragend bis ungepflegt, einige kürzere Abschnitte sind zudem auf Landstraßen.

Ausgangs-/Endpunkt
Honstetten, Tudoburghalle

Geokoordinaten
47.891868, 8.883446

Anfahrt
Honstetten ist mit dem ÖPNV nur schlecht zu erreichen. Von Stockach fahren Kleinbusse via Heudorf (Buslinien 7375B und 7365) mehrmals täglich. Die nächstgelegenen Bahnhöfe sind Stockach, Orsingen-Nenzingen und Engen. Mit dem Pkw erreicht man Honstetten über die B31 über Eigeltingen, die A98 Singen–Stockach führt im Süden vorbei.

Einkehr
In Honstetten, Rorgenwies und Reute gibt es Dorfgaststätten, die allerdings nicht durchgehend geöffnet sind. Für Einkehr also vorher informieren.

Karte
LGL, Westlicher Bodensee: Höri Bodanrück (1:35 000)

Information
Tourismusinformation Eigeltingen, Krumme Str. 1 (Rathaus), D-78253 Eigeltingen, Tel. +49 (0)7774/932 20, www.eigeltingen.de/tourismus/

Rechte Seite: Balance ist gefragt auf dem Steg über den Krebsbach.

Kleine Dörfchen prägen den westlichen Rand des Hegau mit seinen Kirchen, Burgruinen und stillen Bachtälern.

Honstetten Der nördlichste Teil des Landkreises Konstanz zeichnet sich durch eine gewisse Abgelegenheit aus, frei vom Durchgangsverkehr durch die hügelige Hochebene, ideal für Wanderungen fern von Massenströmen. Ⓐ **Honstetten**, unser Start- und Zielpunkt, ist eines der für die Gegend typischen Dörfer, adrett herausgeputzt mit vielen schönen Anwesen. Wir beginnen an der Tudoburghalle (Bushaltestelle und Parkplätze) und gehen von dieser links hoch in die Oberdorfstraße bis zur Gabelung. Hier rechts, anschließend erneut rechts (Auf der Steig), dann die zweite links (noch immer Auf der Steig) und aus dem Ort hinaus. Am Wegkreuz beim Wasserbehälter links, wir bleiben auf dem Teerweg bis zur Teilung des Weges vor den Sportplätzen und gehen hier rechts auf den Wald zu. Wir gehen geradeaus durch den Wald, lassen links neben uns die Glashüttenhöfe; vor dem letzten dieser Höfe biegen wir vom Teerweg im 90-Grad-Winkel in den Wald ab (nicht halb rechts!), an der

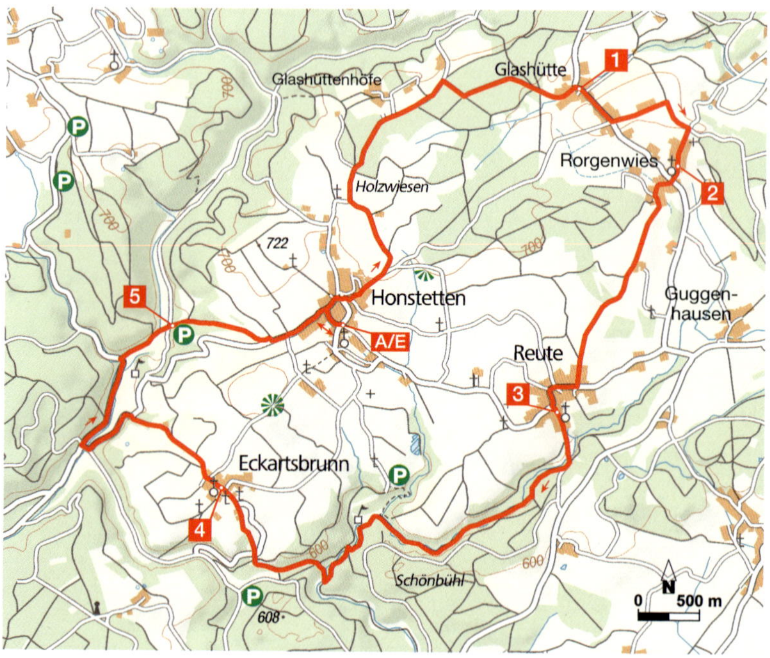

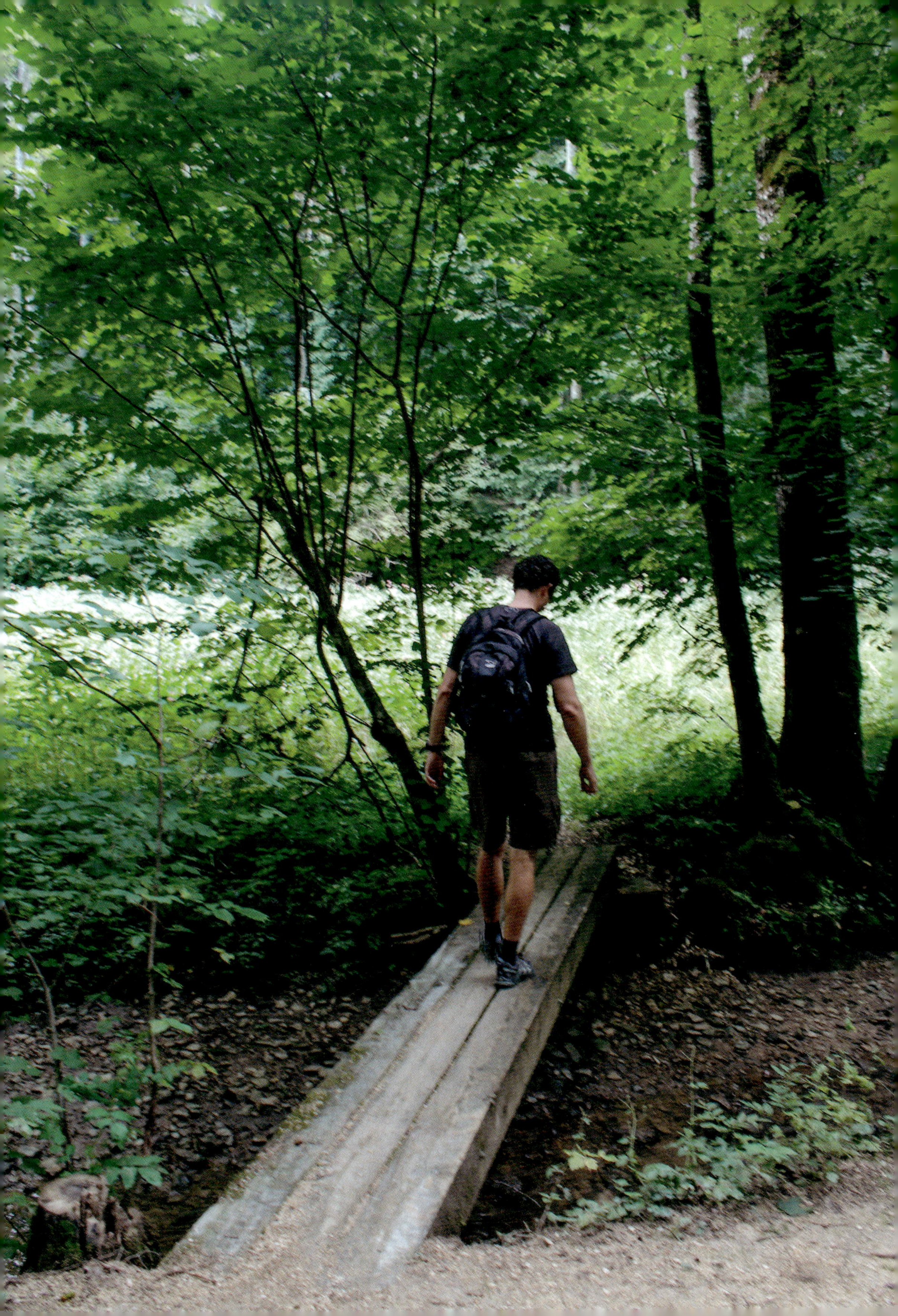

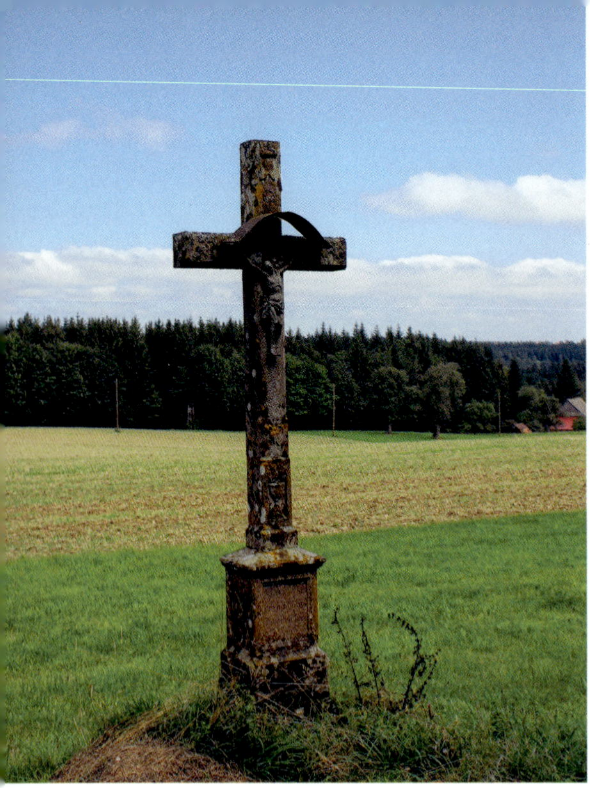

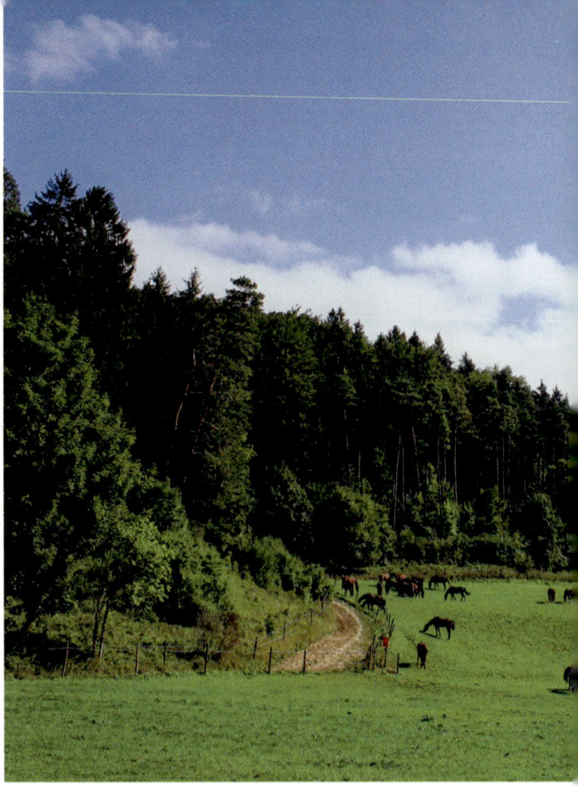

nächsten Kreuzung dann auf den Schotterweg links einbiegen. Dieser führt uns schließlich in den ❶ **Weiler Glashütte**. Im Örtchen angekommen, nutzen wir die Durchgangsstraße rechts und laufen südlich bis zur Bushaltestelle kurz vor dem Ortsausgang, hier links auf den Feldweg, an der nächsten Kreuzung rechts, an der Wegkapelle vorbei zum Friedhof und an diesem rechts hinunter nach Rorgenwies.

Von Rorgenwies ins Krebsbachtal Besonderheit dieses Dorfes ist seine ehemalige ❷ **Wallfahrtskirche** mit reicher barocker Ausstattung. An ihr vorbei kommen wir zur Durchgangsstraße, die wir direkt überqueren, gegenüber geht es kurz bergab, dann bergan die Steinbühlstraße in längerer Linkskurve hoch aus dem Ort hinaus. Stets geradeaus, vorbei am Hägelehof, bringt uns der Weg bis nach ❸ **Reute**, das nächste Dörfchen. Wir folgen rechts der Alemannenstraße und ihrem Knick ins Zentrum, an der Wandertafel beim Gasthof Schwanen dann links in die Straße zur kleinen Dorfkirche. Von dieser weiter hinab ins Krebsbachtal. Wir überqueren die Brücke über den namensgebenden Krebsbach und biegen gleich darauf rechts auf den Schotterweg ein. Der folgende Abschnitt, ein neu »aufpolierter« Premiumwanderweg, zeichnet sich durch seine Ruhe in einem zwar nicht engen, aber stark naturbelassenen Tal aus, mehrfach wechseln wir dank kleiner Balkenbrücken über das Bächlein.

Die Burgruinen

Der »Spiecher« – so benannt nach seiner späteren Verwendung als Speicher –, inmitten Honstettens auf einem Hügel gelegen, ein altertümlicher Wohnturm, ist der Rest einer Burg aus dem späten 11. Jahrhundert. Über dem Krebsbachtal, einen gut 500 Meter langen Stichweg von unserer Strecke entfernt, liegen die teils noch hoch aufragenden Mauern der Tudoburg, benannt nach dem früheren Besitzer. Gut sichtbar ist der Wasserburgerhof, die dazugehörende Burg wurde zwar schon Mitte des 15. Jahrhunderts zerstört, von ihr blieb aber der Stumpf des Bergfrieds erhalten.

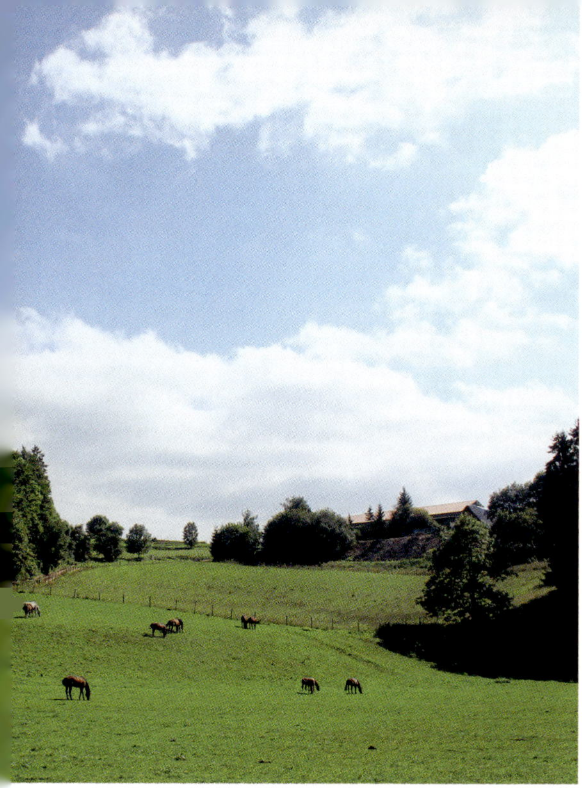

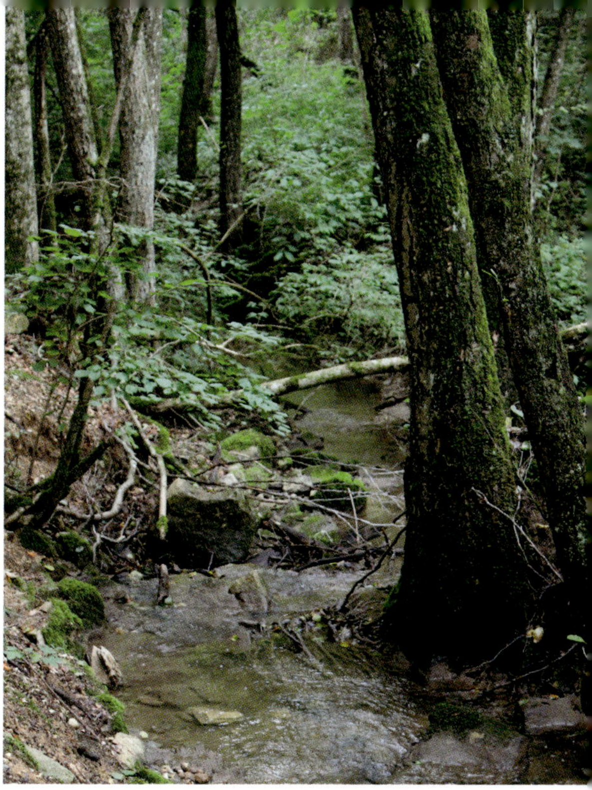

An der Krebsbachhütte (einem Rast- und Grillplatz) kann man einen Abstecher hoch zur Ruine Tudoburg machen (siehe Kasten). Wir bleiben noch geradeaus im Tal bis zur unscheinbaren Krebsbachtalbrücke (ebenfalls nur Balken), über die wir rechts hoch auf schmalem Pfad Richtung Eckartsbrunn unseren Weg weiterverfolgen. Erst gehen wir geradeaus, an der nächsten Abzweigung biegen wir jedoch rechts auf die Lichtung und dann hoch durch das Waldstück ab, stoßen dann bald auf eine Landstraße, die wir nur queren, und gelangen auf den anfangs etwas unscheinbaren Wiesenweg, der uns zu den ersten Häusern von Eckartsbrunn bringt.

Links: Bei den Glashütter Höfen

Mitte: Unterhalb des Wasserburgerhofs

Rechts: Der Krebsbach in seinem wildromantischen Bett

Von Eckartsbrunn über das Wasserburgertal Wir gehen links mit der Straße ins kleine ❹ **Dörfchen** hinein und geradeaus durch dieses hindurch, am Wegweiser Richtung Wasserburgertal. An der Y-Zweigung kurz nach Dorfende wählen wir den Weg rechts, am nächsten Abzweig mit Wegweiser denjenigen halb links hinab über die Wiese. Kurz darauf kaum noch als Weg erkennbar, führt er links in den Wald hinein; auch hier ist der Zustand des Weges nicht gerade beispielhaft, er führt aber wie gewünscht auf die kleine Landstraße. Auf dieser nun links weiter ins Tal hinab – Achtung: auf der kurvenreichen Strecke auf den Verkehr achten! Unten im Tal angekommen, gehen wir rechts und dann wieder rechts. Noch immer auf der Straße, führt diese glücklicherweise unterhalb des markanten Wasserburgerhofs (auf dem Hügel dahinter nicht sichtbar liegt die Ruine der Wasserburg) schließlich halb rechts wieder in einen Wanderweg. Durch Pferdekoppeln laufen wir bis zum Jennentalparkplatz ❺ und gehen hier geradeaus weiter. Aufsteigend stoßen wir dann auf die Landstraße nach Honstetten und folgen dieser links bis zu unserem Ausgangspunkt Ⓔ **Honstetten** zurück.

9

Von Stahringen auf die Ruine Homburg

Hinter der Schildmauer

Mittel 5,5 km 195/195 Hm 1,5 Std.

Tourencharakter
Anspruchsvolle Strecke; längerer Anstieg und Abstieg – Letzterer nur für geübte, schwindelfreie Wanderer; nach Niederschlägen zu meiden. Familien können als Abstieg den Hinweg nutzen.

Ausgangs-/Endpunkt
Stahringen Bahnhof

Geokoordinaten
47.788226, 8.976532

Anfahrt
Stahringen ist ein Halt des Seehäsle (HZL Radolfzell–Stockach) und liegt an der B34 sowie nahe der B33 (der Verlängerung der A81 Stuttgart–Singen).

Einkehr
In Stahringen gibt es derzeit keinen öffentlichen Gasthof (der ehemalige Ochsen öffnet nur für Gruppen und Hausgäste) – für Gasthäuser in der Umgebung siehe Tour 4.

Karte
LGL, Westlicher Bodensee: Höri Bodanrück (1:35 000)

Information
Tourismus- und Stadtmarketing Radolfzell GmbH, Bahnhofsplatz 2, D-78315 Radolfzell, Tel. +49 (0)7732/815 00, www.radolfzell-tourismus.de

Kurz, aber knackig: Die über Stahringen thronende Homburg wachte einst über den westlichen Bodanrück, ihre Lage fordert auch heute dem Wanderer noch einiges ab.

Stahringen Vom Ⓐ **Bahnhof** aus wenden wir uns Richtung Dorfmitte ins Innere der kleinen Ortschaft, die einige Fachwerkbauten und Klosterhöfe aufzuweisen hat. Über die Straße Zum Böhlerberg kommen wir auf die Hauptstraße, folgen ihr kurz links bis zur Schlosshaldenstraße, die rechts ansteigend abzweigt. Ansteigend ist auch für die nächsten Kilometer das Stichwort. Nach der Homburghalle, unser Ziel ist bereits weit über uns sichtbar, biegen wir links in den kleinen Pfad zwischen den Pflanzungen ein; im Wald angekommen, dann erneut links und die Kurve hinauf. Immer bergan geht es weiter, bis es dann etwas flacher

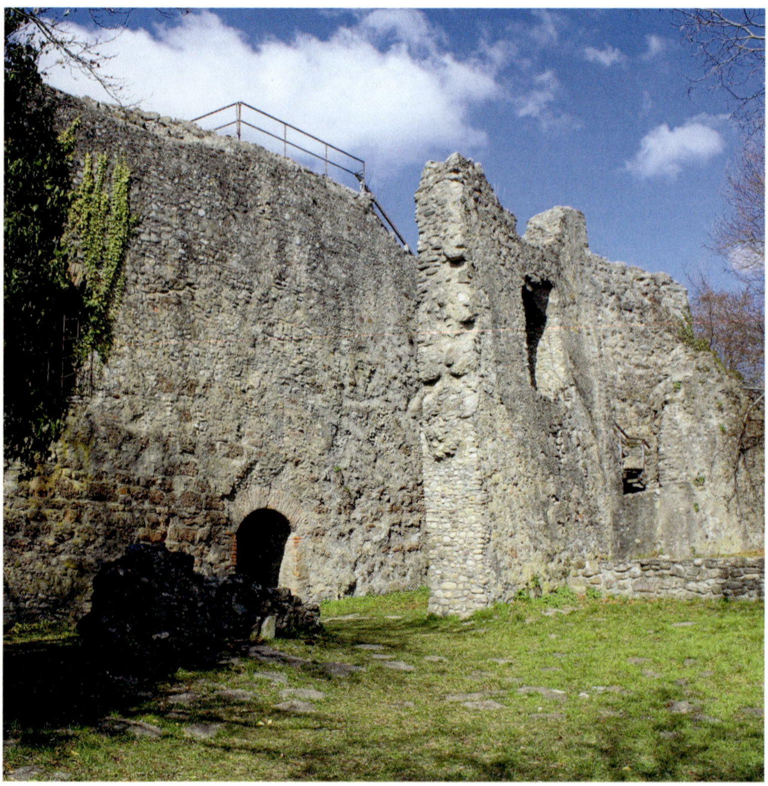

Früher unzugänglich, heute Aussichtspunkt: die Schildmauer der Homburg

wird – wir bleiben hier für den Anstieg zur Ruine auf dem größeren Waldweg geradeaus. Dieser führt uns nun längere Zeit unterhalb des Burgbergs entlang. An der nächsten Kreuzung halten wir uns links, weiterhin sanft bergauf, bis wir schließlich auf dem Bergrücken am Waldrand ankommen. An der größeren Kreuzung am ❶ **Wegweiser** wählen wir erneut den Weg links.

Die Ruine Homburg An einem ❷ **Gehöft** vorbei geht es nun auf die einstigen und noch immer genutzten Wirtschaftsbauten der Homburg zu, durch die wir zur Ruine selbst gelangen – allerlei Getier wie Pferde, Kühe, Hunde, Hühner und Katzen begrüßt uns vor dem Erreichen der ersten Mauern. Wie uns der lange Aufstieg selbst gelehrt hat, war die ❸ **Homburg**, wohl im 12. Jahrhundert errichtet, von Osten kaum erstürmbar, von der flachen Hochebene dagegen umso mehr. Darum schützte man sich auf dieser Seite mit einer bis zu drei Meter dicken, hochaufragenden Schildmauer, deren Reste heute noch stattlich von der einstigen Aufgabe künden – dank einer Holztreppe können wir sie heute als Aussichtspunkt mit weitem Blick in den Hegau, zum Bodensee und in Richtung Stockach nutzen. Vor der Zerstörung geschützt hat sie die Homburg letztlich aber nicht; im Dreißigjährigen Krieg niedergebrannt, wurde die Burg dem Verfall preisgegeben. Ihre Überreste sind gleichwohl noch immer beachtlich.

Streuobstmosterei Stahringen

In Bahnhofsnähe findet sich die Stahringer Mosterei, wo das Obst der in der Region häufigen Streuobstwiesen in leckere Säfte, Weine, Most, Cidre und zur Limonade »Brisanti« verwandelt wird. Alles bio, versteht sich! Samstagmorgens (10–13 Uhr) kann man die Getränke vor Ort erwerben, sie werden aber auch in vielen Läden und Gasthäusern im Umkreis angeboten.

Der Abstieg nach Stahringen … ist nicht ohne. Er beginnt als unscheinbarer Pfad direkt am Eingang zum Burggelände mit einem Treppchen (links, wenn man von der Ruine kommt). Der teils sehr schmale Weg führt durch Dornengestrüpp und gerade zu Beginn oft stark an der Abbruchkante entlang. In Serpentinen geht es auf diesem schmalen Steig hinab, bis dieser nach mehreren Windungen auf unseren früheren Weg trifft – nun geht es rechts auf bereits bekanntem Terrain zurück ins Dorf und zum Ⓔ **Bahnhof**. Wer die Wanderung verlängern möchte, wechselt zu Tour 4.

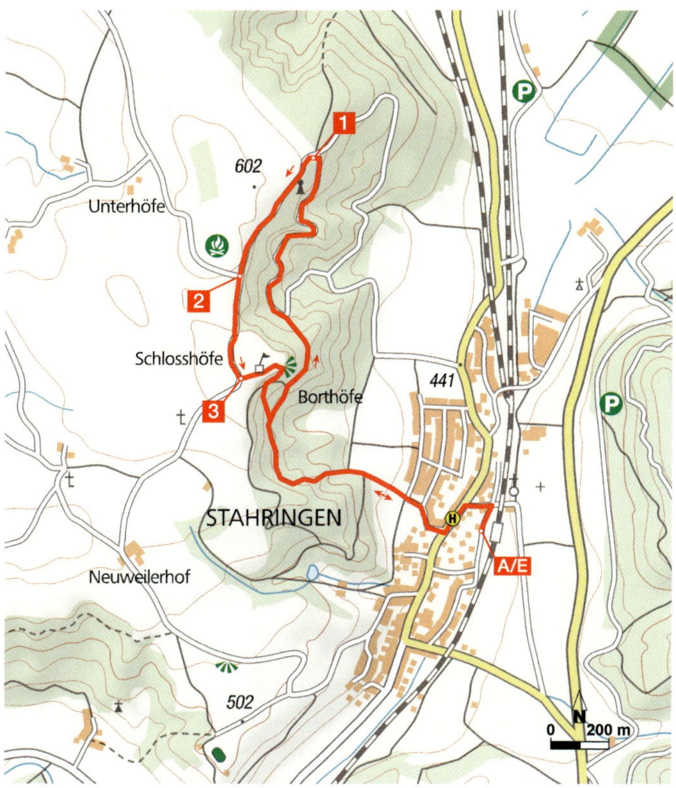

10

Von Stockach nach Hoppetenzell

Zu geheimnisvollen Höhlen

Mittel | 15 km | 140/140 Hm | 3 Std.

Tourencharakter
Einige deutliche Anstiege und schwieriges Gelände um die Heidenhöhlen mit engen Felspfaden; nach Niederschlag eher zu meiden, festes Schuhwerk empfiehlt sich; für Familien mit Wandererfahrung.

Ausgangs-/Endpunkt
Stockach Bahnhof

Geokoordinaten
47.850024, 9.006033

Anfahrt
Stockach ist Endstation der kurzen HZL-Regionalbahnstrecke Radolfzell–Stockach Seehäsle. Die Stadt liegt zudem an der Autobahn A98, die hier ebenfalls endet und in Richtung Lindau als B31n weiterführt.

Einkehr
Der erwähnte Gasthof Grüner Baum in Hoppetenzell bietet eine schöne Einkehr auf halber Strecke. Ansonsten zahlreiche Angebote in Stockach.

Karte
LGL, Westlicher Bodensee: Höri Bodanrück (1:35 000)

Information
Touristinformation, Salmannsweilerstr. 1 (Kulturzentrum Altes Forstamt), D-78333 Stockach, Tel. +49 (0)7771/80 23 00, www.stockach.de/tourismus

Das Tal der Stockacher Aach liegt seit der Stilllegung der örtlichen Bahnstrecke etwas vergessen, dabei gibt es hier einiges zu entdecken.

Von Stockach nach Hindelwangen Ausgangspunkt ist der Ⓐ **Bahnhof Stockach**, jetziger Endpunkt der früheren Strecke nach Meßkirch. Wir laufen an den Gleisen entlang über den Parkplatz des Supermarktes bis zur Straße und gehen nun links die Schienen entlang bis zum Straßenkreisel. Diesen queren wir vorsichtig (es gibt keine Zebrastreifen!) bis

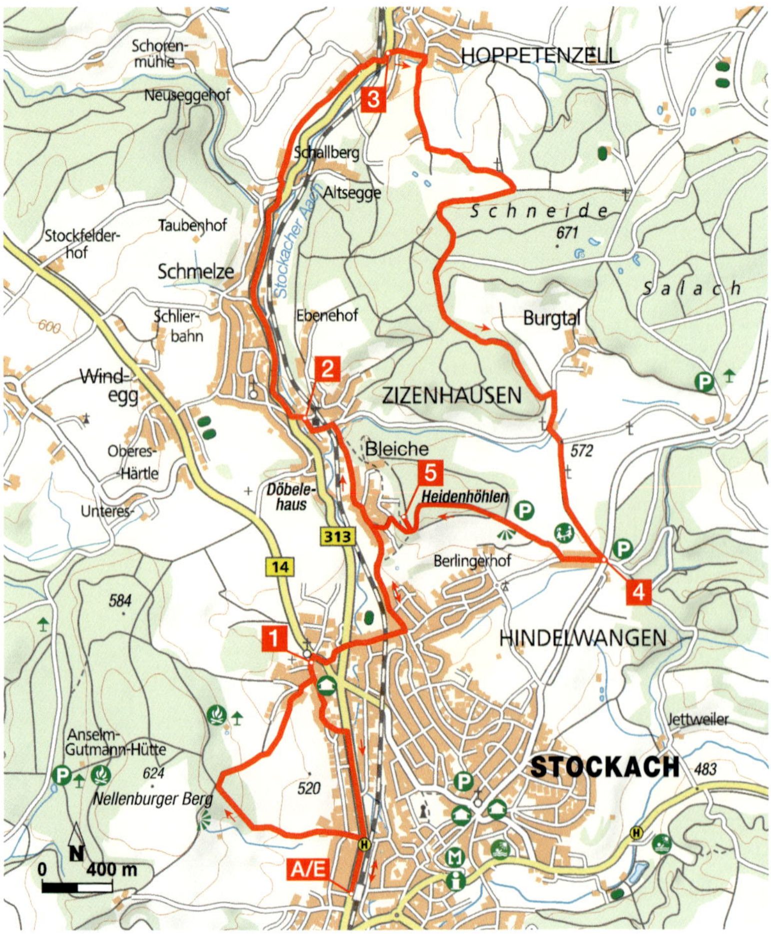

zur ansteigenden Straße gegenüber – dem Hinweisschild auf die Nellenburger Talstation, einen Biergarten, folgend. An dieser vorbei geht es stark ansteigend den Nellenburger Berg hoch in den Wald und dort bis zur Großkreuzung der Wanderwege im Hindelwanger Pfarrwald – wir wählen den Weg rechts, der uns wieder bergab und aus dem Wald hinausführt. In langem Bogen geht es nach Hindelwangen, wir orientieren uns am Kirchturm, zu dem wir über die Graf-Eberhard- und links über die Oberdorfstraße gelangen. Ein Blick in das ❶ **Gotteshaus**, eine frühere Wallfahrtskirche, lohnt sich. Nun kurz aufpassen: Von der Kirche geht es rechts zur Bushaltestelle gegenüber (nicht in die Straße Zum Eschle!) und gleich nach dieser links den kleinen Weg an der alten Mühle vorbei. Noch einmal müssen wir eine viel befahrene Straße hinüber in die Siedlung queren (Berlinger Straße). An der Kreuzung nach den Gleisen wenden wir uns links, nach den letzten Häusern führt ein schmaler Pfad nach …

… Zizenhausen Bis zum Ende des 18. Jahrhunderts bestand der Ort aus ein paar einzelnen Höfen, bis der Adlige Carl Anton von Krafft Zizenhausen erwarb und dort frühe Industrie ansiedelte. Den Spuren des folgenden Wachstums begegnen wir auf

Beherrscht Ort und Tal: Pfarrkirche Hoppetenzell

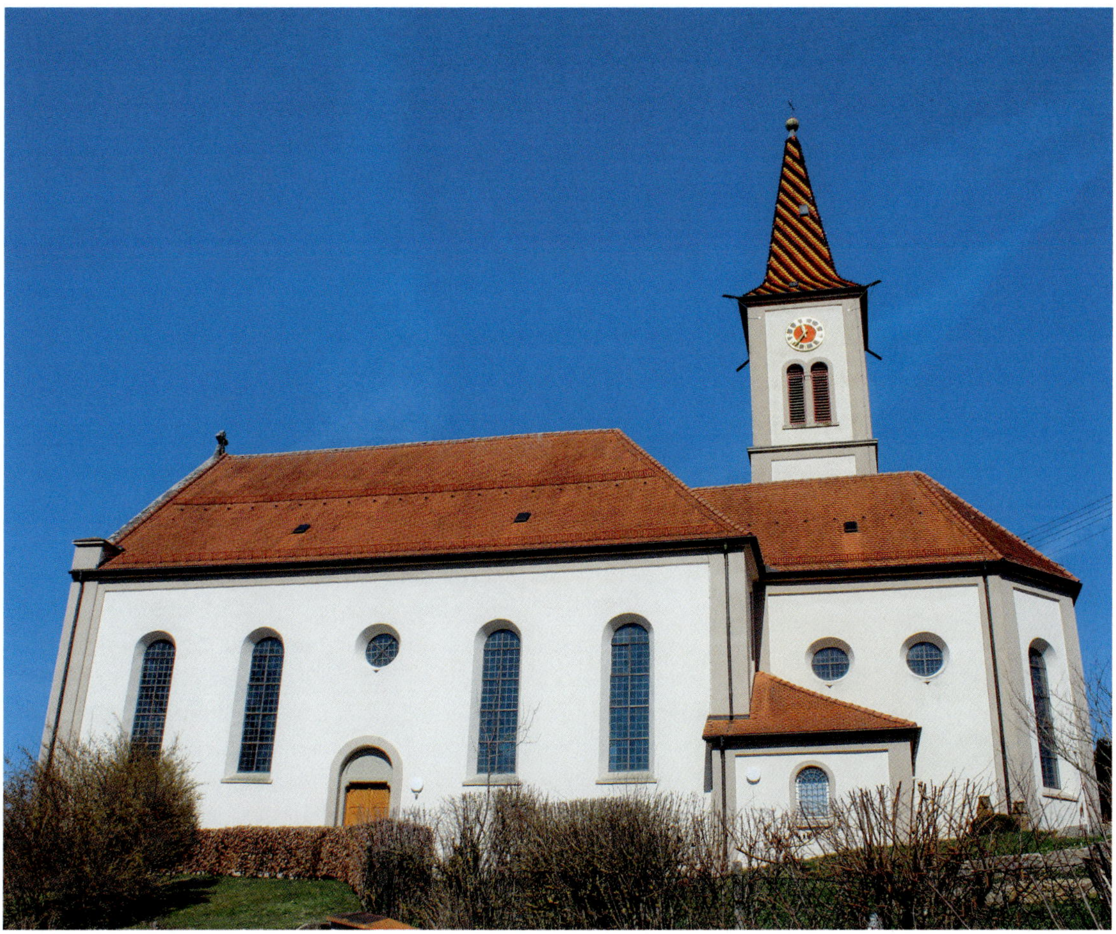

unserem Weg durch das Dorf. Wir kommen in der Bleichestraße an, laufen diese geradeaus, an der Zweigung links und unter der Bahn hindurch, darauf gleich rechts über den Spielplatz und Park auf das ❷ **Schloss** zu, das von Krafft sich errichten ließ, und das heute als Rathaus dient. Am Schloss links vorbei den Weg an der Aach entlang, nach der Brücke rechts an der Straße weiter. Am Ortsausgang stoßen wir schließlich auf die einstigen Industrieanlagen, die den Ort geprägt haben. Berühmt

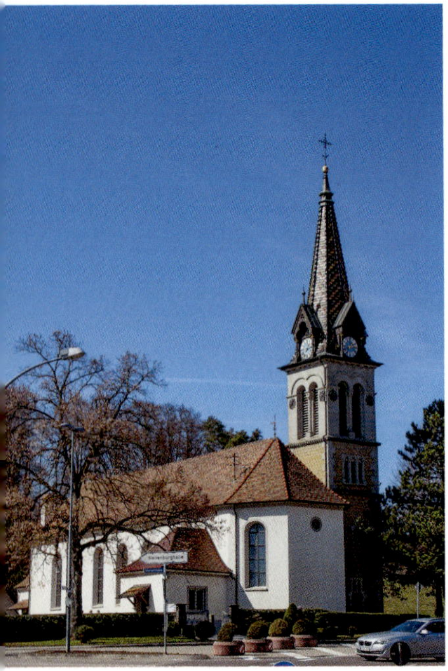

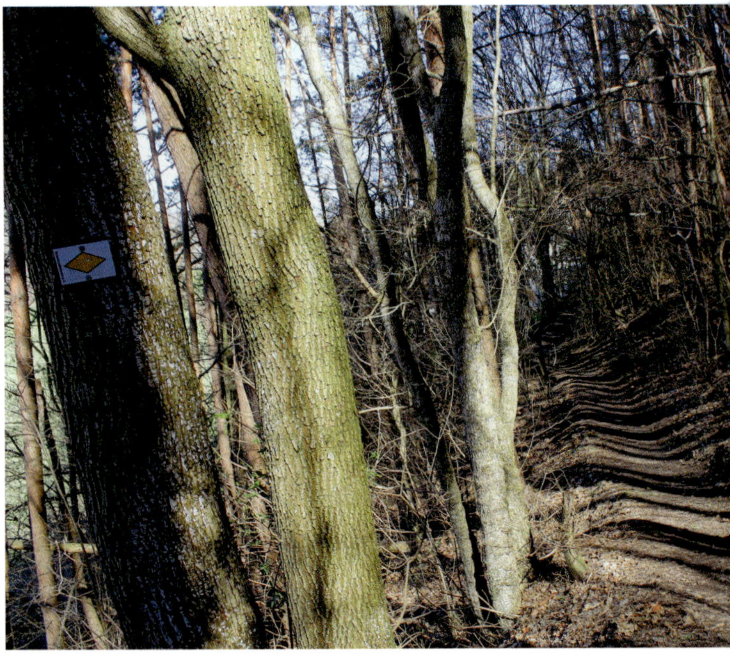

Stockach

1250 zur Stadt erhoben, wurde Stockach im 15. Jahrhundert als Sitz der habsburgischen Landgrafschaft Nellenburg das Zentrum der österreichischen Besitzungen im Hegau. Im Jahr 1704 vollständig zerstört, weist die Altstadt, recht hübsch auf einer kleinen Anhöhe gelegen, ein einheitlich barockes Stadtbild auf. Berühmt ist die Stockacher Narrenzunft, die, angeblich 1351 gegründet, alljährlich das Hohe Grobgünstige Narrengericht abhält, vor dem sich regionale, Landes- und Bundespolitiker zu verantworten haben.

ist Zizenhausen auch für seine Biedermeier-Tonfiguren, die sogenannten Zizenhausener Terrakotten, von denen einige im Rathaus ausgestellt und die vor allem bei Sammlern heiß begehrt sind. Eher weniger lieblich ist das nächste Stück unseres Weges auf dem Rad- und Fußweg, doch nehmen wir es als Zubringer nach Hoppetenzell in Kauf.

Hoppetenzell Der Ort mit dem etwas ungewöhnlichen Namen geht auf eine frühe Klostergründung im 8. Jahrhundert zurück, die allerdings nur kurz Bestand hatte. Angesichts der Lage des Dorfes kann man jedoch noch immer gut nachvollziehen, dass die Mönche hier einst stille Zurückgezogenheit gesucht hatten. Heute wird der Ort weithin von seiner Kirche überragt, wir biegen rechts über die Johanniterstraße ins Dorf ein, wo unter anderem der ❸ **Landgasthof Grüner Baum** zu einer Rast einlädt. Ansonsten halten wir uns leicht rechts weiterhin in der Johanniterstraße und biegen dann rechts ab zur früheren Mühle. Nun geht es wieder kräftig bergan am Dösenhof vorbei, kurz nach diesem links, um die große Kiesgrube zu umrunden. Dann rechts am Waldrand entlang und schließlich nach der Kurve links tiefer in den Wald hinein (Markierung des HTW 9, roter Balken). An der nächsten T-Kreuzung rechts und nun länger den Hauptweg geradeaus, an der nächstgrößeren Abzweigung halten wir uns links und bleiben auf dem Weg, der hinab- und aus dem Wald hinausführt. Auf der Wiese kurz vor dem Weiler Burgtal nehmen wir den Weg nach Weiher. In Weiher am Damwildgehege links auf dem

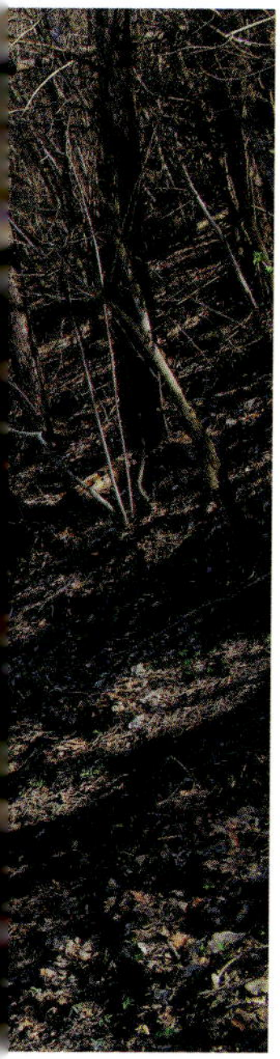

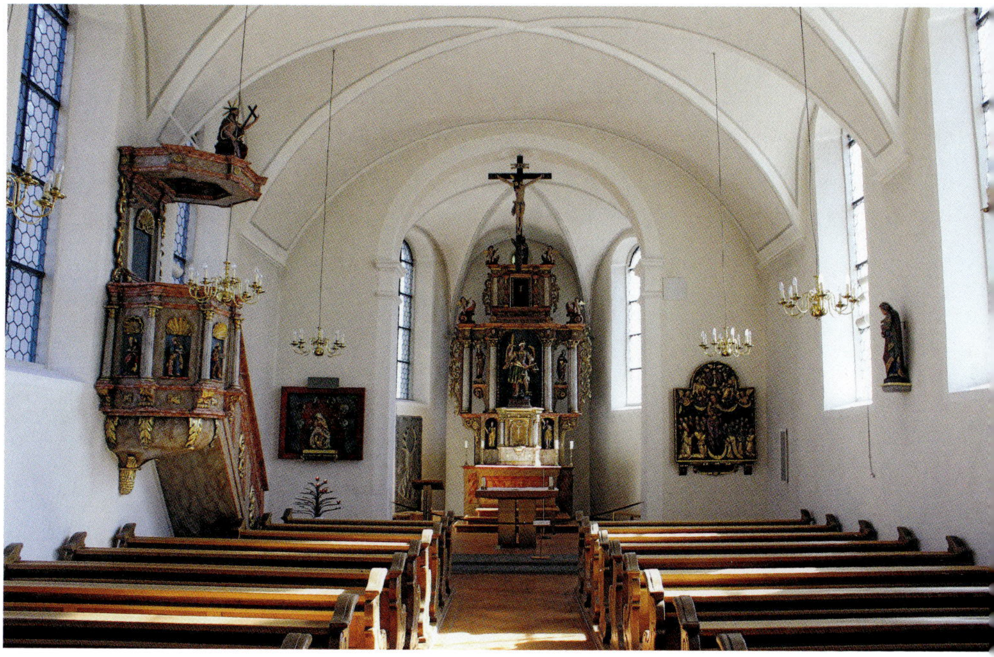

Sträßchen zur ❹ **Berlinger Siedlung**; dort angekommen, durchqueren wir diese rechts vollständig und steigen nach den letzten Häusern den Hügel hoch.

Links: Die ehemalige Wallfahrtskirche Hindelwangen

Mitte: Der Pfad nach Zizenhausen

Rechts: Das Innere der Kirche Hindelwangen

Die geheimnisvollen Heidenhöhlen Ab dem Waldrand – mit schönem Blick auf Stockach – sehen wir nun regelmäßig die Beschilderung zu den Heidenhöhlen, wir folgen dem Weg zum Wasserhochbehälter, der gleichzeitig als Aussichtspunkt dient, anschließend weiter. Nicht das Holztreppchen hinab, sondern rechts geht es zu den ❺ **Heidenhöhlen**, den noch immer von zahlreichen Rätseln umgebenen Vertiefungen im weichen Sandstein, von denen weder der eigentliche Zweck noch das genaue Alter bekannt sind. Anders als die berühmteren, aber unzugänglichen und weitgehend zerstörten Goldbacher Heidenhöhlen bei Überlingen sind die Zizenhausener Höhlen zugänglich, wenn auch der Weg gerade bei und nach feuchter Witterung höchste Anforderungen stellt. Von dem Felshang gehen wir zurück zur Kreuzung am Holztreppchen, dieses hinab und dann rechts zum Anstieg nach Zizenhausen. Über die Andreas-Sohn-Straße kommen wir zurück auf unseren früheren Weg, dem wir nun links zurück nach Hindelwangen folgen. Dort vor der Kirche angelangt, gehen wir links geradeaus via Oberdorfstraße bis zum Supermarkt, dann weiter rechts die Straße entlang zurück zum Ⓔ **Bahnhof** – oder in die Innenstadt (siehe Kasten).

11

Von Stockach nach Winterspüren

Unter Schachtelhalmen

Mittel | 11,5 km | 160/180 Hm | 2,5 Std.

Tourencharakter
Städtischer Ausgangspunkt, anschließend gute Wanderwege und erwähnter Abschnitt auf wenig befahrener Landnebenstraße, leicht bewältigbare Anstiege

Ausgangs-/Endpunkt
Stockach Bahnhof

Geokoordinaten
47.850024, 9.006033

Anfahrt
Stockach ist Endstation der kurzen HZL-Regionalbahnstrecke Radolfzell–Stockach (Seehäsle). Die Stadt liegt zudem an der Autobahn A98, die hier ebenfalls endet und in Richtung Lindau als B31n weiterführt.

Einkehr
Der »Hirschen« in Winterspüren und die vielfältigen Angebote in Stockach laden zum Verweilen ein.

Karte
LGL, Westlicher Bodensee: Höri Bodanrück (1:35 000)

Information
Touristinformation, Salmannsweilerstr. 1 (Kulturzentrum Altes Forstamt), D-78333 Stockach, Tel. +49 (0)7771/80 23 00, www.stockach.de/tourismus

Von einem »toten Winkel« zu sprechen, wäre zwar übertrieben, trotzdem zählt die Gegend östlich von Stockach zu den unbekannteren Regionen am Bodensee.

In Stockach Wie die vorherige Tour beginnen wir auch diese am **A Stockacher Bahnhof**. Von hier aus gelangt man über die Schiller- und anschließend links die Goethestraße Richtung Zentrum. Es gilt, in die Oberstadt hinaufzusteigen und diese via Hauptstraße komplett zu durchqueren. An der **1 evangelischen Kirche** vorbei geht es weiter geradeaus (Zoznegger Straße) bis auf Höhe eines Supermarktes, hier biegen wir rechts ein in die Höhenstraße, kurz darauf links in den Weg Unterer Schwärzbach, der uns aus der Stadt hinausbringt. Über Wiesen geht es in den Wald um den Tobelgraben, wo wir nach einiger Zeit auf eine markierte, aber etwas unscheinbare Abzweigung kurz vor einer Linkskurve treffen. Der schmale Pfad führt uns hinunter ins kleine Tal, gesäumt von zahlreichen Schachtelhalmen – diese Pflanzenart, eine der ältesten der Welt, die schon vor 375 Millionen Jahren existierte, liebt den feuchten Untergrund am Waldbach. Zwischen Anfang und Ende des kurzen Pfadabschnitts stehen erläuternde Tafeln. An der letzten wenden wir uns links und bleiben dann links auf dem größeren Waldweg. Nach längerer Rechtskurve folgen wir weiterhin links diesem Weg, bis er eine Spitzkehre macht. Hier verlassen wir den breiten Weg – gehen also weiter geradeaus – auf dem ansteigenden zweiten Pfad, der weiterhin durch den Tobelgraben führt.

Landsträßchenabschnitt nach Winterspüren An dessen Ende treffen wir auf das kleine **2 Landsträßchen nach Hengelau** – es wird uns längere Zeit begleiten, nachdem wir rechts abgebogen sind. Zwar sind hier nicht viele Fahrzeuge unterwegs, natürlich gilt es aber trotzdem, insbesondere da der Weg recht kurvenreich ist, aufmerksam zu sein. Nach kurzer Zeit erreichen wir den Weiler und kommen nach der Durchquerung an eine Straßenkreuzung. Hier nehmen wir die zweite **3 Straße rechts nach Winterspüren/Hochreute**.

In der Folge kommen wir bergab durch die verschiedenen Einzelhöfe von Hochreute und schließlich die Neuhöfe, die ersten Vorboten des Ortes Winterspüren. Unser Weg führt uns mitten ins Zentrum dieses typischen Dörfchens, dessen überwiegend **4 spätgotischer Kirche** man aufgrund der sehenswerten Ausstattung einen Besuch abstatten sollte.

Rechts: Die Stockacher Altstadt liegt auf einem Hügel.

In Winterspüren biegen wir rechts in Richtung Stockach ab und bleiben bis kurz nach dem Ortsausgang direkt an der Straße. Tipp: links findet man einen Automaten, der örtliche Leckereien vom Land frisch bereitstellt – ideal für die (zweite) Brotzeit.

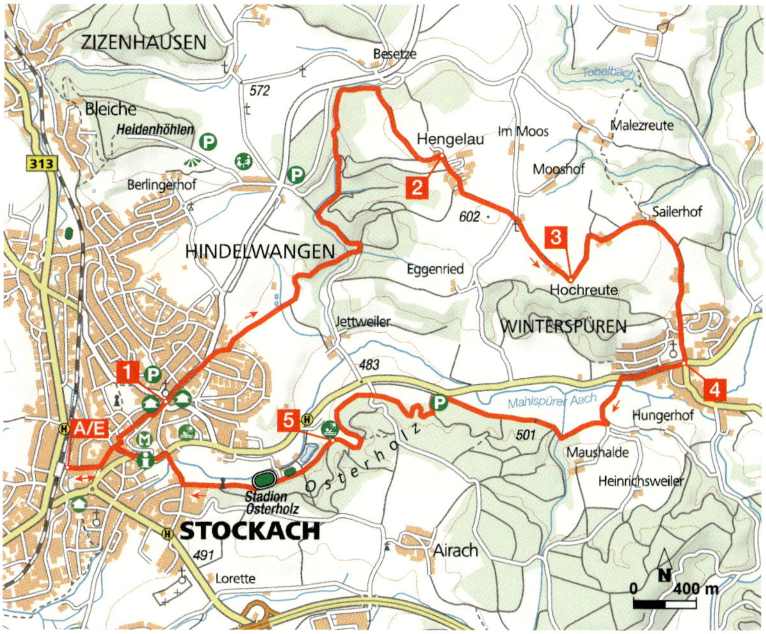

Durch das Naherholungsgebiet Osterholz Die erste Abzweigung links nutzen wir, um von der Straße wegzukommen. Über die Mahlspürer Aach geht es leicht bergan bis zum – wichtig! – zweiten Weg, der rechts abbiegt. Am Hang entlang führt der Weg über eine Wiese in den Wald und rechts weiter stets an dessen Rand entlang. Kurz vor dem kleinen Parkplatz nehmen wir den etwas unscheinbaren Pfad links tiefer in den Wald (gelbe Rautenmarkierung) und treffen durch diesen schließlich wieder auf einen breiteren Weg, der uns bis zum 5 **Freibad Stockach** bringt, das wir großräumig umgehen (oder, siehe Kasten, besuchen). Am Eisweiher und den Sportanlagen vorbei kommen wir zurück an den Stockacher Stadtrand. Über die Straßen Am Osterholz, Dillstraße und den windungsreichen Stadtwall kommt man in die Altstadt, um die Wanderung bei Einkehr oder Einkauf ausklingen zu lassen, in die andere Richtung des Stadtwalls via Goethe- und Schillerstraße zurück an den E **Bahnhof**.

Das Stockacher Freibad

Recht hübsch außerhalb der Stadt am Waldrand gelegen, hat das Stockacher Freibad einiges zu bieten: Neben beheizten Becken und großen Liegewiesen sorgen eine Wasserrutsche, ein Kleinkinderbecken, Spielplätze, Beachvolleyballfelder, ein Bolz- und Basketballplatz, ein Kiosk und Tischtennisplatten für Freizeitspaß von Mai bis Herbst. Im Sommer mit extralangen Öffnungszeiten.

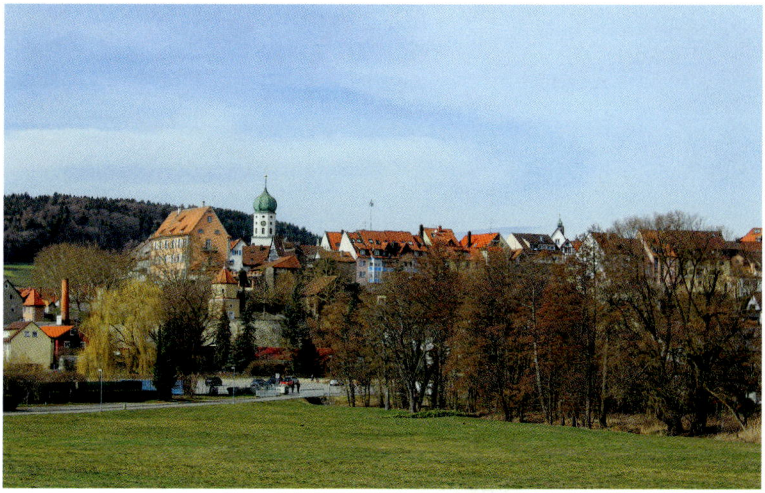

12

Von Engen zur Schenkenbergkapelle

Eine kleine Wallfahrt in die Stille

Mittel | 19 km | 170/170 Hm | 4,5 Std.

Tourencharakter
Anfangs einige kurze Passagen an der Straße und nicht immer gut gepflegte Wege; keine steilen, aber längere Anstiege

Ausgangs-/Endpunkt
Engen Bahnhof

Geokoordinaten
47.856159, 8.772983

Anfahrt
In Engen halten der Seehas (S-Bahn Konstanz–Engen) und der IR Karlsruhe–Konstanz (Schwarzwaldbahn) sowie Singen–Stuttgart. Die Stadt liegt an der A 81, Ausfahrt Engen.

Einkehr
In Engen gibt es diverse Einkehrmöglichkeiten, an der Strecke laden die Talmühle, ein Gasthof in Bittelbrunn, aber natürlich vor allem der Schenkenberger Hof zur Rast ein.

Karte
LGL Hegau: Randen Schaffhausen (1:35 000)

Information
Touristinfo Engen, Marktplatz 4, D-78324 Engen, Tel. +49 (0)7733/50 22 49, www.engen.de

Rechte Seite:
Auf einem Felsvorsprung thront die Martinskapelle.

Versteckt und weitab von größeren Siedlungen, liegt die Wallfahrtskapelle Schenkenberg, ein stilles Idyll für Leib und Seele, das zur Einkehr einlädt.

Engen Wir starten am Ⓐ **Bahnhof** unterhalb der Altstadt von Engen, von der wir uns allerdings vorerst abwenden, um rechts unter den Gleisen hindurch via Fußgängerunterführung auf die andere Gleisseite zu wechseln. Hier wenden wir uns wieder rechts und laufen an der Hegaustraße entlang bis zum Kreisel, wo wir rechts einbiegen, um dann gleich wieder links stadtauswärts Richtung Gewerbegebiet zu laufen. Leider enden die Gehsteige mit dem Ortsschild und wir müssen, obwohl dies der offizielle Wanderweg ist, zu Beginn am Straßenrand weitermarschieren, bis an einer Parkbucht links ein Schotterweg abzweigt. Dieser führt in einem großen Haken erst zum Wald, dann aber rechts wieder zurück nahe Straße und Bahnlinie. Von Stille ist hier noch keine Rede, denn über uns rauscht auf der monumentalen Brücke die Autobahn. Gleichwohl gibt es hier einen beschaulichen Ort, die auf einem Felsvorsprung gelegene kleine

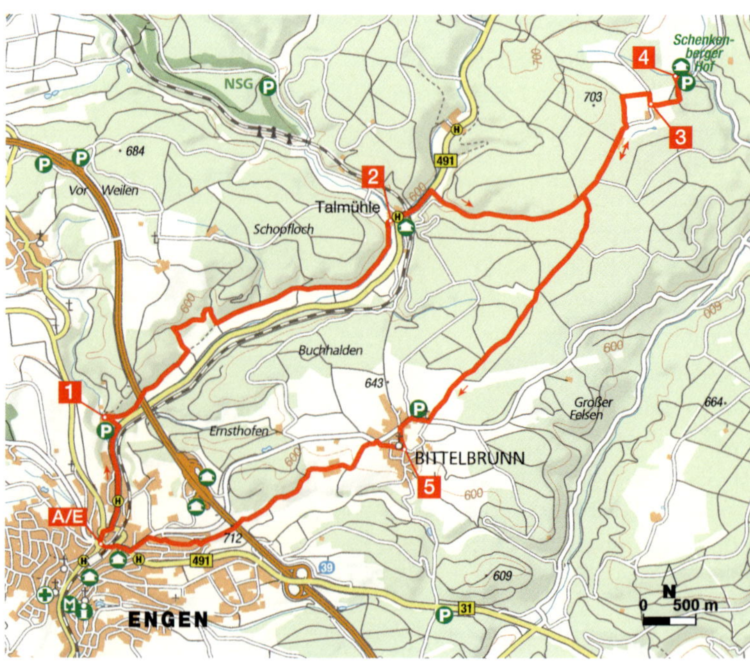

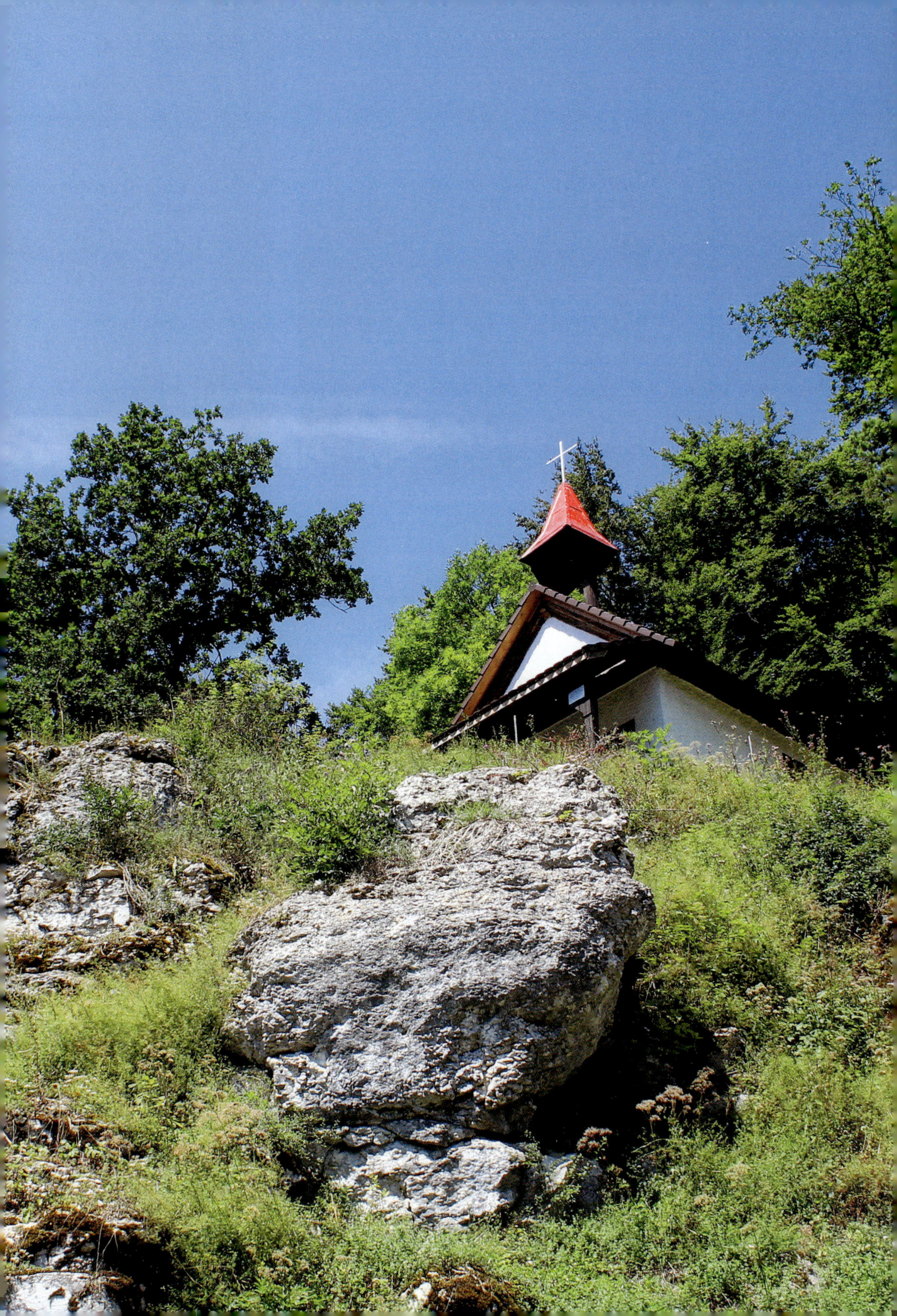

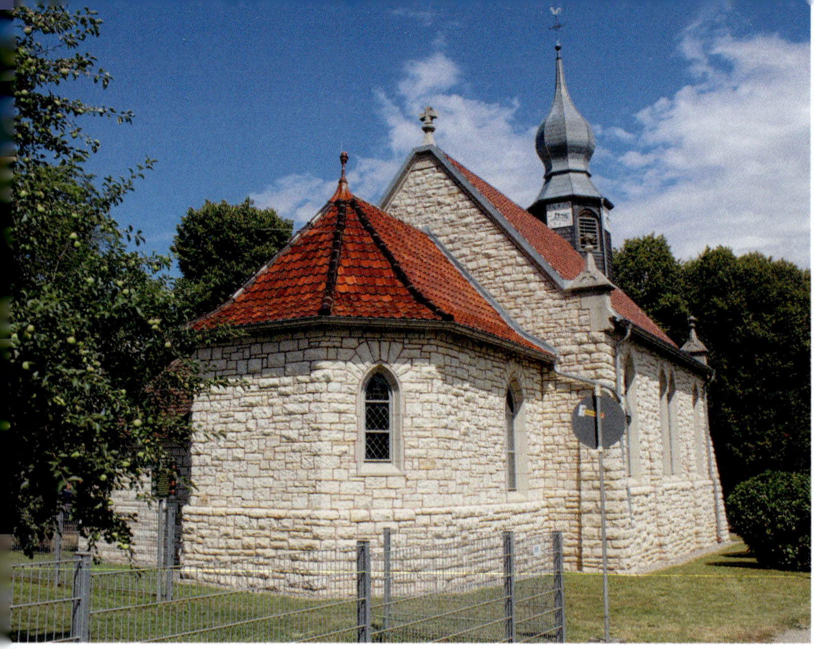

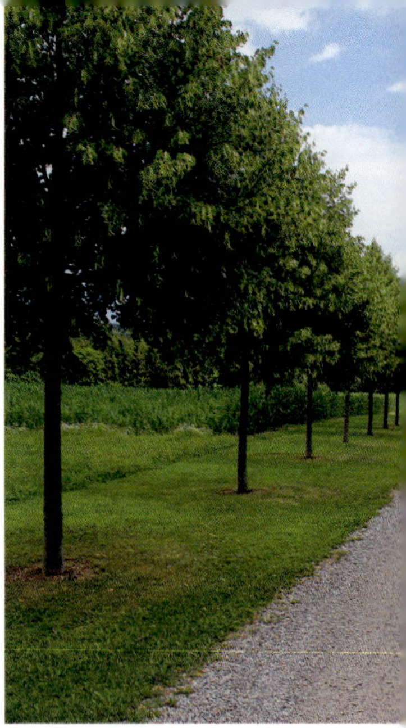

❶ **Martinskapelle**, zu der sich der kurze Aufstieg lohnt, gewährt er doch einen schönen Blick ins Talbachtal. Nach der Kapelle geht es unter der Brücke durch und links am Waldrand weiter, wobei der Weg immer mal wieder größere Bogen macht. Für die Orientierung sind die Wegweiser Richtung Talmühle essenziell, da dieser Pfad gelegentlich, je nach Jahreszeit, einen tatsächlich sehr vergessenen Eindruck macht und man durch hohes Gras stapfen muss. Es geht also kurz nach der Brücke einmal rechtsum zur Straße und wieder zum Wald zurück, dort rechts bis zu einem kleinen Seitental, hier rechts und dann an der nächsten Kreuzung links zwischen Waldrand und Wiesen, stets parallel zur entfernter liegenden Straße, geradeaus bis zur ❷ **Talmühle**.

Von der Talmühle bis Schenkenberg Wir durchqueren rechts die Gebäude des landwirtschaftlichen Anwesens und wenden uns rechts hin zur Straßenkreuzung. Am Landgasthof biegen wir links ab, unter der Eisenbahnbrücke durch, und müssen hier leider noch einmal ein kurzes Stück am Straßenrand entlang, bevor es rechts auf den breiten Schotterweg abgeht, der uns geradeaus ansteigend in den Wald führt. Ab hier wird es endlich ernst mit der Stille, denn nun geht es in weite, einsam gelegene Hegauwälder. Wir bleiben lange auf diesem Hauptweg, bis er auf die Hochfläche kommt, die erste Abzweigung rechts ist ein Privatweg, weshalb wir den zweiten, als Allee wunderschön angelegten Weg nehmen, der uns nach der nächsten Kreuzung rechts auf den ❸ **Schlatterhof** führt. Vor dessen Tor biegen wir links abwärts in das Waldstück. Trotz des Namens liegt der Schenkenberg nämlich verborgen in

Der Eiszeitpark Engen

Im Brudertal liegt mit dem Petersfels eine der wichtigsten steinzeitlichen Fundstätten der Region. In den Höhlen hielten Jäger der Zeit um 13 000 bis 11 000 v. Chr. regelmäßig Rast und hinterließen zahlreiche Funde, die nun vor allem im Stadtmuseum Engen ausgestellt sind. Am Petersfels selbst wurde ein Freilichtmuseum eingerichtet, das ganzjährig frei zugänglich ist.

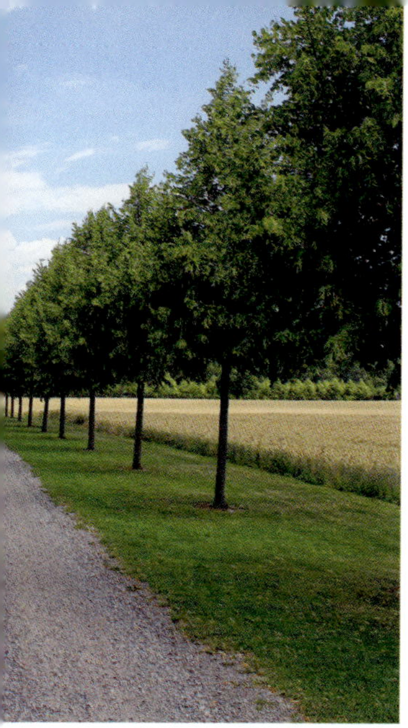

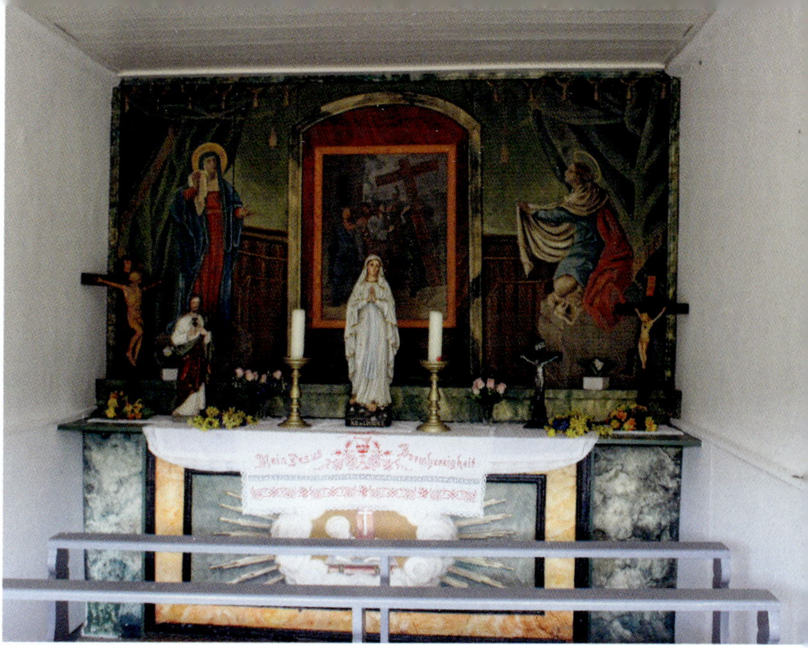

einer Talmulde. Erst nach der Linkskurve erahnen wir das vor uns liegende Ensemble. Es besteht aus der barocken Wallfahrtskapelle (frühes 18. Jahrhundert), dem Schenkenberger Hof – einem stattlichen Landgasthof zum Einkehren – und dem ❹ **Mesnerhaus**, nun eine Begegnungsstätte; hinzu kommt ein neu angelegter Kreuzweg. Dies alles wurde vor nicht allzu langer Zeit vorbildlich renoviert. Kunstliebhaber können sich an den gut 150 Votivbildern aus fünf Jahrhunderten erfreuen, für die der Schenkenberg berühmt ist, die Kirche besteht als Nachfolgerin einer Burg seit dem 13. Jahrhundert. Der stille Ort ist ideal für eine längere Rast – erst in der Kapelle und anschließend im Wirtshaus.

Links: Im Inneren eine seltene Holzkonstruktion: Dorfkirche Bittelbrunn

Mitte: Allee zum Schlatterhof

Rechts: Das Innere der Martinskapelle

Über Bittelbrunn zurück Es fällt natürlich schwer, sich von solch einem beschaulichen Ort zu trennen, doch irgendwann steht der Aufbruch an, der uns erst einmal ein Stück bekannten Weges über den Schlatterhof und die Allee wieder zurück in den Wald führt. Wir ignorieren die erste Kreuzung (Wegweiser »Eberfang«) und nehmen kurz darauf die zweite Abbiegung links (Wegweiser »Schlatterhau«) in Richtung Bittelbrunn. Stets auf dem Hauptweg, geht es langsam abfallend bis kurz vor den Ortseingang. Hier rechts ins Dorf und nach der Linkskurve an der Straßenkreuzung beim Gasthaus links. Auf der linken Seite sehen wir auch das schlichte Schloss Bittelbrunn (heute ein Freizeitheim) mit Treppengiebel. An der ❺ **kleinen Kirche** – ein außergewöhnlicher Holzbau von 1908 – gehen wir rechts in die Friedhofstraße und nach selbigem rechts bergab. Mitten durch den Weberhof geht der Weg auf die bald sichtbare nächste monumentale Autobahnbrücke zu, vorher zweigt – für alle, die dorthin möchten – neben der Infotafel der schmale Pfad zum Eiszeitpark ab (siehe Kasten). Nach der Brücke wandern wir in die Siedlung, dort der guten Beschilderung nach zurück zum Ⓔ **Bahnhof** oder in die auf einem Hügel gelegene Altstadt von Engen, wo man den Tag zwischen den vielen historischen Bauten, im schönen Stadtpark oder in einem der Lokale wunderbar ausklingen lassen kann.

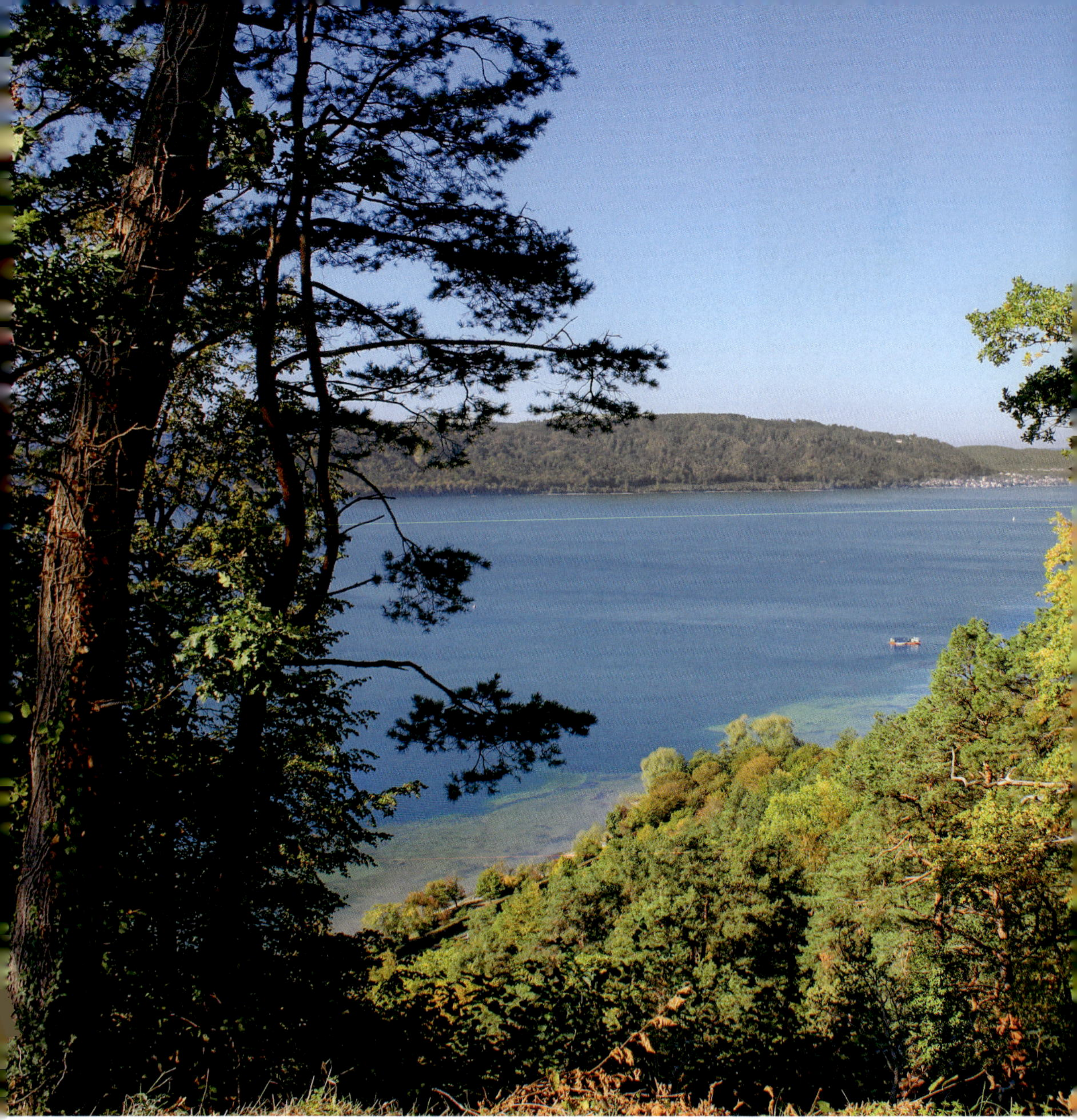

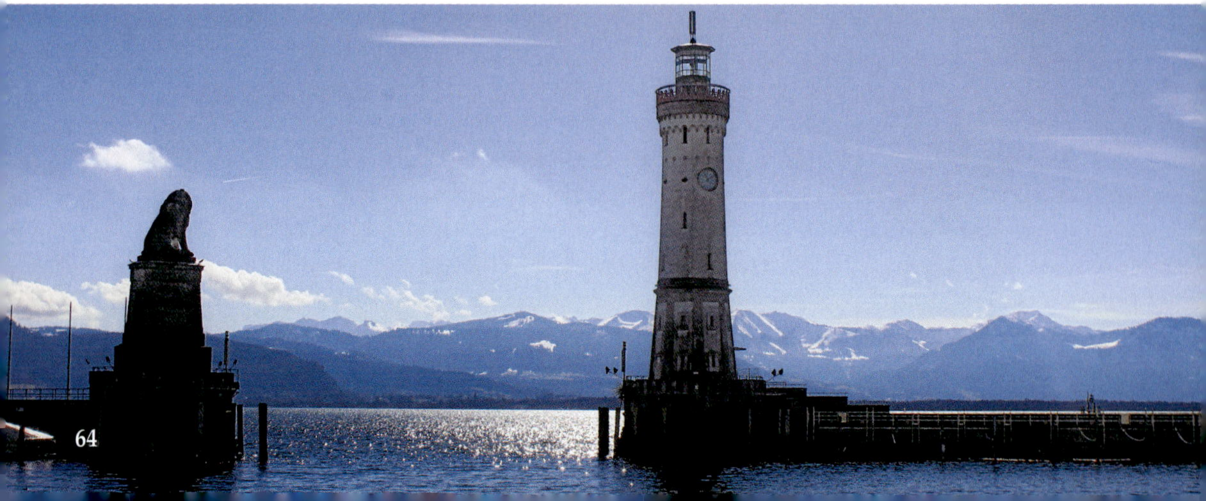

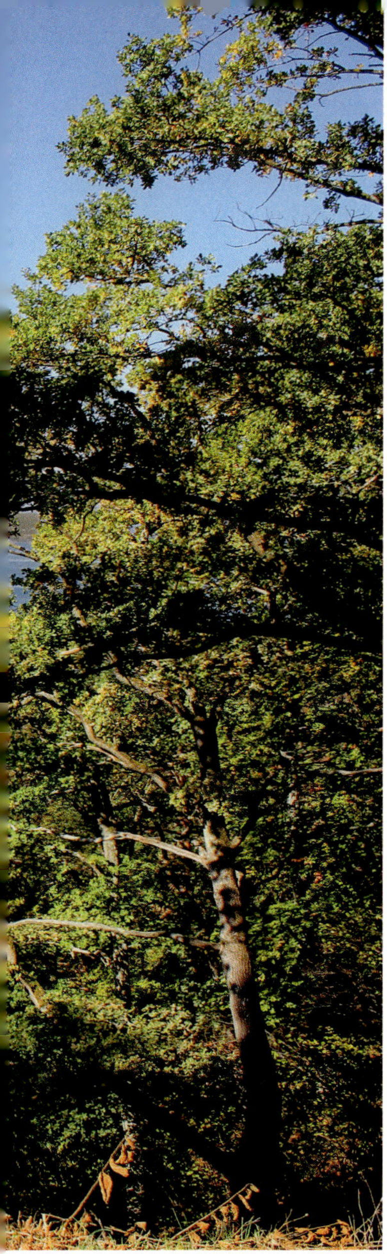
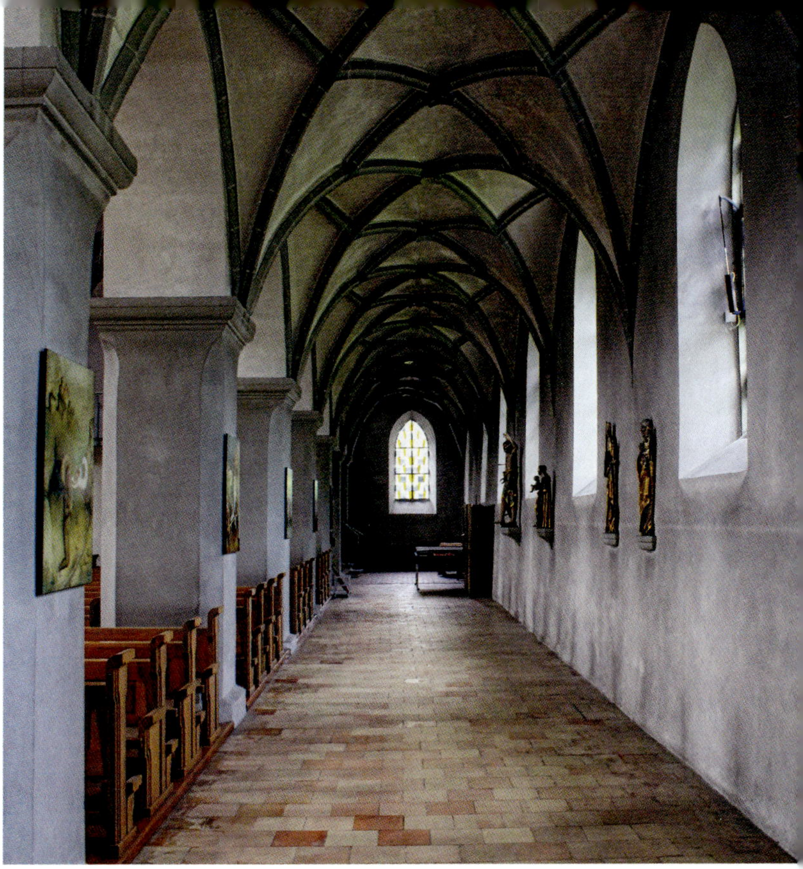

Am Nordufer – Linzgau und Oberschwaben

Schöner Blick auf den Überlinger See (o. li.); Klosterkirche Baindt (o. re.); Schloss Heiligenberg (u. re.); Hafenmole Lindau (u. li.).

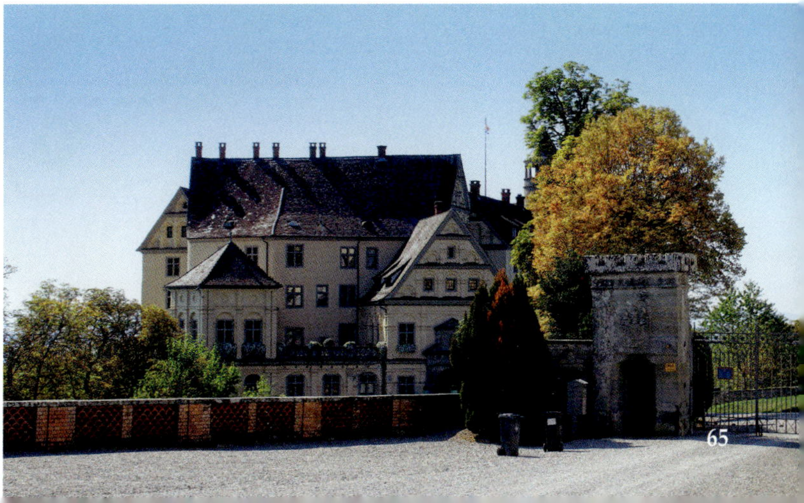

13

Von Lippertsreute nach Altheim

Ein geheimnisvoller Wallfahrtsort

Mittel 9,5 km 80/70 Hm 2,5 Std.

Tourencharakter
Der Weg im Aachtobel besteht zumeist nur aus schmalen Wurzelpfaden. Bei schlechter Witterung zwar gangbar, aber tritt- und wasserfestes Schuhwerk ist selbst bei Sonnenschein Pflicht. Die Auf- und Abstiege sind oft nur kurz, aber teils ebenfalls nur Zickzackpfade. Für Familien mit Wandererfahrung geeignet.

Ausgangs-/Endpunkt
Lippertsreute Gasthof Adler/Altheim, ehemaliger Gasthof Hirschen

Geokoordinaten
47.804411, 9.238246

Anfahrt
Vom Bahnhof Überlingen fährt der LinzgauBus (Linie 7379) mindestens stündlich in Richtung Heiligenberg mit Halt in Lippertsreute gleich am Gasthof Adler (Haltestelle Lippertsreute Hauptstraße). Die nächstgelegene Bundesstraße ist die B31n, von dort ab Überlingen nach Lippertsreute.

Einkehr
In Lippertsreute große Landgasthöfe, in Altheim bieten sich ebenfalls mehrere Möglichkeiten zur Rast.

Karte
Kompass Wanderkarte 783 Hegau Westlicher Bodensee (1:50 000)

Information
Kur und Touristik Überlingen, Landungsplatz 5, D-88662 Überlingen, Tel. +49 (0)7551/947 15 22, www.lippertsreute.de

Rechte Seite: Prächtige Linden beim Elisabethenhof

Sie liegt seit Jahrhunderten verborgen im stillen Aachtobel auf halber Höhe eng am Berghang: die Kapelle Maria im Stein.

Zur Maria im Stein Der nicht zu übersehende stattliche Fachwerkbau des Ⓐ **Gasthofs Adler** im Zentrum des am Hang gelegenen Linzgaudorfs Lippertsreute ist unser Startpunkt. Von hier aus gehen wir wenige Meter die Hauptstraße hoch und biegen dann rechts in die Kreuzstraße ein. Diese bringt uns ortsauswärts zum ❶ **Schellenberghof** (Hotel). Hier gilt es aufzupassen: Unser Wanderweg, kaum als Trampelpfad zu erkennen, führt vor dem ersten Haus links am Rand der Plantagen an diesem vorbei, dann dahinter rechts um das Gehöft herum und hier wiederum links durch die Obstreihen auf das Wäldchen zu. Hier durch den Zaun links, dann rechts auf dem steilen Pfad hinab in den Wald. Auf dem Teerweg links zum Gehöft, vor diesem dann links auf den Pfad, der kurz darauf scharf rechts weiter hinunterführt in den Aachtobel – »Maria im Stein« ist stets angeschrieben. Unten im Tal am Bach

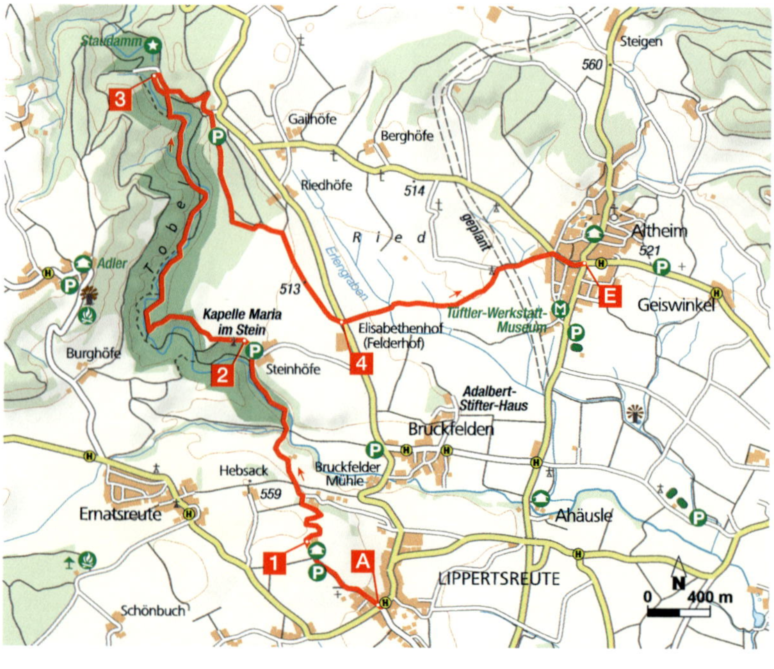

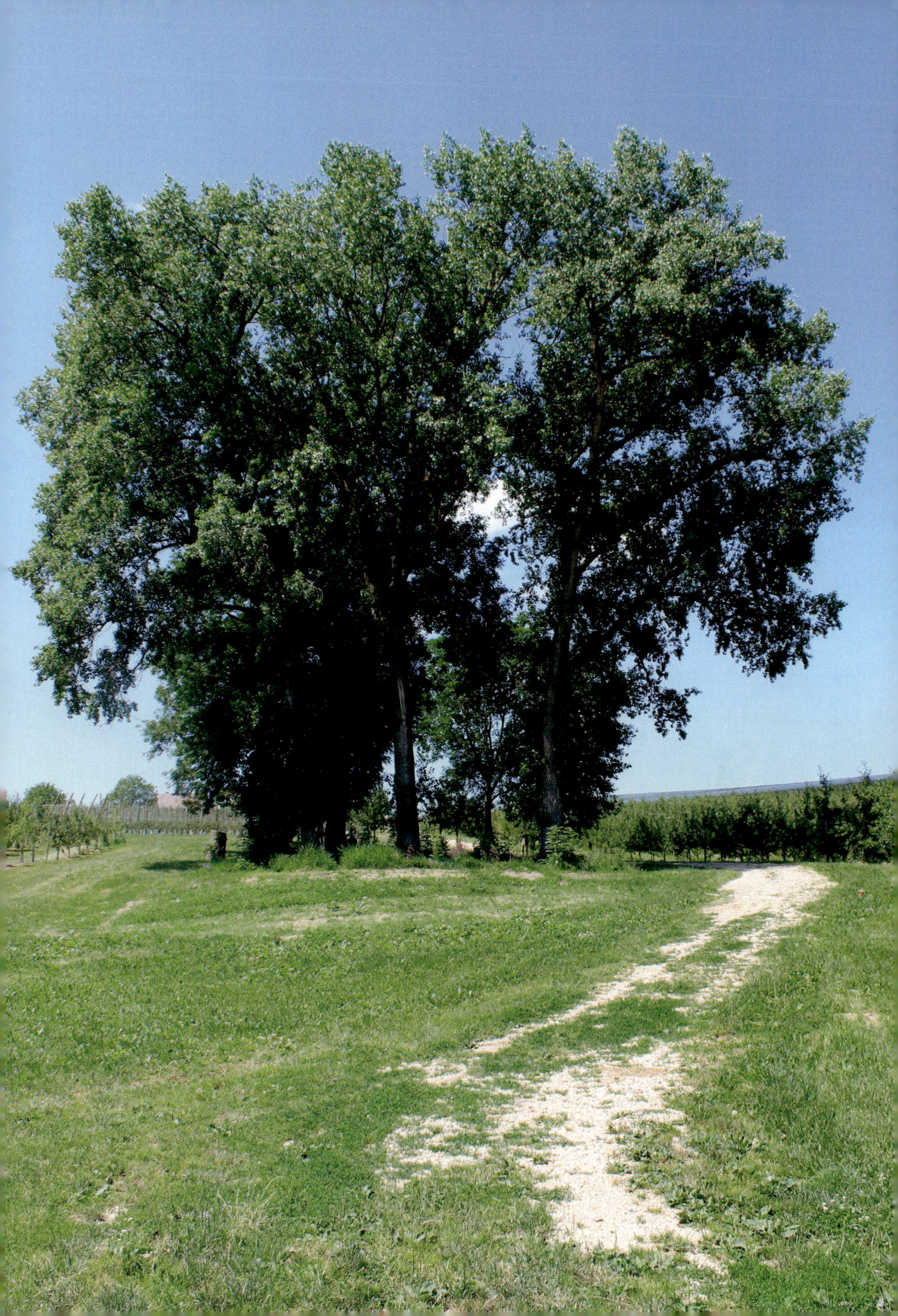

Hohenbodman

Aus der Gefangenschaft geflüchtet, soll der Kreuzritter aus der Familie derer von Bodman Maria im Stein an der Stelle errichtet haben, an der er seine Heimatburg das erste Mal wiedersah. Tatsächlich ist diese heute noch immer ein markanter Punkt, der auf den Wegweisern, aber vor allem gut sichtbar in der Landschaft unseren Weg begleitet. Zwar blieb nur der Bergfried erhalten, dieser bietet als Aussichtsturm aber einen herrlichen Blick auf den Hegau, den Bodensee und den Linzgau. Im gleichnamigen Dorf steht eine von Deutschlands ältesten Linden.

machen wir einen Linksbogen bis zur nächsten Brücke, die uns rechts auf eine Lichtung führt. An deren linkem Rand entlang, nahe am Bach, gehen wir bis zur nächsten Kreuzung, wo wir das Tal rechts queren, um dann links den Hang zur ❷ **Wallfahrtskapelle Maria im Stein** hochzusteigen. Ihre Lage ist beeindruckend. Bekannt ist die Wallfahrt mit ihrer wechselvollen Geschichte seit dem 16. Jahrhundert, menschengemachte Höhlen und Überreste früherer Kapellen sowie viele Votivbilder erinnern an die Vergangenheit dieses fast mystischen Ortes, der versteckt am Molassefelsen liegt.

Durch den Aachtobel Von der Kapelle gehen wir weiter auf dem Weg in Richtung Taisersdorf und begeben uns kurz darauf über die kleine Brücke vollends in die wilde Natur des Aachtobels – ohne Zweifel für Wanderfreunde eine der schönsten Strecken des Nordufers. Wir gehen kurz rechts hoch und dann rechts weiter im Tobel entlang, auf oft sehr schmalem Wurzelpfad nahe am Wasser oder durch hohen Bewuchs im sehr ruhigen, völlig naturbelassenen Tal – der tiefe Einschnitt machte den Zugang für Menschen früher äußerst beschwerlich – auf den nächsten Kilome-

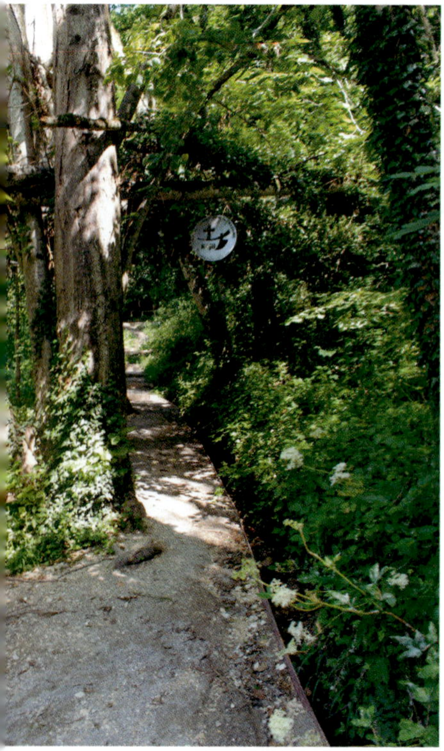

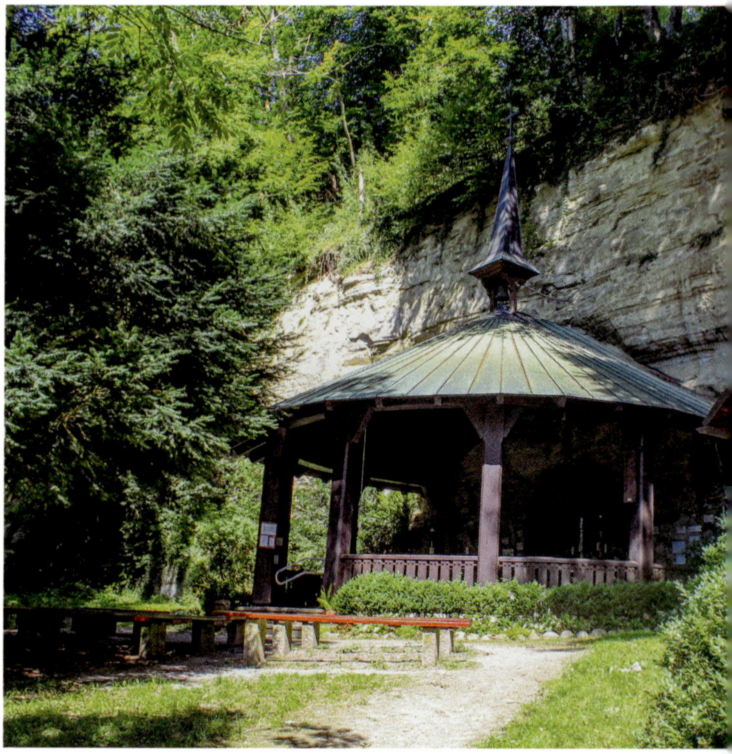

tern geradeaus. Schließlich kommen wir zu einer neuen Brücke (2018), nutzen sie zum Uferwechsel, gehen über die Lichtung zum Waldrand gegenüber und dort links weiter. Hier treffen wir auf einen ❸ **Staudamm**. Auf halber Höhe biegen wir auf dem Teerweg rechts hoch ab – gehen Sie aber ruhig kurz hoch auf den Damm und blicken Sie auf die andere Seite: Wasser finden Sie dort – im Idealfall – keines …

Nach Altheim Dieser Teerweg, auf dem wir auch an der nächsten Kreuzung rechts bleiben, bringt uns schließlich zu einer Schranke kurz vor einer Landstraße. Dieses Sträßchen nutzen wir nicht, wir gehen zwar bis zu ihm vor, biegen aber sofort wieder rechts hoch in den Wald ein. Hier länger geradeaus, an der Kreuzung kurz vor dem Waldrand noch immer geradeaus bis zu den Obstplantagen und an diesen entlang links leicht hinab, hier an der Kreuzung auf den Weg rechts, der direkt durch die Obstfelder hindurchführt.

Wir kommen zum ❹ **Elisabethenhof**, an dem wir links abbiegen, über die Straße auf die Wiesen gegenüber hinunter zu den kleinen Weihern bei den markanten Bäumen. Nach diesen links und anschließend geht es gleich rechts hoch. Der Weg bringt uns ins schon weithin sichtbare Dorf Altheim am Fuße des Heiligenberger Berges. Höhepunkt sind die hoch gelegene Pfarrkirche mit Barockausstattung, das Tüftlermuseum (So 10.30–12 Uhr) am unteren Ortsrand Richtung Lippertsreute und der Gasthof Löwen – das von außen recht unscheinbare Wirtshaus bietet preisgekrönte heimische Kost. Der Linzgaubus nach Lippertsreute fährt von der Ⓔ **Haltestelle in der Frickinger Straße** zurück.

Links: Bergauf: der frisch renovierte Weg zur…

Mitte: …Wallfahrtskapelle Maria im Stein

Rechts: Blumenwiese bei Altheim

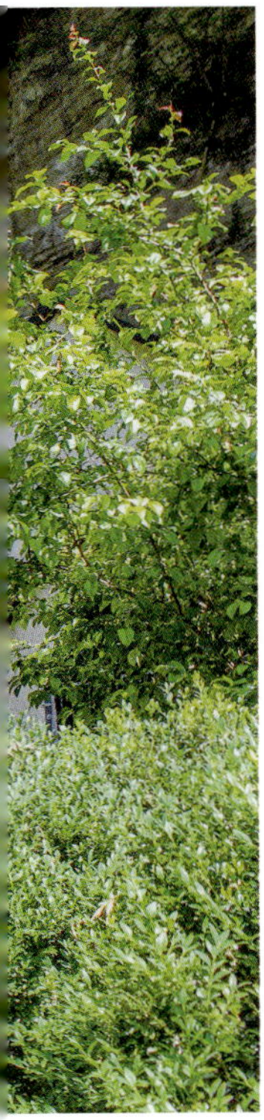

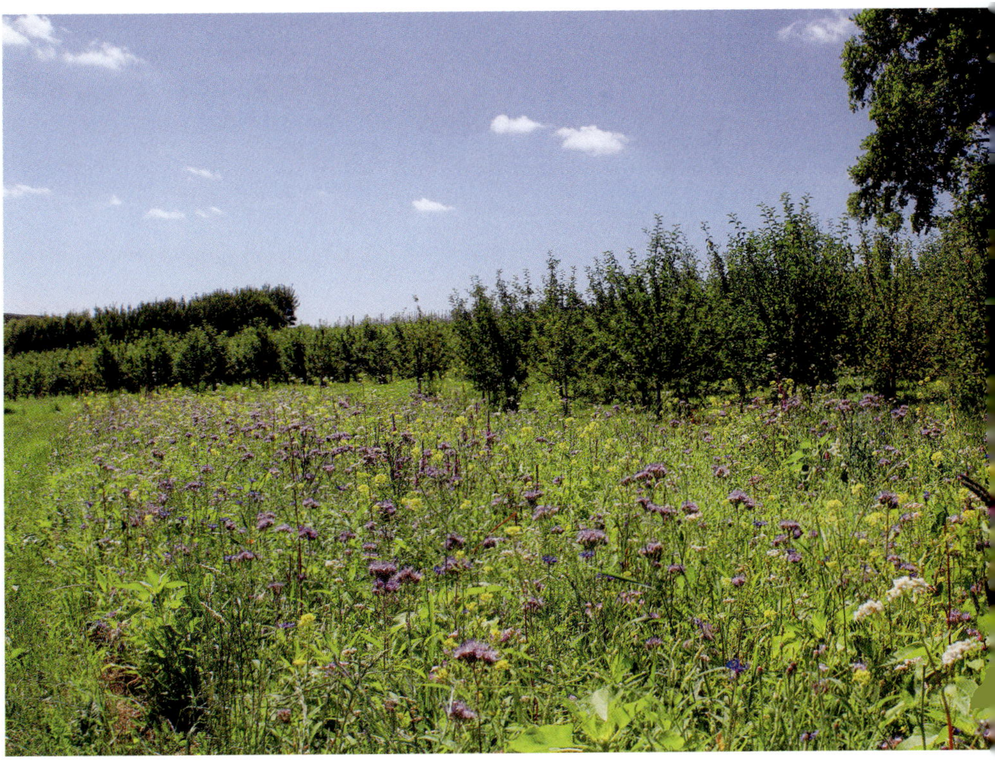

14

Von Frickingen nach Betenbrunn

Rund ums Schloss

Mittel | 11,5 km | 310/85 Hm | 3 Std.

Tourencharakter
Anspruchsvolle Strecke aufgrund des zu Beginn sehr langen, teils kräftigen Anstiegs bis Heiligenberg; als verkürzte Runde Heiligenberg–Betenbrunn und zurück familientauglich

Ausgangs-/Endpunkt
Frickingen katholische Pfarrkirche St. Martin/Heiligenberg Post

Geokoordinaten
47.813684, 9.272193

Anfahrt
Vom Bahnhof Überlingen fährt der LinzgauBus (Linie 7379) regelmäßig über Frickingen (Haltestelle Adler) nach Heiligenberg und zurück. Die nächstgelegene Bundesstraße ist die B31n, von dort ab Überlingen nach Frickingen.

Einkehr
Großes Angebot an Gaststätten in Frickingen (siehe Kasten) und Heiligenberg, echte Wallfahrer kehren natürlich in Betenbrunn ein.

Karte
LGL F529 – Östlicher Bodensee: Friedrichshafen Ravensburg – Karte des Schwäbischen Albvereins (1:50 000)

Information
Bodensee-Linzgau Tourismus, Schloss Salem, D-88682 Salem, Tel. +49 (0)7753/91 77 15, www.bodensee-linzgau.de

Vergessen ist Heiligenberg, über dem Linzgau thronend, keineswegs. Doch um das Schloss herum gibt es zusätzlich noch Einiges zu entdecken.

Frickingen Unterhalb des Höhenzugs gelegen, ist Frickingen eines dieser Linzgaudörfer, die einen gut erhaltenen Ortskern mit zahlreichen stattlichen Gebäuden und Fachwerkhäusern aufweisen können. Dominiert wird es vom hohen Turm seiner altehrwürdigen Pfarrkirche St. Martin mit ihrer sehenswerten Innenausstattung. Ihr gegenüber liegt ein Ⓐ **Parkplatz** mit Infotafeln, wo wir unsere Wanderung beginnen. Wir laufen die Kirchstraße hoch ins Zentrum, überqueren die Hauptstraße und gehen direkt gegenüber die Schützen- und dann in Fortsetzung die Mühlenstraße weiter – hier bereits bergauf. Nach dem letzten Anwesen biegen wir rechts ab (unterhalb der Obstgärten entlang). An der Gabelung entscheiden wir uns für den rechten Weg auf die Wiese, der uns kurz darauf in den Wald führt, wo wir gleich die erste (!) Abzweigung nach links einschlagen. Auf der Lichtung geht es über die Wiese bergauf zurück bis in den Wald, dort rechts und dann erneut rechts etwas bergab. Wieder aus dem Wald heraus, laufen wir an der nächsten Kreuzung links den Berg hoch und im Bogen hinein nach ❶ **Steigen** – einem Ort, der seinem Namen alle Ehre macht, wie wir gleich merken werden.

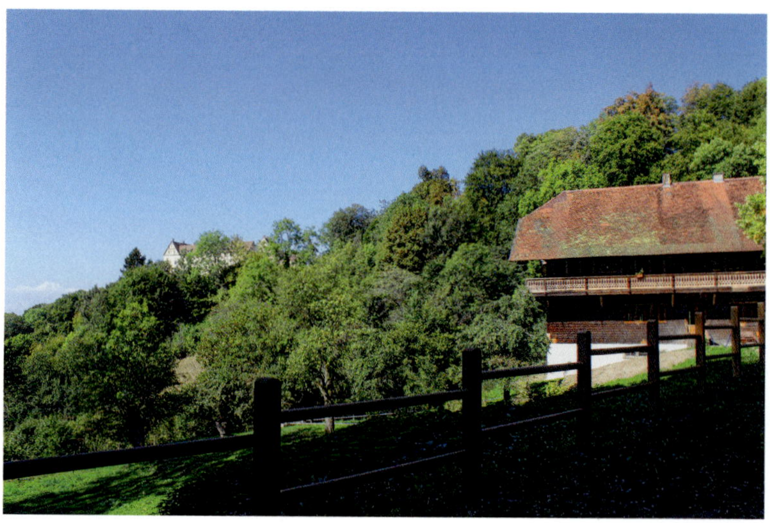

Das Schweizerhaus gehört zum Park von Schloss Heiligenberg (im Hintergrund).

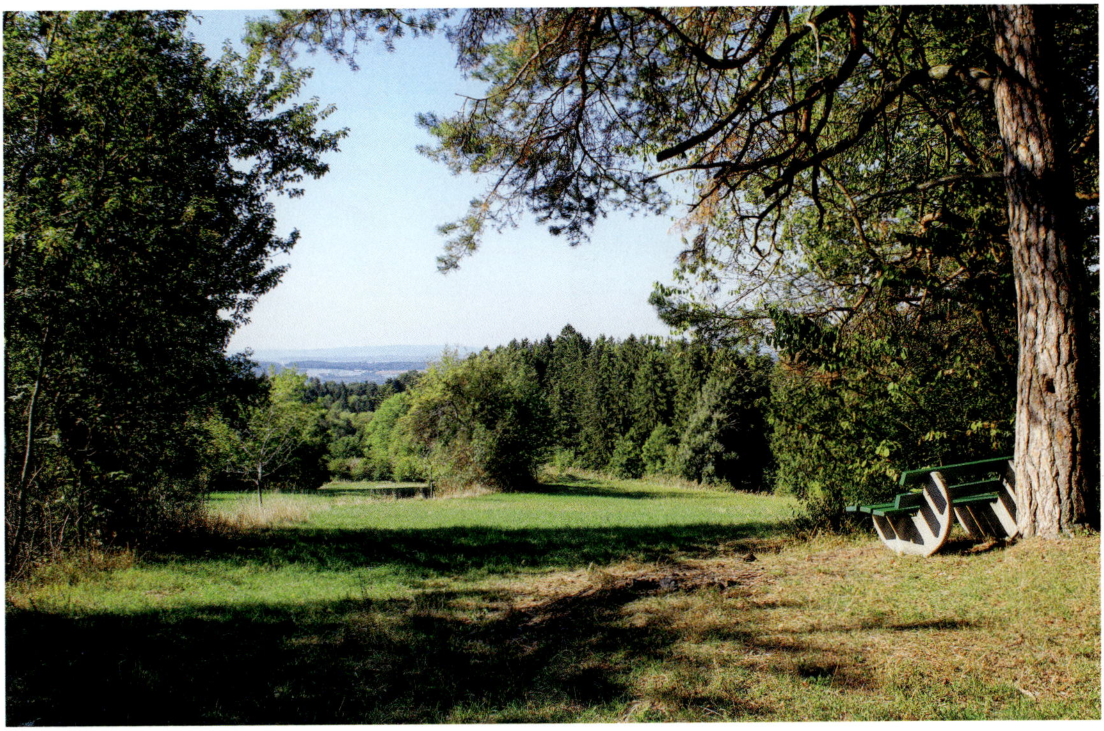

Blick auf den Linzgau

Hoch nach Heiligenberg Nach dem Gelände der Camphill-Schulen kommen wir links über den Föhrenbühlweg und Am Bühl zur Alten Steige, wofür wir die Landstraße (die Neue Steige) überqueren müssen. Es folgt ein recht ordentlicher Anstieg hinauf an den Ortsrand von Heiligenberg, das, oben angekommen, rechts von uns liegt. Wir sind bereits um den Alt-Heiligenberg herumgelaufen, hier präsentiert sich uns nun (Neu-)Heiligenberg als kleiner, sehr schmucker früherer Residenzort, der heute besonders, was rasch auffällt, für seine Gastfreundschaft bekannt ist – Hotels,

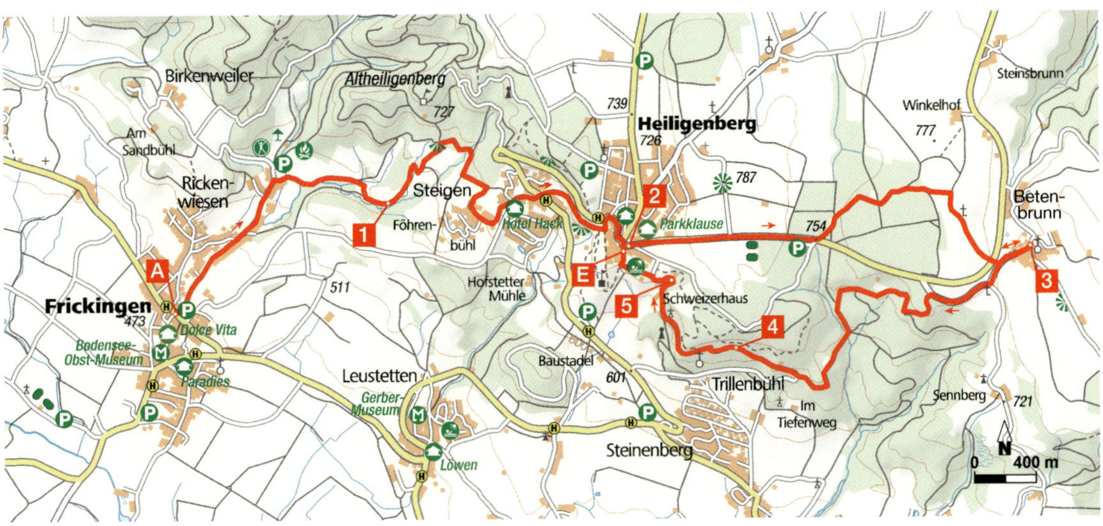

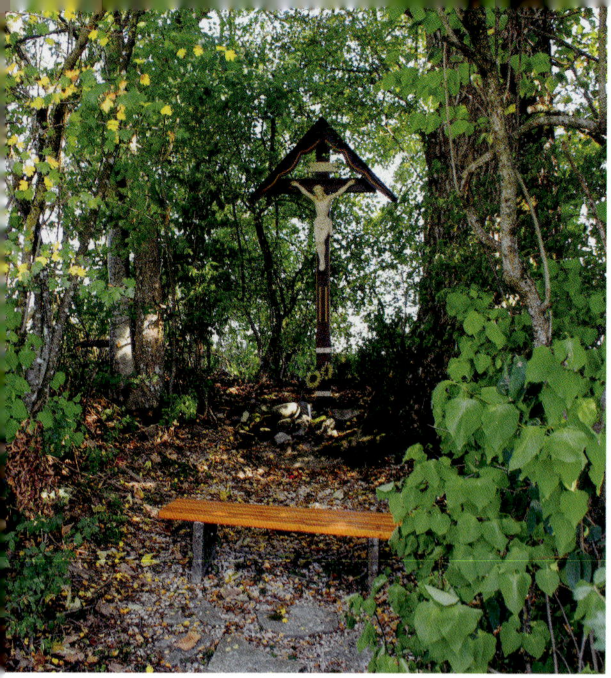

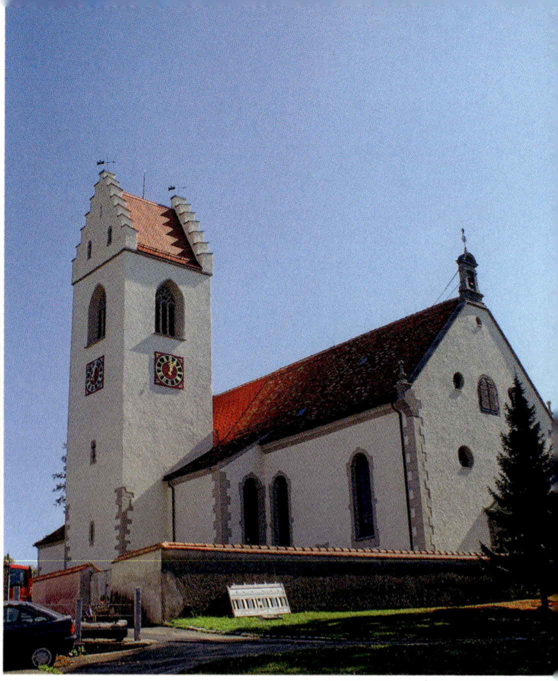

Den Wallfahrer begleiten Wegkreuze bis zum Ziel (links) ...

... der Kirche in Betenbrunn (rechts).

Ferienwohnungen und Gasthöfe zeugen davon. Am zentralen Postplatz angekommen, sehen wir, obwohl es so wirkt, längst nicht das Schloss, sondern lediglich dessen Vorburg. Wir wenden uns jedoch vorerst links auf den ❷ **Sennhof** zu, das modern gestaltete Bürgerzentrum, in die Betenbrunner Straße. An ihr entlang laufen wir auf dem Radweg bis zum Parkplatz des Friedwalds, hier überqueren wir die Landstraße links gegenüber in den Wald hinein, halten uns an der nächsten Gabelung rechts, an der nächsten Kreuzung geradeaus und dann wieder rechts, bis wir aus dem Wald auf der Hochfläche herauskommen. Kurz darauf biegen wir links auf den Pfad ab, der zum schon gegenüber sichtbaren Betenbrunn hinabführt.

Betenbrunn Nach Überquerung der Landstraße kommen wir im Wallfahrtsort ❸ **Betenbrunn** an, der von seiner Kirche überragt wird, deren Vorplatz nicht nur mit dem namengebenden Brunnen versehen (ihm wurden Heilkräfte zugesprochen), sondern von einigen stattlichen Häusern umgeben ist, die zum einstigen Kloster gehörten, das hier bis 1801 existierte. Die Kirche hat ein hohes Alter und im hellen Inneren eine schöne Rokokoausstattung aufzuweisen. Eine Besonderheit: Das Gnadenbild, eine Muttergottesstatue, weist ebenso wie der auffällige eingemauerte Stein daneben Kerben von einem Schwertstreich auf, die Folge eines Überfalls im Dreißigjährigen Krieg. Und zu jedem Wallfahrtsort gehört ein gutes Gasthaus, hier das Wirtshaus zur Post, ebenfalls ein auf Klosterzeiten zurückgehender Bau, der zur Rast einlädt. Anschließend laufen wir zum Ortausgang zurück, doch biegen wir vor der Straße links ein und dort rechts hoch auf ansteigendem Bogen in den Wald. Unser Ziel ist die Klause Egg, zu der es nun links abgeht.

Klause Egg und zurück in Heiligenberg Es gibt hier sehr viele Wanderwege im Wald, achten Sie deshalb genau auf die verlässliche Beschilderung. Wir halten uns rechts und bleiben auf unserem Weg, bis wir am kleinen Mühlbach auf einen querenden Weg treffen, dem wir links folgen, bleiben an der Kreuzung erst geradeaus, dann biegen wir leicht rechts ab, nach einer Rechtskurve stoßen wir auf einen breiteren Forstweg, dem wir geradeaus folgen. Nach einiger Zeit kommen wir fast überraschend auf eine Lichtung, die seit dem 13. Jahrhundert eine Einsiedelei mit kleiner Kapelle beherbergt, die idyllische ❹ **Klause Egg** – sie wird auch heute wieder von Trappistennonnen bewohnt. An ihr vorbei geht es zum ❺ **Schweizerhaus**, einem großen Holzhaus im Alpenstil (19. Jahrhundert), das bereits zum Schlosspark gehört. Danach biegen wir links ab zu einem Pfad, der uns unterhalb des Schlosses zu diesem hochführt – plötzlich stehen wir vor dem einstigen Burggraben und der eindrucksvollen Vorderfront eines der bedeutendsten Renaissanceschlösser Deutschlands (16. Jahrhundert). Beeindruckend ist nicht nur der Bau auf dem Felsvorsprung an sich mit seiner teils prächtigen originalen Ausstattung (Rittersaal und Schlosskapelle), sondern auch die einzigartige Lage mit einem faszinierenden Ausblick auf den darunter liegenden Linzgau bis hin zum Alpenpanaroma hinter dem Bodensee. Das Schloss, noch immer Sommersitz der Fürsten zu Fürstenberg, kann mit Führungen besichtigt werden (Infos im Sennhof). Am Ⓔ **Postplatz** fahren Busse nach Überlingen oder Salem zurück.

Gasthäuser Frickingen

»Im Orte Frickingen sind drei Wirtschaften. In dem einen sind Wirt und Wirtin im Zuchthaus gewesen, im anderen war ein demokratischer Verein und im dritten ist der Wirt nicht viel wert«, schimpfte 1851 der Ortsgendarm. Die Frickinger galten schon immer als eifrige Wirtshausbesucher und heute bieten immerhin noch zwei Gasthöfe und eine Pizzeria den Frickingern und ihren Gästen Gelegenheit, ihrer Leidenschaft zu frönen.

Prachtbau der Renaissance: Schloss Heiligenberg

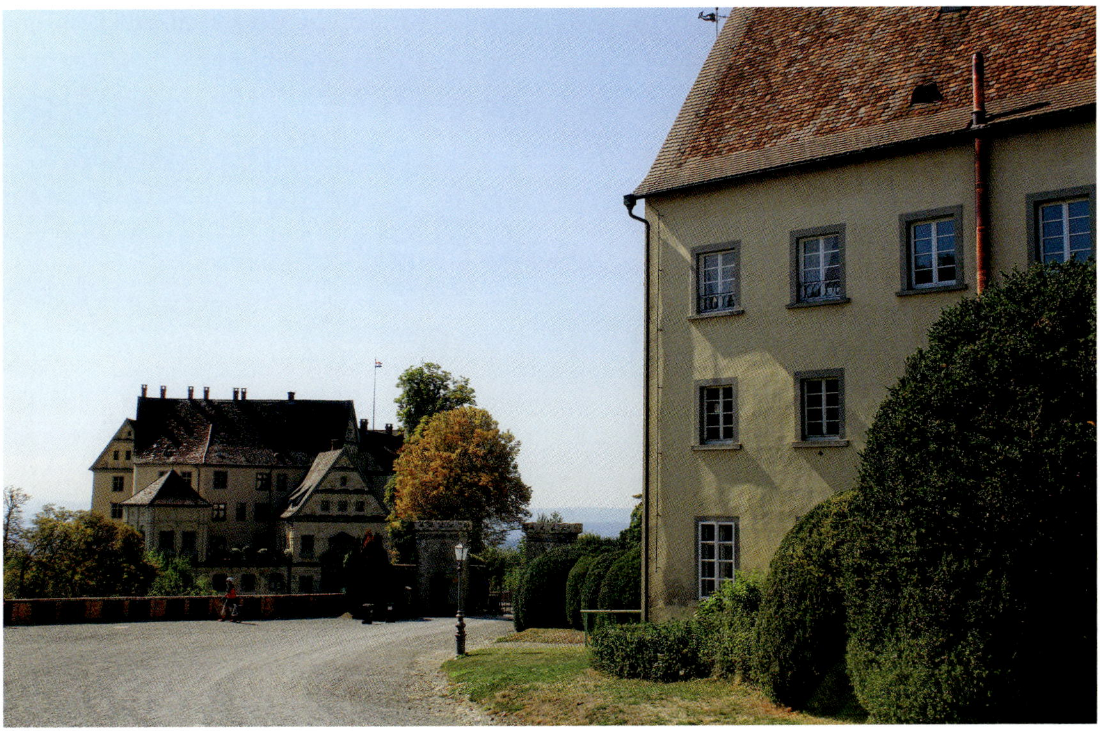

15

Von Sipplingen nach Aufkirch

Über dem Steilufer

Mittel | 7,5 km | 180/80 Hm | 2 Std.

Tourencharakter
Anspruchsvolle Strecke mit mehreren Anstiegen und teils sehr engen Pfaden. Für geübte Wanderer mit trittfestem Schuhwerk bei guter Witterung

Ausgangs-/Endpunkt
Sipplingen Bahnhof/Aufkirch Kirche (oder Überlingen Bahnhof)

Geokoordinaten
47.795639, 9.095781

Anfahrt
Sipplingen ist eine Station der RB Seehänsele Radolfzell–Friedrichshafen. Die B31 und die B31a führen durch den Ort bzw. hinter ihm vorbei.

Einkehr
In Sipplingen oder für ein Päuschen im erwähnten Hofcafé in Hödingen; eine große Vielfalt an Einkehrmöglichkeiten bietet Überlingen.

Karte
LGL, Westlicher Bodensee: Höri Bodanrück (1:35 000)

Information
Touristinformation Sipplingen, Seestraße 3, D-78354 Sipplingen, Tel. +49 (0)7551/949 93 70, www.sipplingen.de

Dieser Abschnitt des Seeufers, der einst bis direkt ans Wasser heranreichte, ist geprägt von den Felsformationen der Molasse, des weichen Sandsteins.

Sipplingen Vom **A Bahnhof Sipplingen** direkt am Seepark laufen wir über die Straße rechts und dann links in den Ort mit seinen schönen Fachwerkhäusern, dann an der Kirche mit ihrem etwas schiefen, 58 Meter hohen Spitzturm vorbei leicht links, kräftig ansteigend, zum früheren Frauenklösterchen und hier rechts ab über die Klosterstraße bis zur Kreuzung. Wir biegen scharf rechts in den Brunnenberg, dort links über Eckteil in die Morgengasse, die dann zweimal aufzweigt, sodass wir erst den rechten, dann den linken Weg einschlagen. Dieser Wanderweg führt uns an der nächsten Kreuzung rechts und hinter dem Hof vorbei, bevor wir auf der Lichtung über die Streuobstwiese rechts hinabsteigen. Wir laufen rechts kurz auf dem Teerweg, bevor wir erneut links auf einen Wanderweg Richtung Süßenmühle abbiegen. Nach dem Aufstieg kommen wir durch das erste Gehöft und biegen am Wanderparkplatz rechts ab, nun

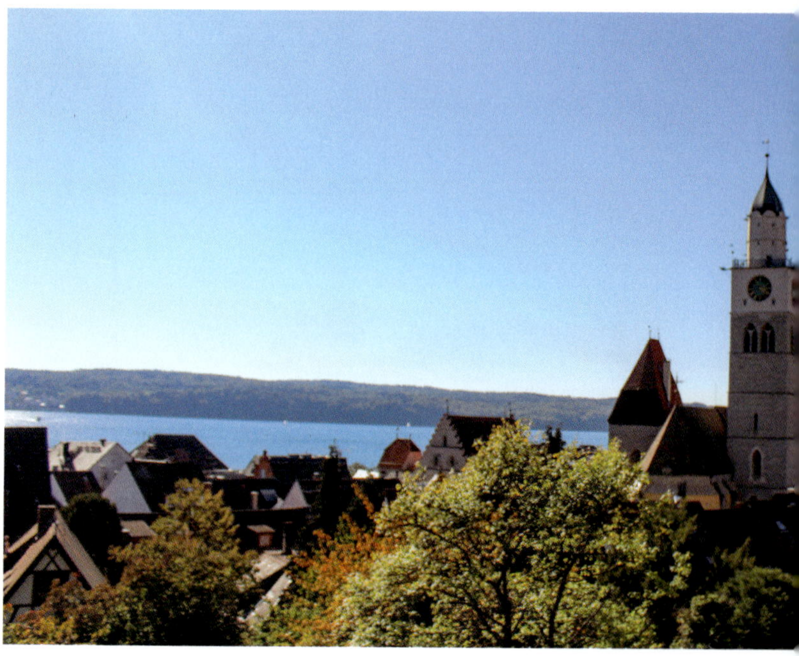

Blick auf Überlingen

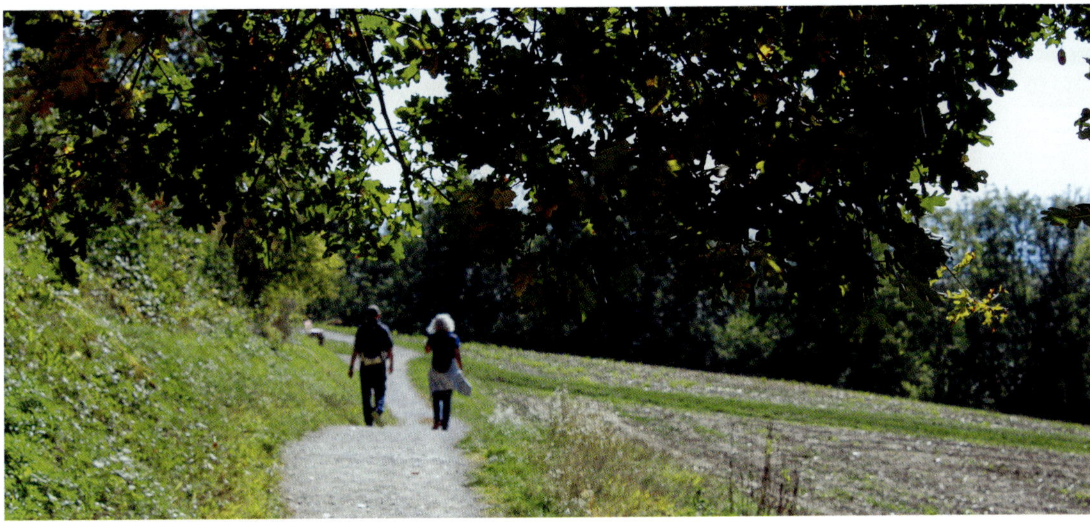

wieder abwärts bis zum nächsten Hof, dort dann erneut rechts und schließlich am Waldstück links hoch. Vor dem nächsten Anwesen nehmen wir den nun stärker ansteigenden Weg links, der bald scharf rechts abbiegt und nach einer kurzen Lichtung hinaufführt. Bei der nächsten Kreuzung wenden wir uns erneut rechts und laufen auf dem schmalen Waldpfad am Hang entlang.

Nach den Tobeln geht es gemütlich weiter bis Aufkirch.

Von Hödingen bis Schloss Spetzgart Hier sind wir nun direkt oberhalb des Steilufers auf den großen Molassefelsen, dem weichen Sandstein, der von der Eiszeit geformt wurde, die auch den Bodensee hinterlassen hat. Sobald man auf der Höhe

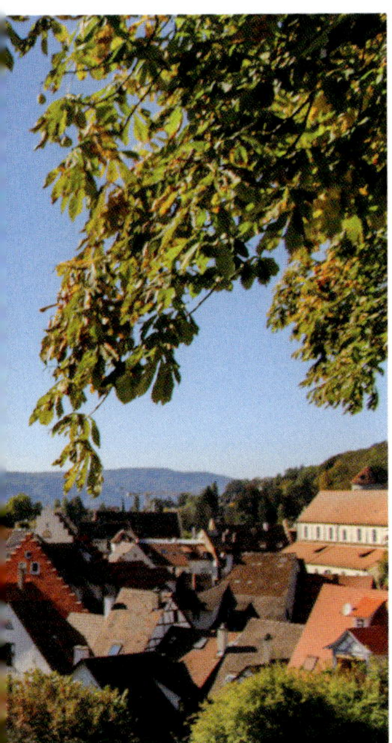

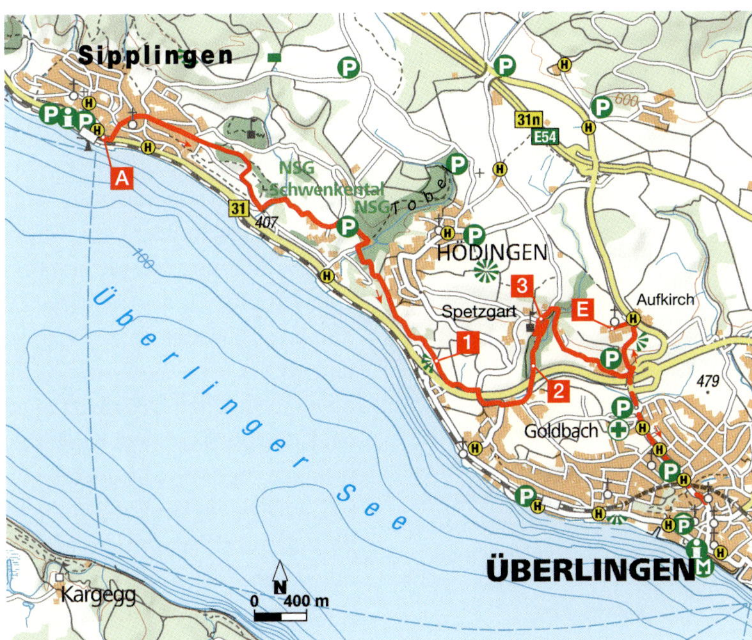

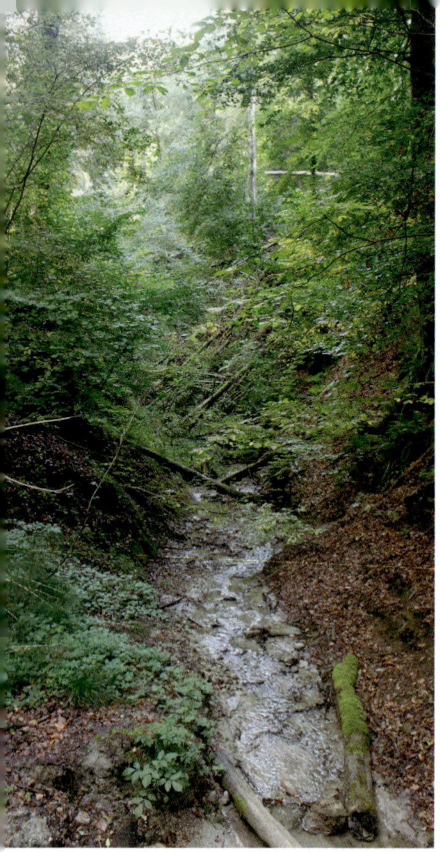

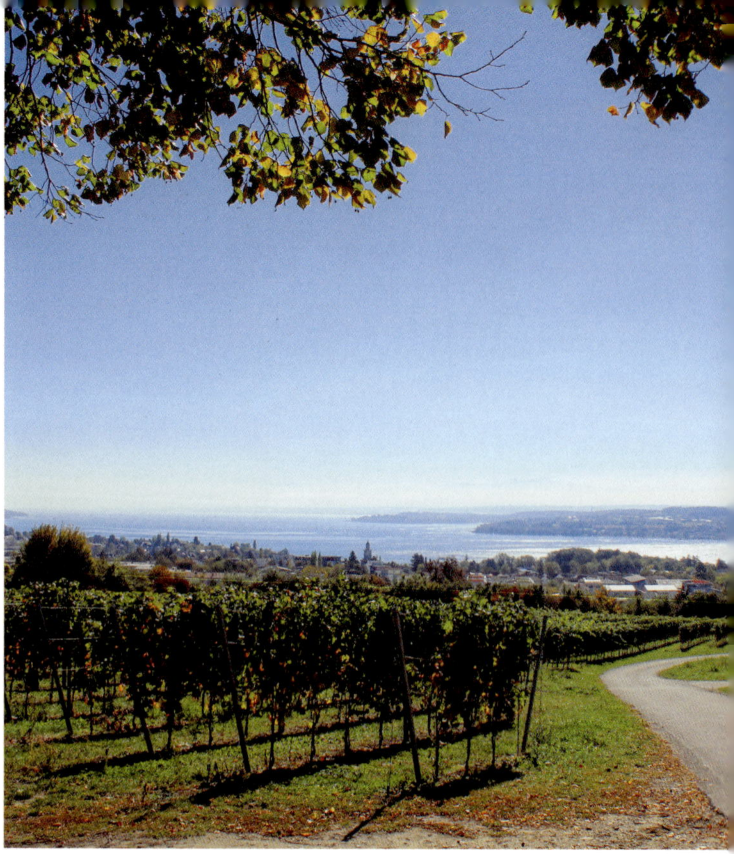

angelangt ist und nicht mehr nur auf den nächsten Tritt aufpassen muss, erlauben Lücken im Bewuchs wunderbare Ausblicke auf den Überlinger See. In unserem Rücken liegt der Ort Hödingen, bekannt für seine barocke Wallfahrtskirche und sein Hofcafé nebenan (Öffnungszeiten stehen auf den Wanderwegweisern). Unser Pfad führt uns weiter an der Steiluferkante und dann auf die Obstplantagen zu. Vor diesen biegen wir rechts ab und machen den kleinen Abstecher zu einem bemerkenswerten Naturphänomen: einer eiszeitlichen ❶ **Gletschermühle**. Durch solch ein Loch im Eis fielen Steinbrocken hinab, die ihre Spuren, eine wannenartige Vertiefung im Boden, hinterließen. Hier bietet sich erneut ein weiterer Blick auf den See – und in die andere Richtung zum Schloss Spetzgart, ein Ziel, das noch recht weit entfernt zu sein scheint. Zurück auf unserem Weg, geht es durch die Obstfelder zur Landstraße, hier links bis zur Brücke, und rechts über diese nach Goldbach, allerdings biegen wir vor dem eigentlichen Ort gleich wieder links ab. Schon an der nächsten Kreuzung (vor dem Kinderheim) geht es erneut links und nach wenigen Metern ein weiteres Mal links in den ❷ **Spetzgarter Tobel**, auch er ein Zeugnis für die formende Kraft der Molasse – relativ unberührt hat sich der kleine Kilbach hier fast 70 Meter tief in den Felsen gefressen. Am Ende des urigen Tales geht es in Serpentinen hoch zum ❸ **Schloss Spetzgart**. Aus einer Burg ging hier eine barocke Sommerresidenz verschiedener Klöster hervor, die

Goldbach

Der kleine, sich in einem Tal zum Seeufer hinziehende Vorort von Überlingen hat mindestens zwei Highlights zu bieten. Neben den Felskellern im Ort liegen westlich die geheimnisvollen Heidenhöhlen, mittelalterliche Behausungen oben im Steilfelsen, deren genaue Verwendung bis heute unbekannt ist. Hübsch platziert am Ufer, befindet sich die ehrwürdige Sylvesterkapelle mit Fresken aus dem 10. Jahrhundert.

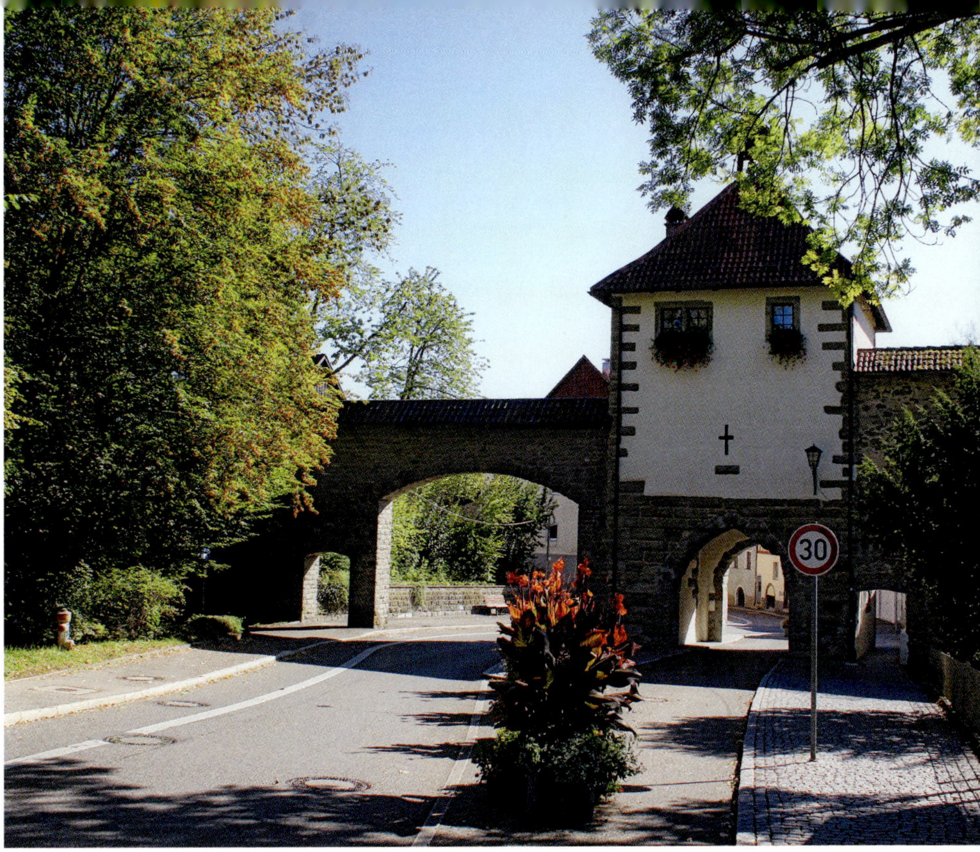

allerdings durch Umbauten als Sanatorium und heute Internat nicht mehr allzu viel von ihrem früheren Charme bewahrt hat – außer der Lage natürlich. Vor dem Eingang zu den Anlagen biegen wir gleich wieder rechts auf den Pfad in den Spetzgarter Tobel zurück ab.

Links: Der Spetzgarter Tobel

Mitte: Blick von Aufkirch auf Überlingen und den See

Rechts: Willkommen in der mittelalterlichen Stadt Überlingen!

Aufkirch Im wildromantischen Tobel queren wir den Kilbach und kommen an einer imposanten Molassewand – auf der sich zahlreiche unserer Vorgängerinnen und Vorgänger im weichen Gestein schriftlich verewigt haben – vorbei aus dem Wald hinaus. Geradeaus geht es nun bis an die B31, und hier links hoch nach Aufkirch. Dort angekommen, biegen wir links in das kleine Dorf ab, das einige sehenswerte Fachwerkhäuser und eine der ältesten Kirchen des Bodenseeraums zu bieten hat (leider meist verschlossen), die im Kern auf das Jahr 1000 zurückgehen dürfte und im Inneren einige wertvolle Fresken aufweist. Leider ist der Name Aufkirch auch mit einem düsteren Kapitel der Geschichte verbunden: Die Nationalsozialisten errichteten hier gegen Kriegsende ein KZ-Außenlager, dessen Häftlinge gezwungen wurden, ungeschützt Stollen in die Molasse zu bohren, um hier Teile der Friedrichshafener Industrie unterzubringen. Ein sinnloses Unterfangen, das mindestens 170 Menschen das Leben kostete – auf dem Friedhof bei der Wallfahrtskirche Birnau sind zahlreiche der Opfer begraben. Von Aufkirch ist man, auf dem gleichen Weg zurück, doch dann an der B31 geradeaus über die Brücke, schnell in E **Überlingen**. Im Flair der alten Reichsstadt mit ihren vielen Kneipen und Gaststätten lässt sich die Wanderung gut beenden. Dort fährt auch die Bahn zurück nach Sipplingen.

16

Von Baitenhausen nach Breitenbach

In Annettes Vorgarten

Leicht 12,5 km 90/90 Hm 3 Std.

Tourencharakter
Abwechslungsreiche und gut beschilderte Strecke mit wenigen Anstiegen, hin und wieder kürzere Abschnitte auf Radwegen

Ausgangs-/Endpunkt
Baitenhausen Wallfahrtskirche

Geokoordinaten
47.714687, 9.294415

Anfahrt
Baitenhausen wird von der Meersburger Stadtbuslinie 1 und dem Regionalbus 7382 Meersburg–Markdorf (Haltestelle Baitenhausen Kapelle) angefahren; südlich des Ortes geht die B31, östlich die B33 vorbei. Die nächsten größeren Bahnhöfe finden sich in Überlingen und Friedrichshafen, kleinere des Seehänsele (RB Radolfzell–Friedrichshafen) in Bermatingen und Markdorf.

Einkehr
Das Gasthaus in Baitenhausen ist nur sonntags geöffnet, in Ahausen und insbesondere in Meersburg finden sich Alternativen.

Karte
LGL F529 – Östlicher Bodensee: Friedrichshafen Ravensburg – Karte des Schwäbischen Albvereins (1:50 000)

Information
Abteilung Tourismus und Veranstaltungen, Kirchstraße 4, D-88709 Meersburg, Tel. +49 (0)7532/ 44 04 00, www.meersburg.de

Rechte Seite: Lust auf eine kurze Rast im Weinfass?

Anders als die Stadt selbst ist das nördliche Hinterland der Stadt Meersburg noch frei von den großen Touristenströmen und bietet Gelegenheit für eine gemütliche Entdeckungstour.

Die Kirche im Dorf lassen … wollte Kaplan Johann Georg Roth nicht, und so verlegte er den Neubau (um 1700) der Wallfahrtskirche Baitenhausen vom Ort auf den Schlossbühl hinauf. Eine kluge Entscheidung, von hier aus ist sie weit sichtbar, wie auch umgekehrt die Aussicht in den Linzgau prächtig ist. Außen schlicht, kann die Kirche, ein Lieblingsobjekt der Konstanzer Fürstbischöfe, im Inneren eine schöne Rokokoausstattung vorweisen, darunter ein Fresko der nahen Stadt Meersburg. Das einstige Pilgerhaus gleich nebenan beherbergt heute das Gasthaus Grüner Berg (derzeit nur sonntags geöffnet). Von der **A Kirche** steigen wir über die Treppe (Kirchweg) hinab ins Dorf, bis wir auf die Hauptstraße stoßen, an der wir rechts entlang bis zum Dorfausgang gelangen. Wir laufen noch einige wenige Meter auf dem Radweg, bis wir rechts abbiegen, an den großen Hallen vorbei. Wir halten uns an der nächsten größeren Kreuzung links und folgen dann der Linkskurve, vorbei an der markanten Birkenpflanzung. Von hier aus geht es stets geradeaus, bis wir wieder auf die Landstraße treffen. Mit dem Radweg kommen wir nach **1 Ahausen**.

Ahausen Das sehr alte Dorf ist bekannt für seine beiden Mühlen (Obere und Untere Mühle) und die von außen unscheinbare kleine Jakobskirche, die jedoch ein beträchtliches Alter aufzuweisen hat (sehenswerte Fresken im Inneren). Wir kommen vorbei an einem Landsupermarkt, wo man seinen Proviant auffrischen kann, an der Großkreuzung in der Ortsmitte (Kreisel) wenden wir uns rechts in Richtung Ittendorf; wieder nutzen wir den Radweg. In der Ferne sehen wir bereits das hochaufragende Ittendorfer Schloss und die Barockkirche des Dorfes, doch biegen wir vorher (Wanderwegweiser) rechts ab auf den Wald zu, unser nächstes Ziel ist Stehlinsweiler; hierauf ist bei den zahlreichen Beschilderungen zu achten. Im Wald biegen wir nach kurzer Zeit erst rechts, dann links und sofort wieder links ab (Markierung »Rotes Kreuz«). An der nächsten Y-Kreuzung halten wir uns rechts und treffen bald auf einen breiten Weg, der zu einer Großkreuzung führt – hier wählen wir den kleinsten Weg, den Wurzelpfad rechts ins Gebüsch. Er bringt uns schließlich auf geradem Weg nach ❷ **Stehlinsweiler**, mitten durch das Gehöft. Hier dann kurz rechts und danach links auf dem Teerweg weiter.

Breitenbach Dieser Teerweg führt bis neben das frei in der Landschaft liegende alte ❸ **Gut Breitenbach** mit seinen imposanten Höfen und der spätgotischen Dreifaltigkeitskapelle – ein Abstecher lohnt sich. An der Kreuzung oberhalb wählen wir ansonsten den Weg rechts hoch in den Wald (auf den Sendemast zu), der uns bald durch Weinberge und Obstplantagen Richtung Meersburg führt. Wir überqueren die Straße und biegen anschließend kurz darauf rechts ab, die Wanderwegweiser leiten uns zuverlässig am Nordrand des Gewerbegebiets entlang, hier wartet unter anderem ein großes ❹ **Weinfass** als Notunterkunft für Wanderer auf uns. Schließlich treffen wir auf die Straße kurz vor ❺ **Riedetsweiler**, wir wechseln die Seite und laufen rechts auf dem Radweg um den Ort herum (man kann auch durch den Ort abkürzen), kurz darauf rechts ab und dann links an den Plantagen hinab auf die schon wieder sichtbare Ⓔ **Wallfahrtskirche Baitenhausen** zu, über die Straße und dann rechts und links wieder zum Ausgangspunkt zurück.

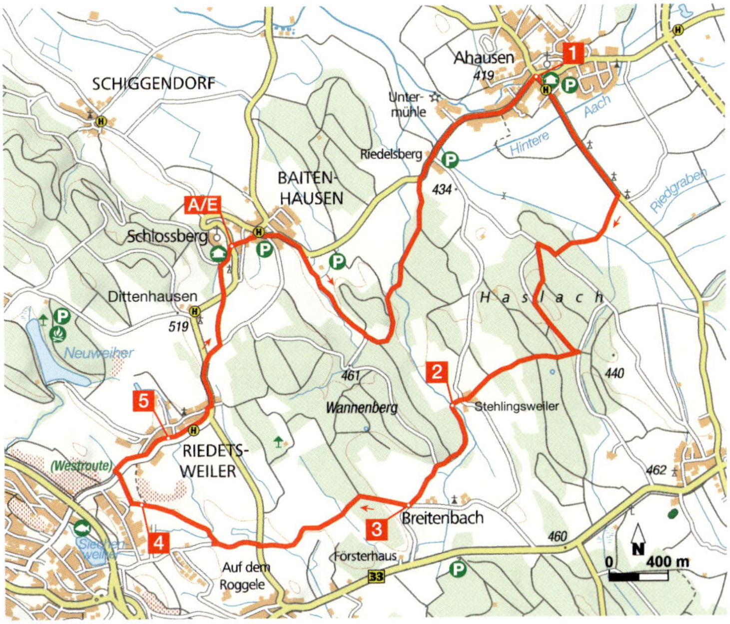

Annette

Am Nordrand Meersburgs liegt der Friedhof, der das schlichte Grab der wohl bedeutendsten deutschen Dichterin, Annette von Droste-Hülshoff (1797–1848) bewahrt. An die gebürtige Westfälin erinnern Ausstellungsräume in der Burg und ihr zum Droste-Museum umgewidmeter Sommerpavillon, das schmucke Fürstenhäusle in den Weinbergen. Für Gourmets gibt es den »Droste-Taler«, literarische Feinschmecker greifen zu einem ihrer Gedichtbände.

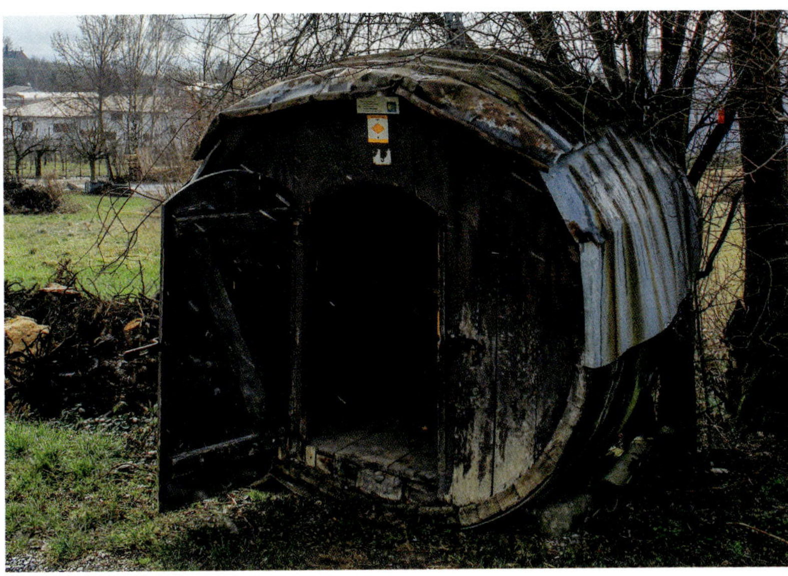

17

Von Schnetzenhausen nach Markdorf

Von Kapelle zu Kapelle

Leicht | 8 km | 50/20 Hm | 2 Std.

Tourencharakter
Gut beschilderte und befestigte, insgesamt leicht wellige Strecke mit kurzem strengeren Anstieg am Ende nach Möggenweiler; für Familien geeignet

Ausgangs-/Endpunkt
Schnetzenhausen Kirche/Markdorf Marktplatz

Geokoordinaten
47.675444, 9.440412

Anfahrt
Vom Stadtbahnhof Friedrichshafen fahren die Buslinien 4 (Schnetzenhausen) und 11 (Markdorf) zur Haltestelle Schnetzenhausen Kirche. Die nächstgelegenen Bahnhöfe sind Fischbach und Manzell. In naher Zukunft wird die neue B31 direkt an Schnetzenhausen vorbeiführen.

Einkehr
Schnetzenhausen und Markdorf bieten zu Beginn oder am Ende der Tour Möglichkeiten zur Einkehr.

Karte
LGL F529 – Östlicher Bodensee: Friedrichshafen Ravensburg – Karte des Schwäbischen Albvereins (1:50 000)

Information
Tourismusgemeinschaft Gehrenberg-Bodensee, Marktstraße 1, D-88677 Markdorf, Tel. +49 (0)7544/50 02 90, www.gehrenberg-bodensee.de

Kirchen, Kunst und Kapellen – und all das zwischen den typischen Obstfeldern des Nordufers zwischen Schnetzenhausen und dem Städtchen Markdorf.

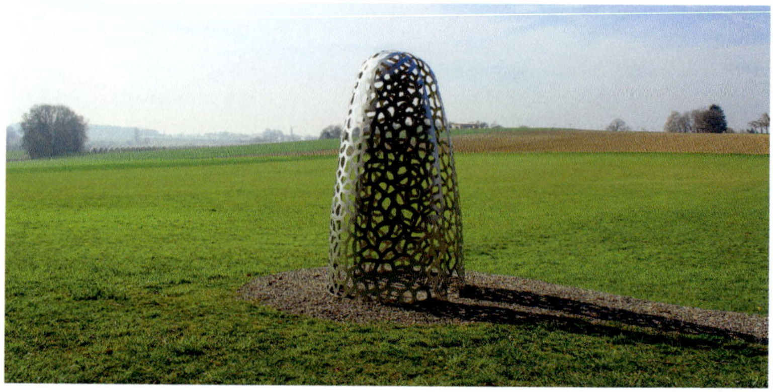

Moderne Kunst an der Strecke

Schnetzenhausen 2006 blickte der ganze Iran auf Schnetzenhausen: Im Rahmen der Fußballweltmeisterschaft hatte die Herrennationalmannschaft des Landes hier ihr Quartier bezogen. Ansonsten bewegt sich das zu Friedrichshafen gehörende Örtchen eher am Rande des Weltgeschehens und hat so seinen dörflichen Charakter bewahrt. Konsequenterweise beginnen wir unsere heutige Tour an der Ⓐ **alten Dorfkirche** inmitten des Ortes, von der aus wir westlich in Richtung Kluftern erst an der Dorfstraße, dann auf dem Radweg entlanglaufen, bis wir zur ersten Abzweigung nach rechts kommen und über die Straße auf den geteerten Feldweg wechseln. Hier treffen wir (links) auf eine von Bewuchs umrahmte ❶ **Feldkapelle**, dann geht es weiter bis zur neuen B31, diese kreuzen wir mithilfe der Unterführung und laufen auf der anderen Seite schräg links weiter (nicht geradeaus!). Auch am Waldrand bleiben wir auf dem Teerweg, der uns dann kurz durch die Bäume auf die Höhe des Hügelkamms bringt, wo wir weit in den Linzgau sehen können – von Fischbach am See über Kluftern bis Markdorf.

Zur Hochkreuzkapelle Hier erwartet uns als kleiner Backsteinbau die ❷ **Riederner Kapelle**. Wir laufen jedoch weiter am Waldrand entlang auf die kleine Siedlung zu, machen hier einen kleinen Bogen (geradeaus ist Privatweg), es geht leicht bergab und zur nächsten Kreuzung, wo wir uns rechts in den Wald begeben. Hier begegnet uns das erste von mehreren ❸ **Kunstwerken**, da wir ein Stück auf dem Klufterner Kunstweg gehen. Das Betonstück dient zugleich als Mahnmal für am Kriegsende hierher ausgelagerte Militärbetriebe, in denen Zwangsarbeiter und KZ-Gefangene zu Tode kamen. An der nächsten Kreuzung geht es links, dann auf die Wiesenflächen und vorbei an den nächsten beiden Kunstwerken. Wir halten uns stets geradeaus, bis wir auf die Landstraße bei Riedheim stoßen. Diese queren wir zum Radweg und gehen hier links zur schon sichtbaren ❹ **Hochkreuzkapelle**. Die Vorgänger des Gebäudes aus dem 17. Jahrhundert zählen zu den ältesten Wallfahrtsstätten des Linzgaus. Bergab geht es nun nach Bergheim auf dessen ebenfalls altehrwürdige ❺ **Kirche** zu, die wir umrunden, um rechts mit der Straße am Campingplatz und Hotel vorbei zur B33 zu kommen.

Schloss Efrizweiler

Gut sichtbar von unserem Weg aus ist das unterhalb im Tal gelegene Schloss Efrizweiler mit der charakteristischen schmalen Kapelle St. Agatha aus der Spätgotik. Erstmals 1166 erwähnt, gehen Teile des Schlosses noch auf das 13. Jahrhundert zurück – es zählt somit zu den ältesten Gebäuden im Friedrichshafener Stadtgebiet. Heute dient es als »Schloss der Farben« einer Privatklinik, es finden aber auch der Öffentlichkeit zugängliche Kulturveranstaltungen statt.

Möggenweiler und Markdorf Die B33 überqueren wir vorsichtig. Drüben angekommen, nehmen wir den Weg rechts, der auf den Wiesen deutlich ansteigt. Es geht rechts und links hoch bis zu einem kleinen Aussichtspunkt am Fuße des Gehrenbergs, dann links hinein nach Möggenweiler. Wir laufen durch den Ort, an dessen Ende die spätgotische ❻ **Wolfgangskapelle** bereits den Übergang nach Markdorf markiert. An der Schule vorbei, kommen wir zum letzten kleinen Gotteshaus des Tages, der Mauritiuskapelle vor der Stadtmauer. Durch das sehr schmucke Obere Tor geht es in die einstige fürstbischöfliche Stadt Ⓔ **Markdorf**, die mit der Stiftskirche, den Stadttoren und Türmen, dem hochgiebeligen Bischofsschloss und vielen Fachwerkbauten zum Verweilen einlädt. Vor dem markanten Untertor findet sich dann das Markdorfer Einkaufsviertel, auch Einkehrmöglichkeiten bietet die Stadt in allen Varianten. Nach Schnetzenhausen geht es mit dem Bus zurück.

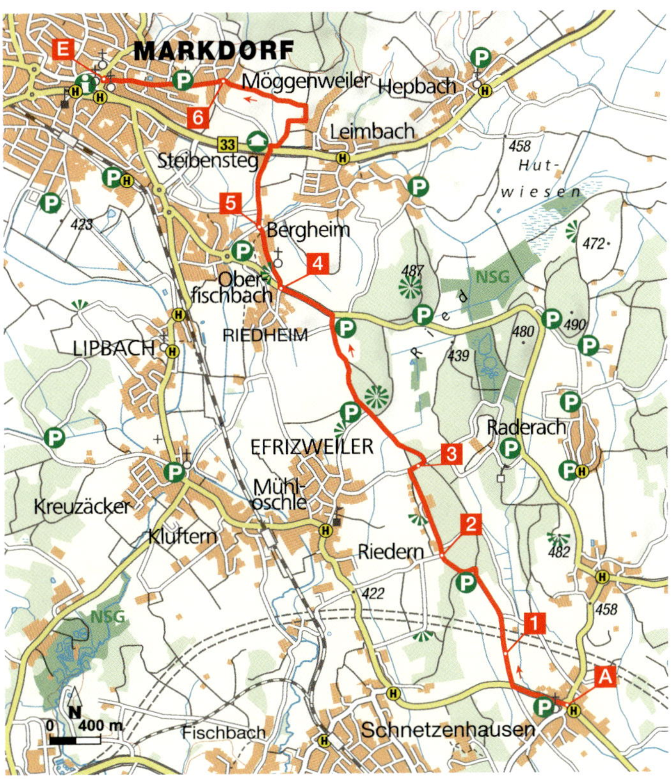

18 Von Langenargen zum Wasserschloss Gießen

Auf und Ab an der Argen

Leicht 20 km 50/50 Hm 4,5 Std.

Tourencharakter
Flache Uferstecke mit gut befestigten Wegen; ein kurzer Anstieg vor Betznau, einige Abschnitte auf Landsträßchen

Ausgangs-/Endpunkt
Langenargen Bahnhof

Geokoordinaten
47.599309, 9.544982

Anfahrt
Der Bahnhof Langenargen liegt an der IR-Strecke (Stuttgart–) Friedrichshafen–Lindau. Die B31 führt nördlich vorbei (Abfahrt Oberdorf), sie trifft hier auf die von Ravensburg kommende B467.

Einkehr
An der Gießenbrücke, im Café in Betznau oder natürlich in Langenargen mit seinem großen Angebot

Karte
LGL F529 – Östlicher Bodensee: Friedrichshafen Ravensburg – Karte des Schwäbischen Albvereins (1:50 000)

Information
Amt für Tourismus, Kultur und Marketing, Obere Seestraße 2/1, D-88085 Langenargen, Tel. +49 (0)7543/93 30 92, www.langenargen-tourismus.de

Am Westufer hinauf, am Ostufer hinab: Früher wäre dies ein verschlungener Pfad gewesen, heute ist die Argen begradigt. Langweilig wird es dadurch aber nicht.

Langenargen In Langenargen würde wahrscheinlich niemand den Wanderweg entlang der Argen als »vergessen« bezeichnen – und tatsächlich wird er von Gassigehern, Spaziergängern und Joggern gern genutzt. Allerdings sind diejenigen, die den gesamten Weg bis zur Gießenbrücke und zurück laufen, dann doch eher selten. Und auch Sie werden merken, dass es, je nördlicher, desto einsamer um Sie wird, trotz der

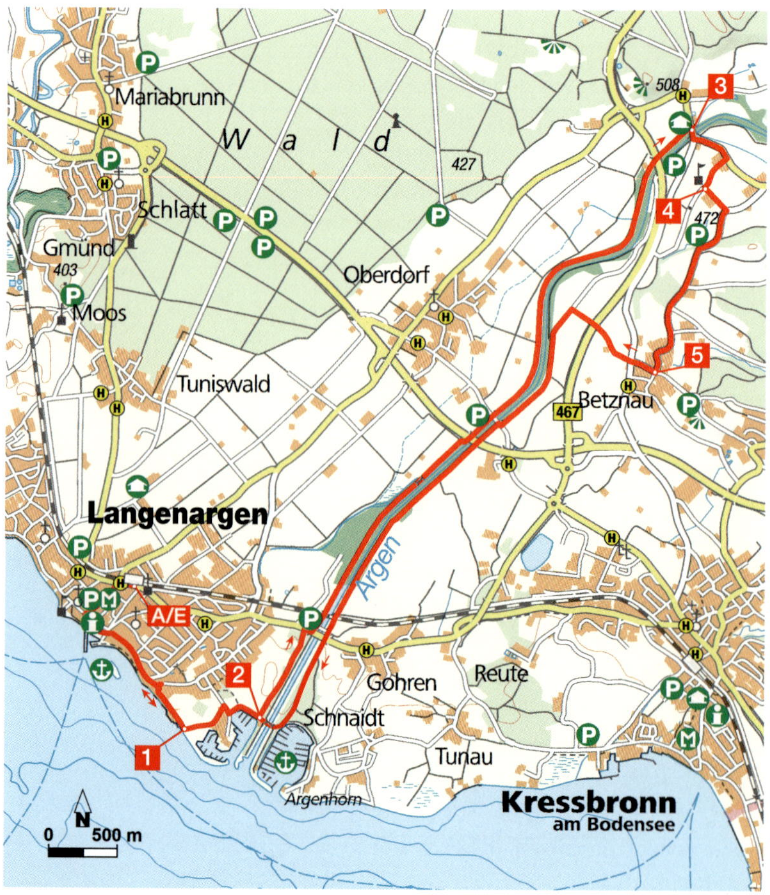

Rechte Seite: Verirren schwer gemacht: Es geht geradeaus.

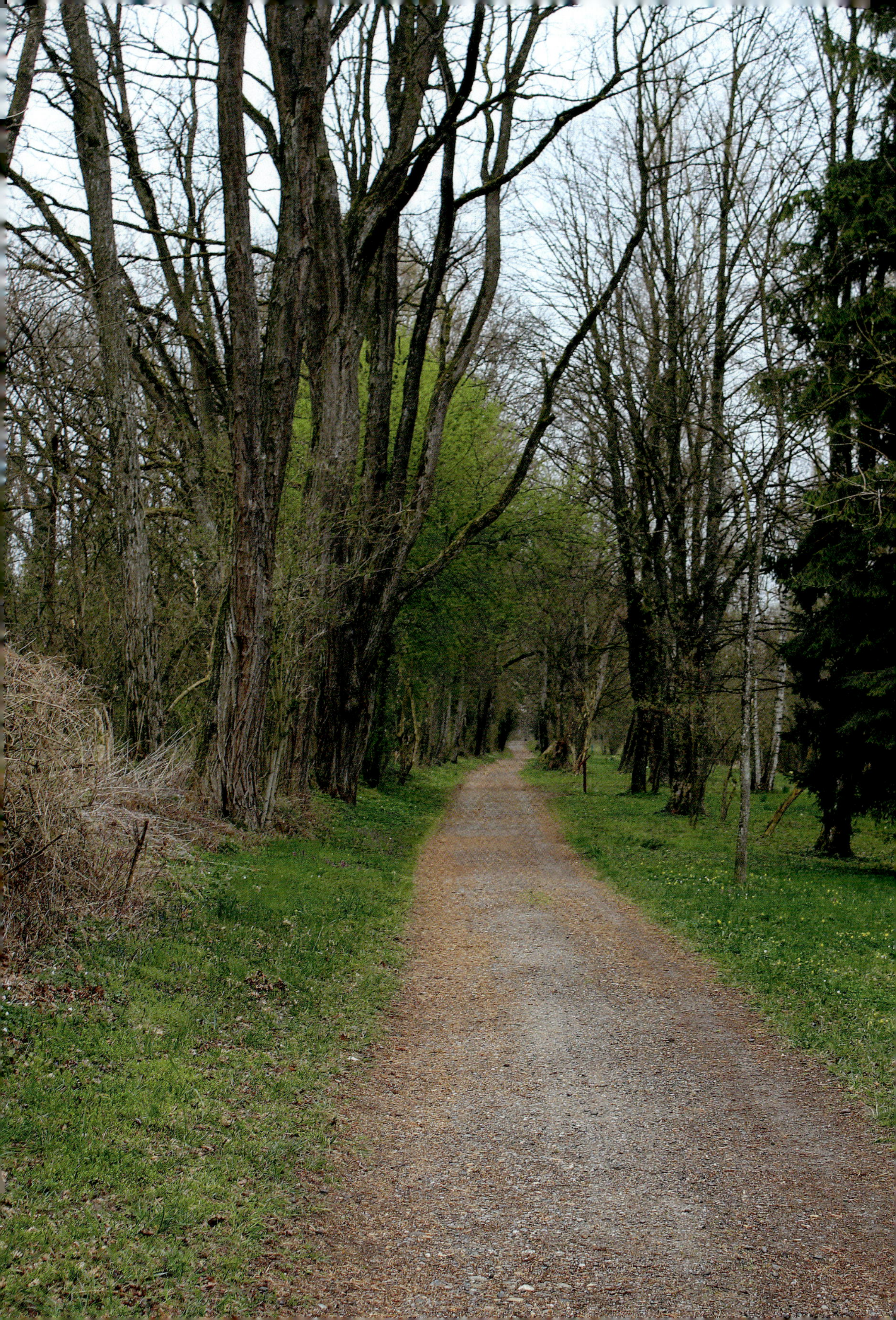

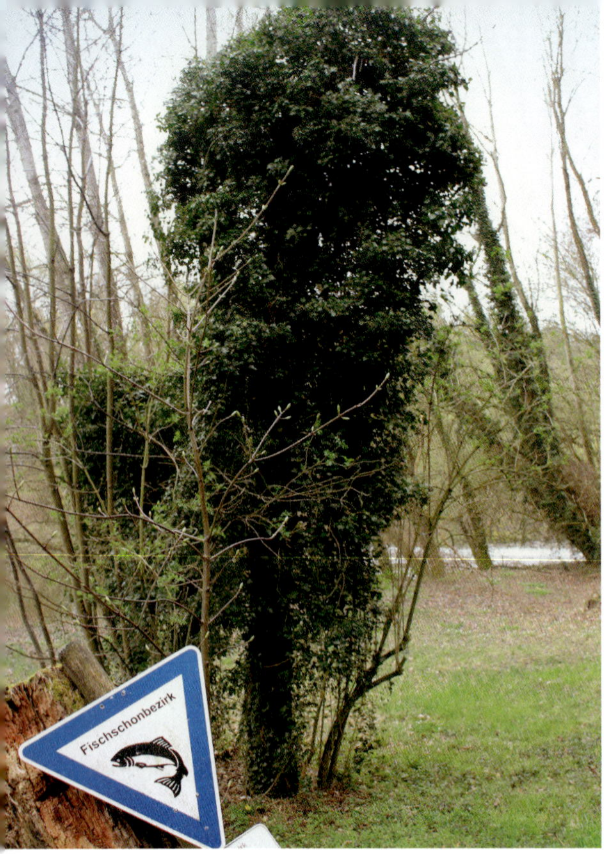

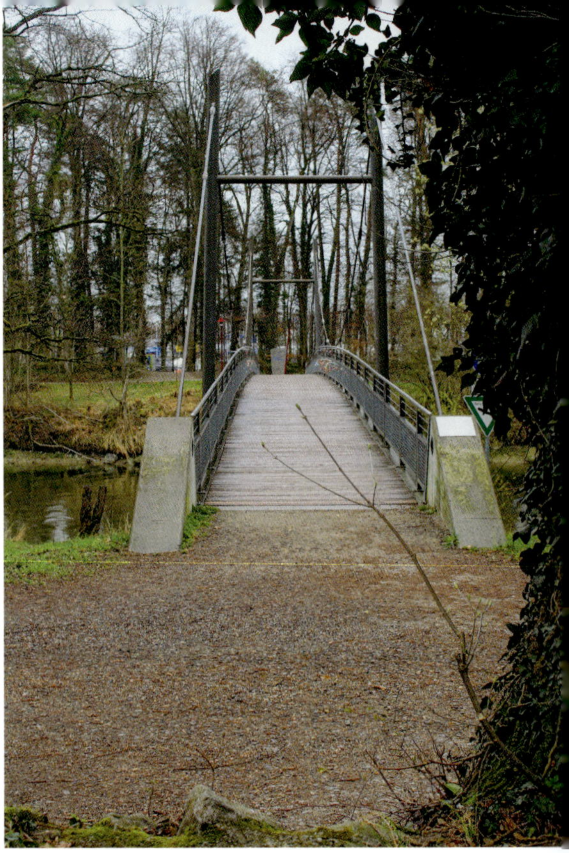

Links: Die Argenmündung ist Naturschutzgebiet.

Rechts: Der moderne Argensteg, an dem sich der Kreis unserer Tour schließt

lohnenden Ziele. Wir starten am Ⓐ **Bahnhof** und gehen von dort erst einmal via Bahnhofstraße Richtung Ortskern. Am kleinen Kreisel biegen wir links in die Obere Seestraße ab und folgen ihrem Verlauf in Ufernähe; kurz nach Ende der Uferpromenade rechts (Wegweiser zum Argensteg) zur ❶ **Malerecke**. Bei dieser links auf den Pfad, der am Institut für Seeforschung vorbeiführt, dann kurz rechts Richtung Jachthafen, vor dem Eingang aber links auf den nächsten Pfad am Hafenbecken entlang rechts zum ❷ **Argensteg**. Diesen überqueren wir nicht, sondern begeben uns auf den Uferweg links. Nun geht es die nächsten Kilometer stets geradeaus. Nach gut einem Kilometer unterqueren wir kurz hintereinander drei Brücken: die moderne Straßen-, die historische Ketten- und die Eisenbahnbrücke. Weiter geht es durch das Naturschutzgebiet Argen mit einigen Infotafeln zur Natur.

Die Kettenbrücke bei Gohren

1897 als eine der ersten Pfeilerhängekonstruktionen Deutschlands errichtet, galt die Argenbrücke seinerzeit als technisches Wunderwerk, sodass man ihre Pläne stolz auf der Pariser Weltausstellung von 1900 präsentierte. Seit den 1970er-Jahren ist sie nur noch für Fußgänger und Radfahrer zugelassen – und für Pferdekutschen, die in der Sommersaison von Kressbronn aus dorthin verkehren.

Wasserschloss Gießen Nach gut sechs Kilometern am Fluss kommen wir zur (unspektakulären) Gießenbrücke. Links der Gasthof Zum Zollhaus mit ❸ **Biergarten**. Unser Weg führt allerdings rechts über die Brücke. Wir biegen nicht ab, sondern laufen das kurze Stück direkt an der Landstraße zum nächsten Gehöft, wo der Wanderweg rechts zum ❹ **Wasserschloss Gießen** abzweigt, das auch Burg Gießen genannt wird. Der einstige Außenposten der Stadt Lindau entstammt dem Spätmittelalter und hat viel von seinem urigen Charakter bewahrt – leider ist die Burg nur zu Kulturveranstaltungen zugänglich. Gegenüber dem Palas wenden wir uns links (Markierung »Blauer Punkt«), bis wir auf ein kleines Landsträßchen stoßen. Diesem folgen wir rechts bergan.

Der zu überwindende Hügel, ein Drumlin, hat ebenfalls historische Bedeutung: Auf ihm befand sich seit dem Jahr 500 v. Chr. die Lenensburg. Oben angekommen, sind rechts unter der Erde die Reste eines römischen Gutshofs verborgen. Ein noch bestehendes Gehöft, der Heiligenhof, ist unser nächstes Ziel, nach diesem geht es weiter geradeaus, das Sträßchen entlang, bis nach 5 **Betznau**. Hier kommen wir direkt am Bauerncafé Betznau vorbei – ein Geheimtipp für leckere Kuchen!

In der Dorfmitte rechts auf den Sebastianweg und am Ortausgang geradeaus über die Landstraße in die Obstplantagen. Kurz nach der Brücke über die B467 links auf den Radweg, dann einen der Pfade nutzen, der rechts auf den Weg am östlichen Argenufer führt – nun geht es argenabwärts wieder einige Kilometer lang, bis zum Argensteg. Wir wechseln die Seite und laufen auf bekanntem Weg zurück nach E **Langenargen**, das sich für einen gelungenen Ausklang der heutigen Tour anbietet: Der Ort besticht durch seine Lage direkt am Seeufer und seinen schönen barock geprägten Marktplatz mit den vielen Amtshäusern, der Kirche St. Martin (1718–1722), Geschäften und Gasthöfen sowie dem benachbarten Schloss Montfort im historistisch-maurischen Stil.

Altertümlich wirkt Schloss Gießen bis heute.

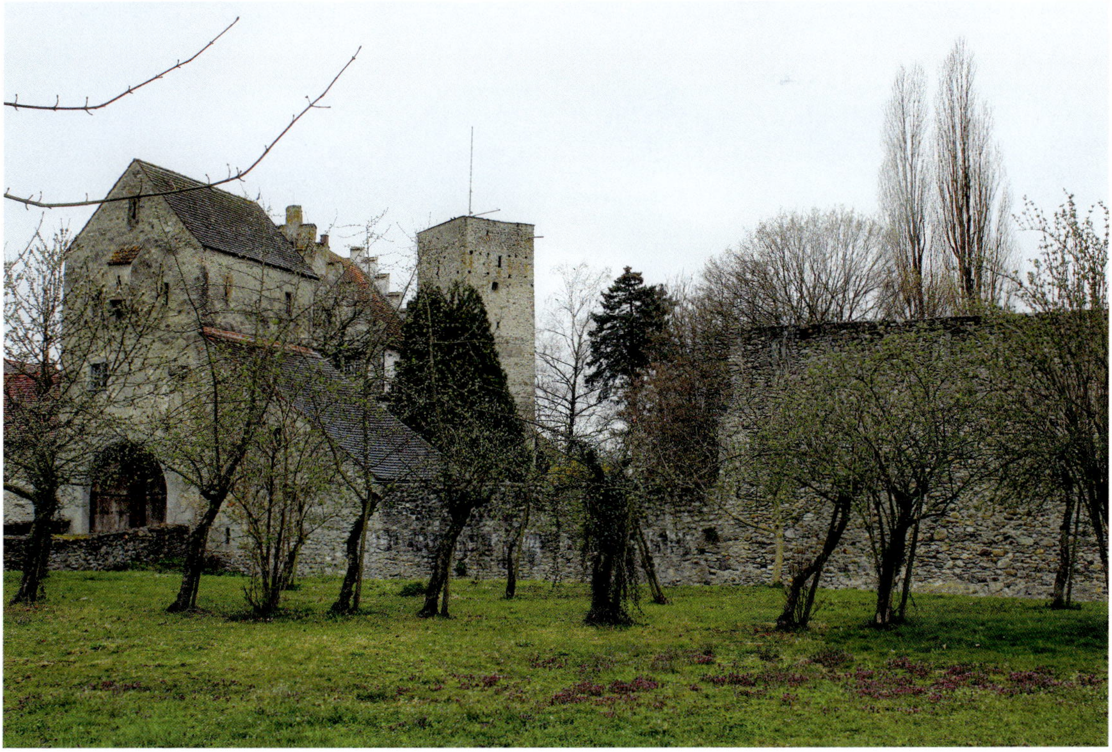

19

Von Kressbronn zum Schleinsee

Im Land der Familienurlaube

Leicht | 13 km | 90/90 Hm | 3 Std.

Tourencharakter
Überwiegend flache und gut befestigte Strecke, allerdings einige Waldpfade und kürzere Anstiege; für Familien geeignet

Ausgangs-/Endpunkt
Kressbronn Bahnhof

Geokoordinaten
47.594330, 9.599010

Anfahrt
Kressbronn liegt an der IR-Strecke (Stuttgart–)Friedrichshafen–Lindau. Die B31 führt nördlich des Ortes vorbei, im Osten liegt die A96 München–Lindau (Ausfahrt Sigmarszell).

Einkehr
Kressbronn bietet, wie erwähnt, ein großes Angebot an Gaststätten, Nitzenweiler einen Landgasthof, idyllisch ist das Café am Schleinsee.

Karte
LGL F529 – Östlicher Bodensee: Friedrichshafen Ravensburg – Karte des Schwäbischen Albvereins (1:50 000)

Information
Touristinformation Kressbronn, Im Bahnhof, 88079 D-Kressbronn, Tel. +49 (0)7543/966 50, www.kressbronn.de/de/gaeste

Rechte Seite: Schöne Waldpfade gibt es am Nordufer des Schleinsees.

Er liegt in einer beliebten Ferienlandschaft und ist doch noch immer ein Geheimtipp: der Schleinsee mit dem dazugehörigen idyllischen Weiler.

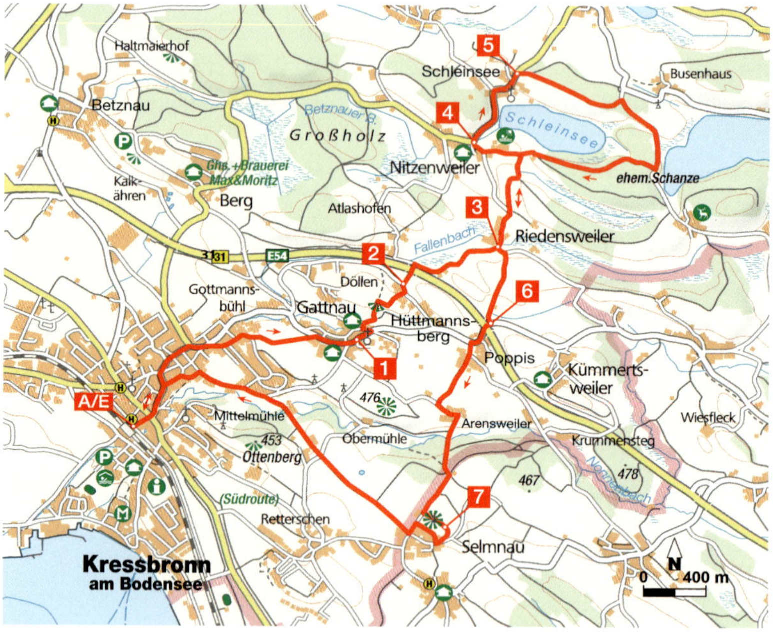

Kressbronn und Gattnau Am **Ⓐ Bahnhof** – dort ist auch die Touristinformation – geht es los: hinüber zum Teddybärenhotel, von dort die Bahnhofstraße hoch, über die Ampel, und weiter in die Hemigkofener Straße, bis diese sich teilt; hier gehen wir rechts (Kirchstraße). Am Haus mit der Marienstatue und dem großen Wegweiser wiederum rechts, und gleich darauf erneut in die leicht ansteigende Kirchsteige, die uns aus dem Ort führt. An der nächsten Gabelung nehmen wir den linken Feldweg (nicht den geteerten bergan!), der uns nach **❶ Gattnau** bringt, schon früh dank hohem Kirchturm weithin zu sehen. An diesem orientieren wir uns und laufen zu dem stattlichen Gotteshaus und an ihm vorbei, dann kurz vor Dorfende links, danach sogleich rechts. Über einen Wiesenpfad geht es nun auf den Hang, der einen schönen Blick zurück auf Gattnau mit Alpen und Bodensee im Hintergrund freigibt. Unser Weg

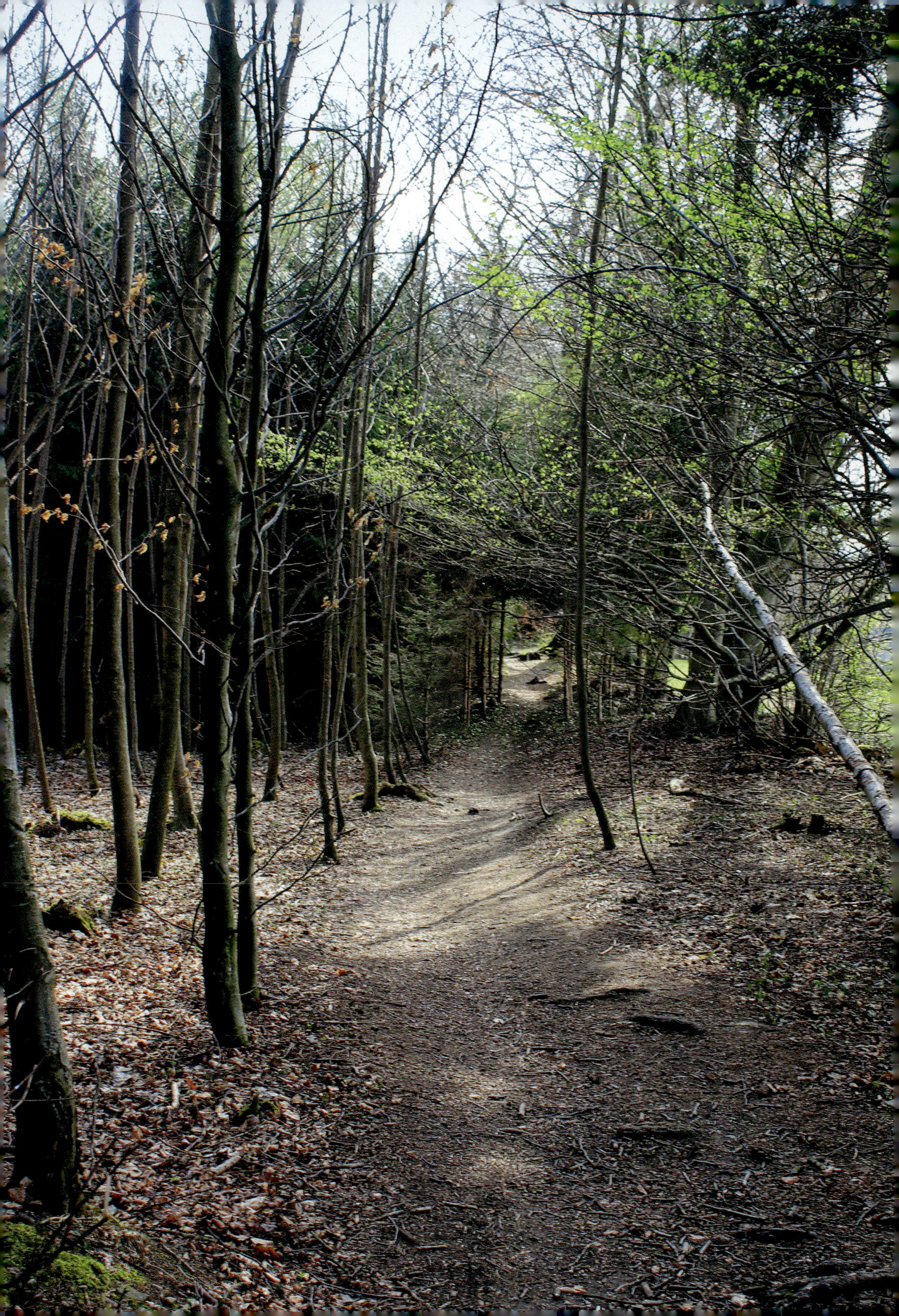

bringt uns nach ❷ **Hüttmannsberg**, einem der vielen kleinen Weiler, Einzelhöfe und Gehöfte, die unsere Tour prägen und oft mit Obsthöfen und Feriendomizilen für Familien diese einstige Eiszeitlandschaft heute zu einer beliebten Freizeitregion machen.

Die kleine Barockkapelle (links) wacht über …

… den Schleinsee (Mitte).

Rechts: Rohr in den Himmel: die Hagelkanone

Schleinsee In Hüttmannsberg laufen wir links bis zur großen Kreuzung. Achtung: hier den geteerten Weg nehmen, der zur Unterführung hinabgeht, dann rechts weiter zum nächsten Ferienhof. Nach ❸ **Riedensweiler** den kleineren Weg geradeaus direkt in die Obstfelder wählen, dann links Richtung ❹ **Nitzenweiler**. Vor dem Gasthof Seerose rechts weiter auf dem Sträßchen: Der Blick auf das wunderschöne Ensemble vom ❺ **Schleinsee** entfaltet sich vor uns. Ein Geistlicher, der aus dem kleinen Weiler stammte, stiftete Mitte des 18. Jahrhunderts die Kapelle mit Kaplaneihaus, die sich mit wenigen Höfen über dem Schleinsee erhebt. Ein wahres

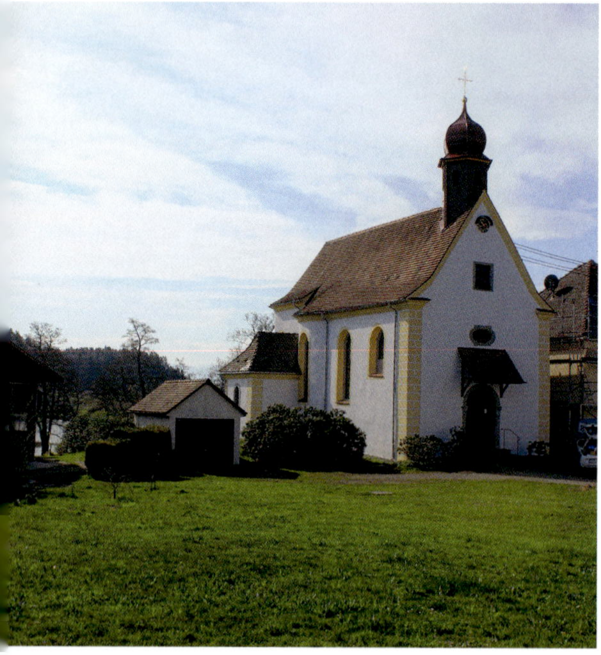

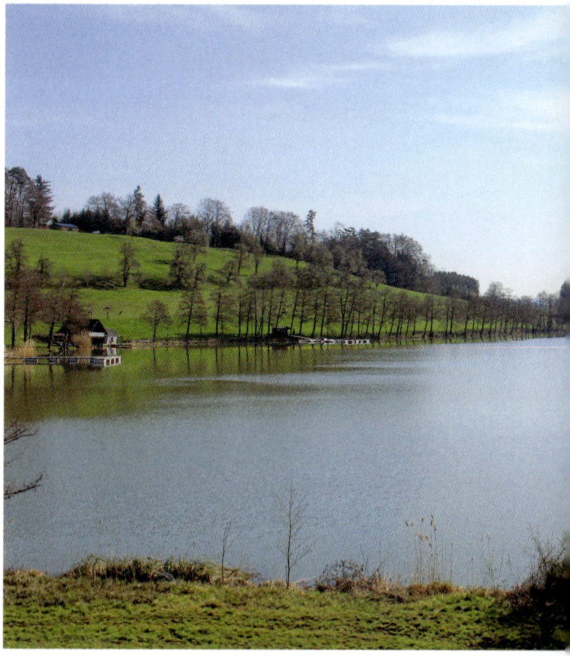

Die Hagelkanone

»Vorsicht Detonation!«, warnt das Verkehrsschild bei Riedensweiler. Hagelschäden waren schon immer ein existenzielles Problem, insbesondere für Obstbauern. Verließ man sich früher auf Bittgänge und Wallfahrten, so kamen später technische Methoden wie die Hagelkanone hinzu: Ein Gasgemisch wird unterhalb der heranziehenden Wolken zur Explosion gebracht, um diese durch Luftverwirbelungen aufzulösen. Die Wirksamkeit der Methode ist allerdings umstritten.

Idyll und Postkartenmotiv. Und der richtige Ort zum Rasten, zu dem das Hofcafé Schleinsee mit großer Terrasse einlädt. Wer länger bleibt, kann im Hofgut übernachten. Da wir ja doch irgendwann schweren Herzens wieder aufbrechen müssen, wollen wir den See noch etwas genießen, indem wir ihn umrunden: dazu nach dem letzten Hof vor dem landwirtschaftlichen Lagerplatz rechts hoch, am Waldrand entlang, anschließend auf dem Wurzelpfad durch den Wald hindurch (der Weg gabelt sich inmitten des Waldes, Sie können aber sowohl links als auch rechts laufen). Wir treffen schließlich auf einen geteerten Weg und gehen hier rechts. Neben uns taucht der Degersee auf, noch etwas größer als sein Nachbar. Wir nehmen den nächsten Wanderweg rechts zurück in den Wald und zum Schleinsee und laufen hier bis zur Kreuzung an den Obstfeldern, wo wir für ein kurzes Stück auf den uns bekannten Weg treffen – dann gehen wir links zurück bis Riedensweiler.

Zur Antoniuskapelle Nach dem Weiler biegen wir links ab, dann gleich in das Sträßchen mit dem Warnschild hoch zur Hagelkanone (siehe Kasten). Anschließend bergab nach ❻ **Poppis**, rechts in den Ort und an der Kreuzung im Ort links. In den Obstfeldern geht es dann links nach Arensweiler, hier rechts auf einen Wiesenpfad, der uns in einem Bogen hinunter zur Brücke über den Nonnenbach führt, dann wandern wir geradeaus hoch im Wald. Am Waldrand überqueren wir die württem-

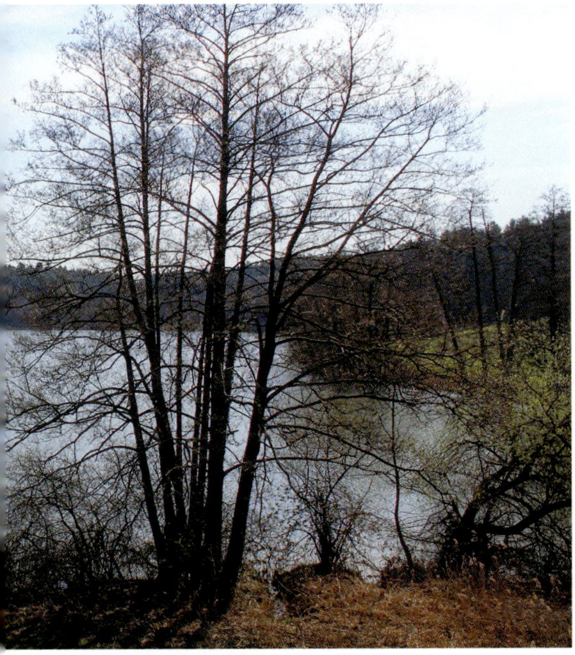

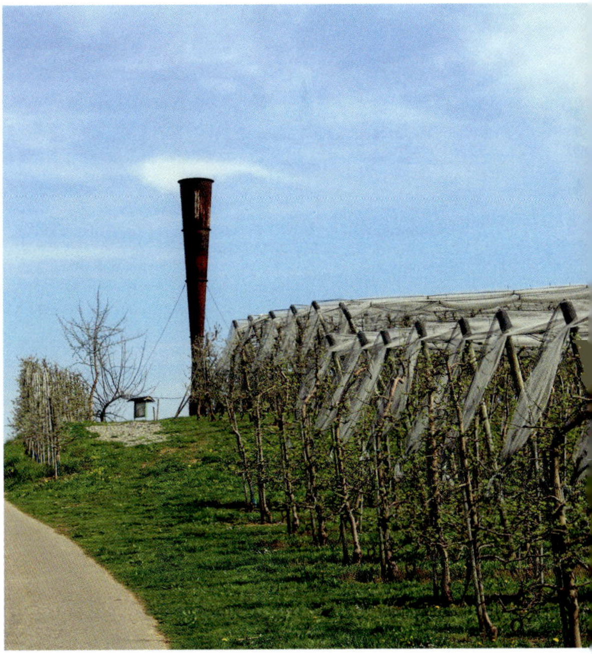

bergisch-bayerische Grenze und biegen rechts ab in Richtung der auf einem Hügel gut sichtbar liegenden ❼ **Antoniuskapelle**. Die einstige Einsiedelei ermöglicht eine herrliche Aussicht hinüber ans österreichische und schweizerische Ufer und bei passendem Wetter zu zahlreichen Alpengipfeln. Von der Kapelle laufen wir links hinunter nach Selmnau, allerdings gleich wieder rechts aus dem Ort hinaus und geradeaus bis zur Mittelmühle. Von hier in die ersten Siedlungen von Kressbronn, links tiefer in den Ort (Zehntscheuerstraße), links zur Nonnenbachschule, über deren Pausenhof in die uns bereits bekannte Ⓔ **Hemigkofener Straße**. Wer möchte, kann hier links und dann an der Hauptstraße rechts ins Zentrum laufen, als Ferienort hat Kressbronn naturgemäß zahlreiche Einkehrmöglichkeiten zu bieten, vom Café über einen Imbiss bis zum traditionellen Gasthof.

20

Von Oberteuringen nach Ailingen

Stille am Nordufer

Leicht | 5,5 km | 10/20 Hm | 1,5 Std.

Tourencharakter
So gut wie flache Tour durch Plantagen und Wälder, kurz und gemütlich; für Familien geeignet

Ausgangs-/Endpunkt
Oberteuringen Kirche/Ailingen Rathaus

Geokoordinaten
47.725190, 9.470589

Anfahrt
Oberteuringen liegt nahe der B33 Konstanz–Ravensburg. Auf gleicher Strecke verkehrt die Schnellbuslinie 7373, von Friedrichshafen nach Oberteuringen die Stadtbuslinie 14 (über Ailingen). Der nächstgelegene Bahnhof für Oberteuringen ist Markdorf.

Einkehr
Wie in solchen großen Dörfern zu erwarten, finden sich sowohl in Oberteuringen als auch in Ailingen gleich mehrere Gasthöfe.

Karte
LGL F529 – Östlicher Bodensee: Friedrichshafen Ravensburg – Karte des Schwäbischen Albvereins (1:50 000)

Information
Touristinformation Friedrichshafen, Bahnhofplatz 2, D-88045 Friedrichshafen, Tel. +49 (0)7541/300 10, www.friedrichshafen.info

Ungewöhnlich einsam für das dicht besiedelte Nordufer ist dieser Weg durch Pferdekoppeln und Obstplantagen zwischen den beiden großen Dörfern.

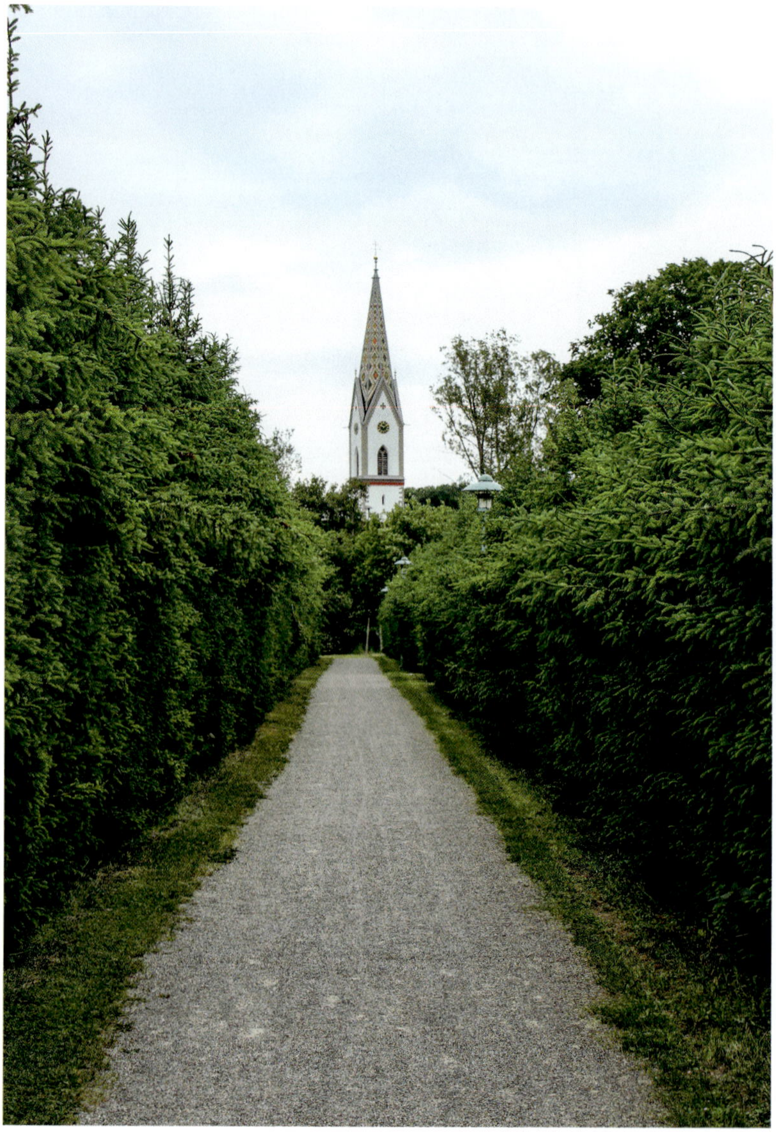

Nicht zu übersehen: der Kirchturm von Oberteuringen

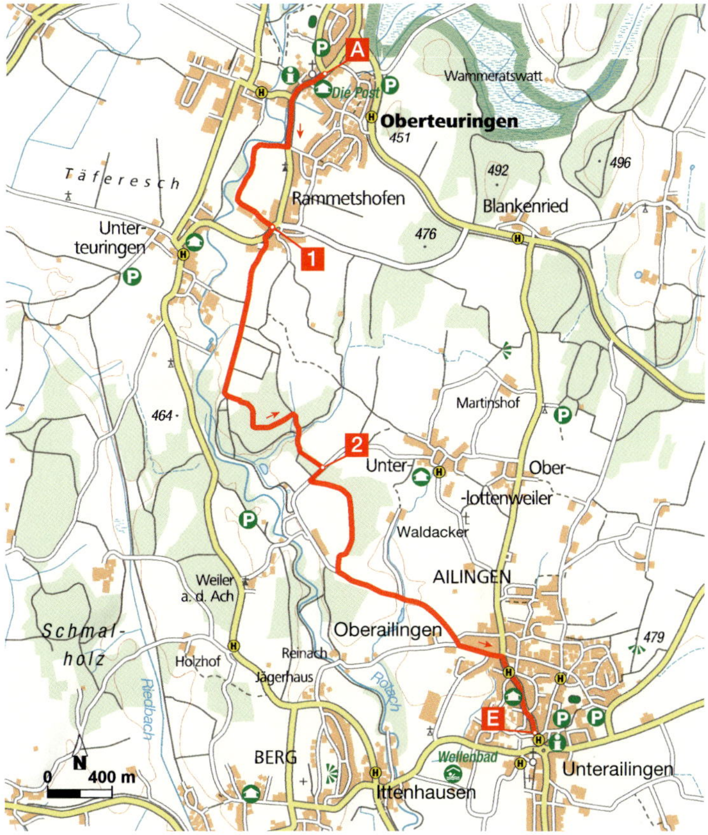

Oberteuringen Der sehr hohe und spitze Kirchturm Oberteuringens ist ein guter Ausgangs- und Orientierungspunkt für Wanderer, wie auch der umfangreiche Wegweiser auf dem Ⓐ **St.-Martins-Platz** beweist. Wir wenden uns links zur Adenauerstraße (Wegweiser »Rammetshofen«) und gehen diese rechts und in der Kurve geradeaus in die Bachäckerstraße auf die neue Siedlung zu. Gegenüber der Hermann-Hesse-Straße biegen wir rechts auf den Wanderweg an der Rotach ein. Dieser führt uns in großem Bogen nach ❶ **Rammetshofen**. Im Ort angekommen wenden wir uns rechts kurz auf die Buchhornstraße, dann auf der gegenüberliegenden Seite nach kaum hundert Metern in den kleinen Weg, der unauffällig gleich wieder rechts am letzten Hof vorbei auf die Felder und Plantagen führt – nun folgt die erwähnte lange Strecke ohne »menschliche Bebauung« bis Ailingen.

Nach Ailingen Wir bleiben lange geradeaus, bis wir nach der Linkskurve in den Wald gelangen, in diesem führt uns eine nächste größere Linkskurve nach längerem geraden Wegverlauf schließlich zu einer Kreuzung, an der wir rechts abbiegen. Wir bleiben noch einige Zeit unter Bäumen bzw. am Waldrand, gelangen aber schließlich auf einen Teerweg – direkt gegenüber dem ❷ **Waldkindergarten**. Auf diesem Sträßchen gehen wir rechts, allerdings nur einige wenige Meter, um sodann links auf den alleenartigen Wanderweg einzubiegen, der stets am Waldrand an den Pferdekoppeln vorbei zum nächsten Landsträßchen führt. Dieses bringt uns links zu den ersten Häusern von Ailingen. Dort angekommen, geht es links via Reinachweg zur Hauptstraße und dieser rechts folgend in den Ortskern Ailingens um das Ⓔ **Rathaus** und die nahe Kirche. Einige Hotelrestaurants und Gaststätten laden nach der gemütlichen Tour zur Rast ein, bevor es mit dem Bus (Linie 14) zurück nach Oberteuringen geht.

Wanderwege in Oberteuringen

Wie erwähnt, ist Oberteuringen geradezu ein Wanderdrehkreuz. Sowohl der internationale Jakobsweg als auch der überregionale Martinusweg führen durch das Dorf, dazu der Jubiläumsweg des Landkreises Friedrichshafen (Bodenseekreis) und ein gutes Dutzend ausgeschilderter lokaler Touren. Wem also die heutige Strecke zu kurz war, der findet genügend Möglichkeiten zur weiteren Betätigung. Hier einige Vorschläge: www.oberteuringen.de/start/Tourismus/wandern+_+radeln+_+inlinen_.html.

21

Rund um Baienfurt und Baindt

Durch den Humpiswald

Leicht 9,5 km 65/65 Hm 2 Std.

Tourencharakter
Nur wenige, leicht zu bewältigende Anstiege auf gut befestigten und beschilderten Wegen, ab Baindt hauptsächlich im Wald

Ausgangs-/Endpunkt
Baienfurt katholische Kirche

Geokoordinaten
47.826041, 9.652584

Anfahrt
Vom Busbahnhof (am Bahnhof) oder Marienplatz (Innenstadt) in Ravensburg ist Baienfurt mit der Linie 1 zu erreichen. Die BOB-Haltestellen Weingarten-Berg und Niederbiegen und die größeren Bahnhöfe (IC-/IRE-Züge) Ravensburg und Aulendorf sind nahe. Die gut ausgebaute B30 ebenso (Ausfahrt bei Niederbiegen).

Einkehr
In Baienfurt oder Baindt wird man gut versorgt, erst recht natürlich, wer das benachbarte Weingarten besucht.

Karte
LGL 35 – Weingarten Bad Saulgau (1:35 000)

Information
Touristinformation Weingarten, Münsterplatz 1, D-88250 Weingarten, Tel. +49(0)751/40 52 32, www.weingarten-online.de/Startseite/Tourismus.html

Heute geht es einerseits typisch oberschwäbisch zu mit dem Besuch einer Klosteranlage, andererseits mit der Waldeinsamkeit eher abseits vom Touristentrubel.

Baienfurt und Baindt Der durchaus stattliche Ort liegt etwas im Schatten seiner größeren Nachbarn Ravensburg und Weingarten (siehe Kasten und Tour 22). Dabei hat Baienfurt ein nettes Zentrum mit kleinen Geschäften und Gasthäusern zu bieten, ein Höhepunkt ist auch unser Startort, die expressionistisch inspirierte A **katholische Pfarrkirche**. Werfen Sie einen Blick hinein, Sie werden von der Atmosphäre des Innenraums überrascht sein! Von der Kirchstraße laufen wir geradeaus in die Schillerstraße, bis diese endet, beziehungsweise links nördlich weitergeht. Wir gehen über die alten Gleise, an den Supermärkten vorbei via Gutenberg- und Baindterstraße ortsauswärts, an der Fußgängerampel über die Straße und in Richtung Baindt. Es geht nach dem Ortsschild weiterhin geradeaus (Gartenstraße), auch nach einem leichten Knick nach rechts, nun in

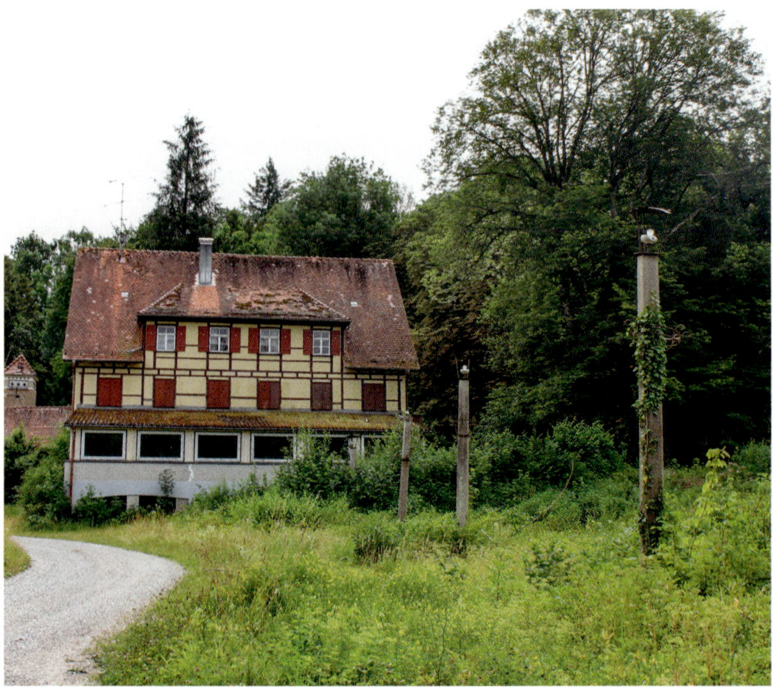

Vergangene Ausflugsherrlichkeit: das ehemalige Waldbad

der Thumbstraße, kommen wir bis vor das Portal des Klosterhofs, durch das wir links in das Gelände der einstigen Reichsabtei ❶ **Baindt** eintreten. Zwar ist dieses typisch oberschwäbische Frauenkloster, anders als die prächtigen Anlagen von Zwiefalten, Schussenried, der Weißenau oder Rot an der Rot weniger bekannt, sehenswert ist das Areal mit der noch gotisch geprägten Klosterkirche und ihrer sehr wertvollen Ausstattung allemal. Unser Wanderweg führt innerhalb des Klosterhofs (wenn man von außen durch das Portal kommt) unterhalb des Aufstiegs zur Kirche rechts. Nach dem Kindergarten und den letzten historischen Gebäuden dann rechts in den Badweg (nicht bergan!).

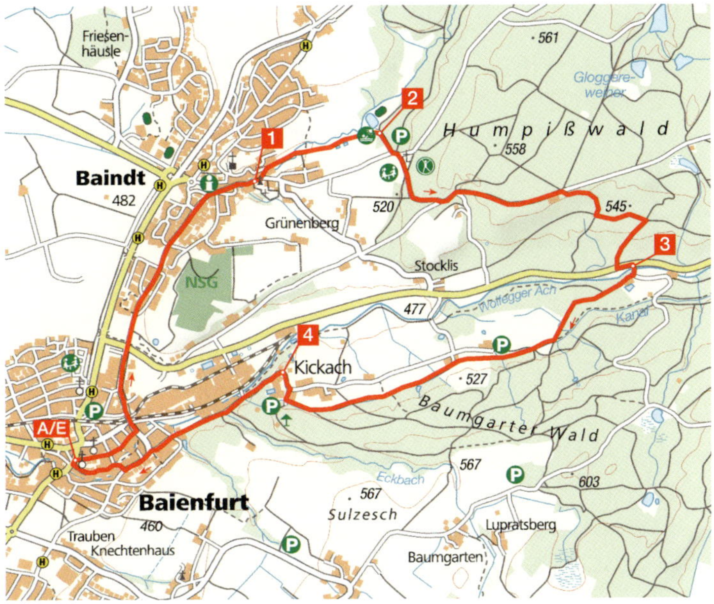

Vom Badeweiher zum Waldbad Am Bach entlang kommen wir am Waldrand zum ❷ **Badeweiher** – wenn Sie schwimmen möchten, tun Sie es hier, nicht im angekündigten Waldbad, Sie werden noch sehen, warum (in Baienfurt findet sich

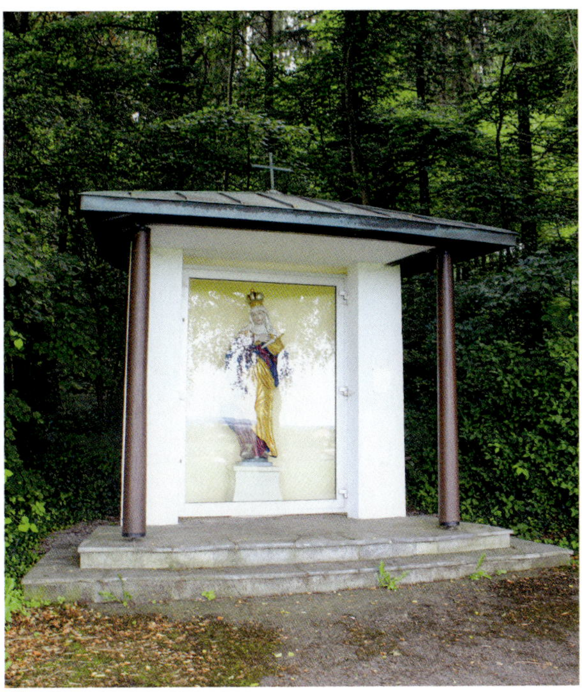

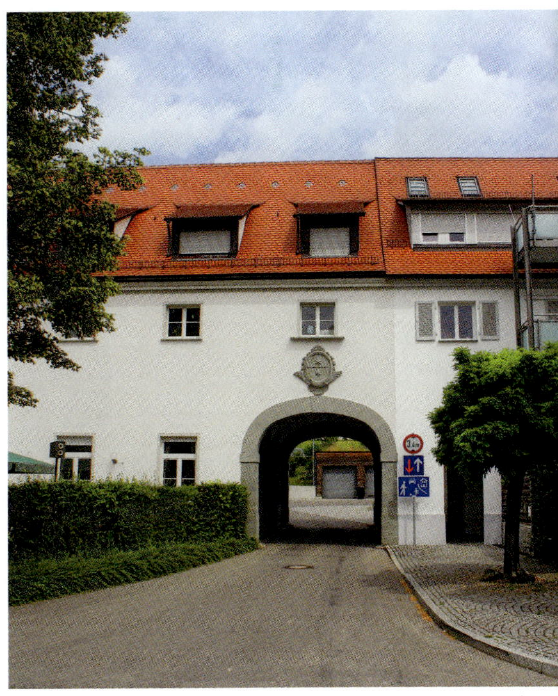

Links: Waldkapelle oberhalb von Baindt

Rechts: Eingang zum Klosterareal

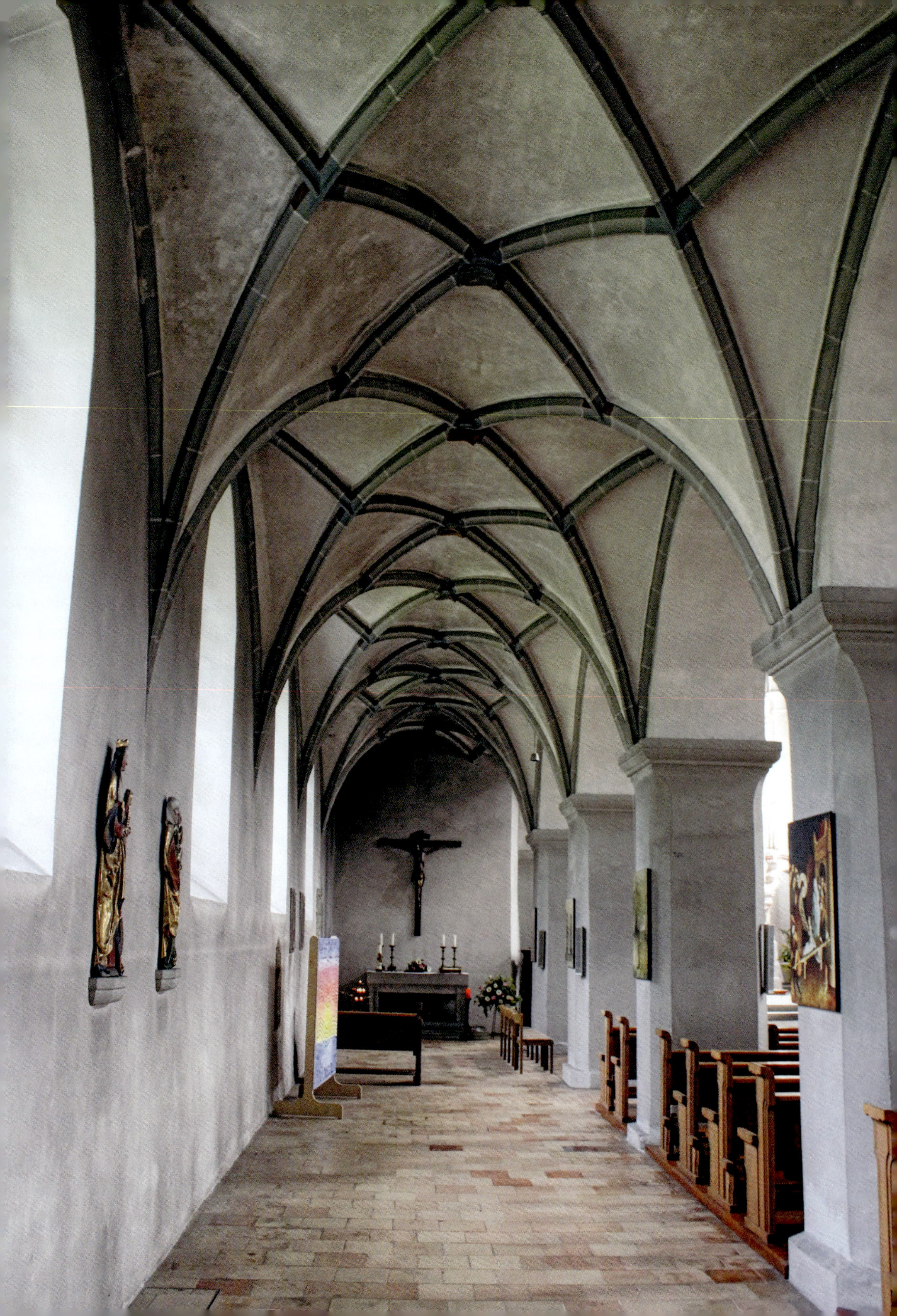

zudem ein modernes Hallenbad: www.hallenbad-baienfurt.de). Es folgt ein kleiner Anstieg rechts bis zum Parkplatz am Grünenberg mit Infotafeln und Grillstätte. Wir wählen den Weg schräg rechts am Waldrand, der nach wenigen Metern an einer Marienkapelle vorbeiführt. Eine Linkskurve bringt uns tiefer in den Humpiswald, bald treffen wir auf einen Bildstock, hier halten wir uns links, leicht ansteigend, und bleiben dann lange geradeaus, bis wir zu einer Holzhütte kommen, an der wir rechts abbiegen. Nachdem wir auf eine kleine Lichtung getroffen sind, nehmen wir den Weg links, an der nächsten Kreuzung geht es dann rechts weiter bergab. Schließlich treffen wir auf eine viel befahrene Landstraße im Tal. Die Fortsetzung unseres Weges ist am Pfeil einige Meter weiter links gegenüber erkennbar – wir müssen also vorsichtig am Straßenrand dorthin wechseln. So gelangen wir rechts über die Brücke zum ❸ **Waldbad**. Einst ein recht mondänes Ausflugsziel, versprühen die verfallenden Gebäude und verwildernden Badekabinen heute einen eher morbiden Charme. Vor dem ehemaligen Hotel gehen wir rechts, dann, hiervon abzweigend, noch einmal rechts durch den Wald.

Linke Seite: Kunstschätze birgt das Innere der Klosterkirche.

Der Kanal begleitet uns – oder wir den Kanal.

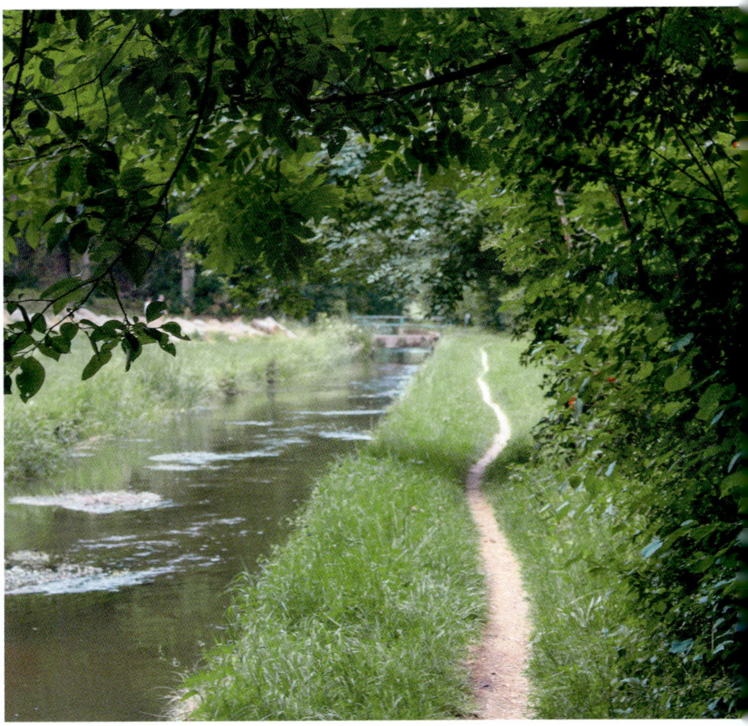

Zurück nach Baienfurt Am Waldrand stoßen wir auf einen künstlich angelegten Flusslauf. Wir entscheiden uns für den Pfad, der direkt an diesem hoch gelegenen Kanal entlangführt – und behalten diese Route konsequent bei (Wegweiser »Kikachweg«), auch wenn der Weg manchmal gar nicht mehr so recht nach Weg aussieht. Es geht lange geradeaus dem Gewässerverlauf folgend, bis vor ein modernes Eisentor, an dem wir rechts hinab in den ❹ **Weiler Kickach** ausweichen. Eine Linkskurve führt uns zwischen Waldrand und Industriegeländen an Baienfurt heran – hier ist auch der Zweck des Kanals, ein Kraftwerk links oben im Wald, erkennbar. Wir laufen die Kickachstraße bis zu ihrem Ende, das heißt, an den ersten beiden Kreuzungen geradeaus, an der dritten dann rechts, ebenso am Gasthof Bräuhäusle und dann noch einmal in Richtung Ortszentrum und Ⓔ **Kirche**.

Weingarten

Wer den Kontrast liebt, sollte das benachbarte Weingarten besuchen, ein klassisches Touristenziel Oberschwabens. Natürlich zu Recht: Geboten wird die größte Barockkirche nördlich der Alpen mit entsprechenden Klosterbauten. Tipp: Dort gibt es ein gemütliches Café. Bekannt ist der Ort auch für die jedes Jahr am »Blutfreitag« stattfindende Heilig-Blut-Wallfahrt (Ende Mai/Anfang Juni), eine der größten Reiterprozessionen der Welt. Als Pilgerort kann Weingarten auch viele Übernachtungs- und Einkehrmöglichkeiten aufweisen.

22 Von Meckenbeuren nach Oberzell

An der »Schwäb'sche Eisenbahne«

Leicht | 9 km | 60/50 Hm | 2,5 Std.

Tourencharakter
Gut beschilderte (Jakobsweg), insgesamt recht flache Strecke durch die Wälder; für Familien geeignet

Ausgangs-/Endpunkt
Meckenbeuren Bahnhof/Oberzell Bahnhof

Geokoordinaten
47.700200, 9.558870

Anfahrt
Meckenbeuren liegt an den IRE-Strecken Stuttgart–Friedrichshafen und Basel–Ulm. Die BOB-Bahn fährt vom Knotenpunkt Aulendorf bis Friedrichshafen-Hafen. Die B30 führt durch den Ort, die B467 nahe vorbei.

Einkehr
In Meckenbeuren, ansonsten im nahe gelegenen Ravensburg nach Ende der Tour

Karte
LGL F529 Östlicher Bodensee (1:50 000)

Information
Ravensburg Tourismus, Kirchstraße 16 (Weingartner Hof), D-88212 Ravensburg, Tel. +49 (0)751/828 00, www.ravensburg.de/rv/tourismus

Sie sind ein eher geradliniger Mensch und mögen keine Kurven? Dann ist der Weg durch den Weißenauer Wald genau das Richtige für Sie.

Meckenbeuren … ist einer der berühmtesten Orte des Bodenseeraums. Glauben Sie nicht? Dann hören Sie sich das Lied von der »Schwäb'sche Eisenbahne« einmal genau an. Seinem Bahnhof, noch immer ein fester Halt der Südbahn, hat der Ort viel zu verdanken: Einst nur ein kleines Dörfchen, wuchs Meckenbeuren seit der Mitte des 19. Jahrhunderts zu

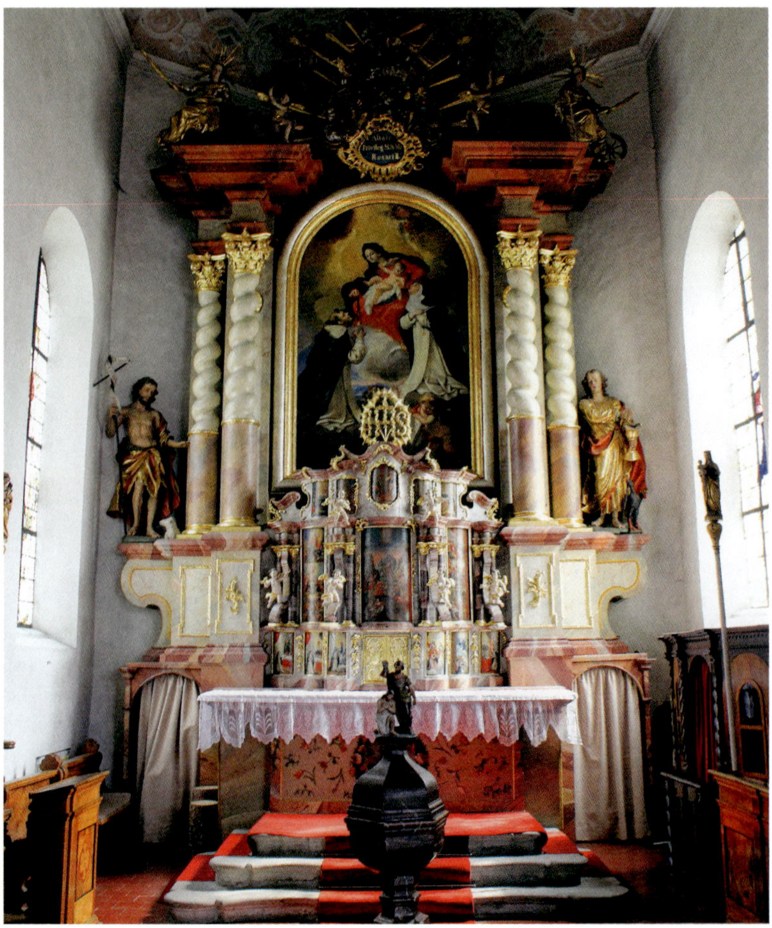

Um die Ecke versteckt: der prächtige Altar in Brochenzell

einer modernen Gemeinde mit über 13 000 Einwohnern an. Auch für uns ist der Ⓐ **Bahnhof** der Ausgangspunkt, allerdings wenden wir uns nicht dem Zentrum, sondern den Einkaufsarkaden an der Westseite zu. Wir laufen rechts den Parkplatz hoch zur Bäckerei und an dieser links auf den Fußweg am Bach entlang. Sobald dieser endet, rechts in die Neuhaldenstraße, kurz rechts zur Brochenzeller Straße und dieser links in den gleichnamigen Ort folgen. Nach der Brücke gleich wieder rechts in die Humpisstraße, deren Verlauf wir bis zum zentralen Dorfplatz mit dem sehenswerten Ensemble Kirche und ❶ **Humpisschloss** folgen. Wir gehen nördlich weiter in die Andreas-Hofer- und von dieser ab in die Eugen-Bolz-Straße (an den Schulen vorbei). Auf dieser bleiben wir geradeaus, am Sportplatz vorbei bis zum Ortsende, wo sie erst in einen Feld- und dann in einen Wiesenweg mündet.

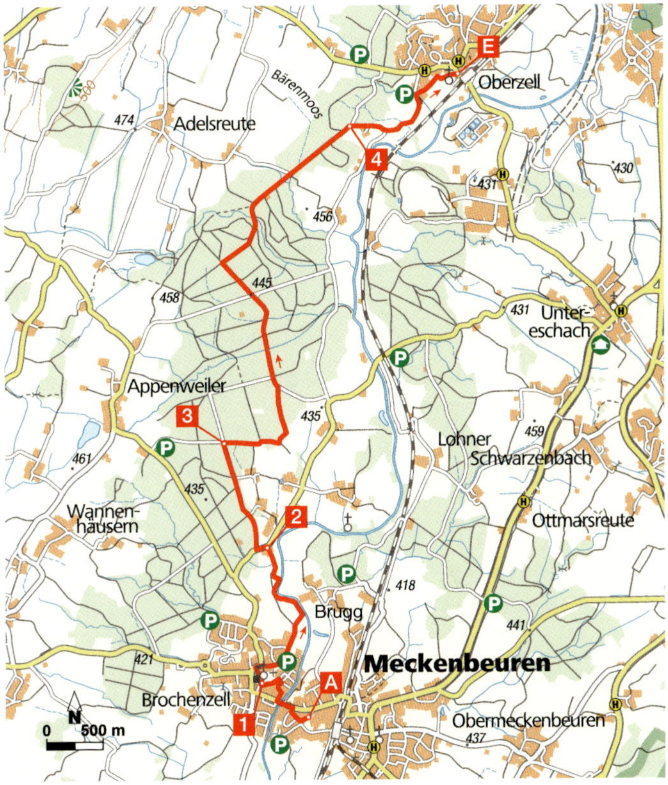

In und um Ravensburg

Sowohl von Oberzell als auch von Meckenbeuren ist man schnell in Ravensburg, der oberschwäbischen Metropole mit hoher Lebensqualität. Es locken der mittelalterliche Stadtkern mit Einkaufs- und Einkehrmöglichkeiten, die Veitsburg über der Stadt, Museen, die nahen Klöster Weißenau und Weingarten und, nicht weit entfernt von unserem Startpunkt, das Ravensburger Spieleland in Liebenau.

Im Wald nach Oberzell Dieser Wiesenweg führt uns bis zur Schussen, der wir links auf windungsreichem Pfad folgen. Schließlich gelangen wir leicht links hoch zu einem ❷ **Gehöft** (Reuter) und kurz danach auf die Landstraße. Auf dieser laufen wir links die wenigen Meter bis zum gegenüberliegenden Weg in den Wald am Wegweiser Regler (Betonstraße). Ab hier beginnt die eingangs versprochene Geradlinigkeit unserer Tour. Strikt geradeaus geht es an den Weilern Regler und Holzbauer vorbei, dann an der nächsten ❸ **Kreuzung** rechts in den Langwiesweg. Dieser macht tatsächlich nach einigen Hundert Metern eine Kurve, nur um wiederum kilometerlang fast schnurgerade durch den Wald zu führen. Wir biegen nicht ab, bis wir zur Kreuzung im Adelsreuter Wald kommen, die rechts nach Klöcken/Oberzell führt (weiterhin ein Teil des Jakobswegs). Wiederum bleiben wir sehr lange auf dem Hauptweg, bis dieser kurz vor ❹ **Oberklöcken** rechts aus dem Wald mit Blick ins freie Schussental hinausführt. Wir folgen dem Sträßchen links nach Oberzell, gehen dort rechts über das Schulgelände und anschließend erneut rechts zur alten Kirche (ein Blick ins Innere lohnt sich!) und von dort wiederum rechts zum Ⓔ **Bahnhof**.

23

Von Wasserburg über Oberreitnau nach Lindau

Der bayerische Zipfel

Leicht 17,5 km 105/105 Hm 4 Std.

Tourencharakter
Strecke mit welligem Profil, aber nur kleinere Steigungen; Abschnitte auf Landsträßchen

Ausgangs-/Endpunkt
Wasserburg Bahnhof/Lindau Inselbahnhof

Geokoordinaten
47.571770, 9.638914

Anfahrt
Wasserburg, an der IRE-Strecke Stuttgart–Friedrichshafen–Lindau und Regionalbahnen gelegen, ist bahntechnisch bestens vernetzt. Auch mit dem Pkw über die B31 Singen–Friedrichshafen–Lindau (dort Anschluss an die A96 nach München) sehr gut zu erreichen.

Einkehr
Lindau ist mit Einkehrmöglichkeiten reich gesegnet. An der Strecke finden sich in Taubenberg, Oberreitnau, dem Gitzenweiler Hof und in Weißensberg ebenfalls nicht wenige Raststätten für Wanderer.

Karte
LGL F529 – Östlicher Bodensee: Friedrichshafen Ravensburg – Karte des Schwäbischen Albvereins (1:50 000)

Information
Lindau Tourismus und Kongress GmbH, Alfred-Nobel-Platz 1, D-88131 Lindau, Tel. +49 (0)8382/26 00 30, www.lindau.de

»Lindau liegt im Bodensee« … aber das ist bestenfalls die halbe Wahrheit. Denn das zur Stadt gehörende Hinterland liegt auf dem Festland.

Wasserburg Wie ein ausgreifender Arm aus den Allgäuer Alpen streckt sich seit dem frühen 19. Jahrhundert der bayerische Anteil am Bodensee von Nonnenhorn über Wasserburg bis Lindau. Die Inselstadt ist einer der Höhepunkte jeder Touristentour, doch quasi im Kleinformat hat Wasserburg kaum weniger zu bieten – und in dem zu Lindau gehörenden Umland ist ebenfalls so Einiges zu entdecken. Von unserem Stadtpunkt, dem **A** **Wasserburger Bahnhof**, begeben wir uns südlich in Richtung Ortszentrum bis zur Touristeninfo. Dort an dem Plätzchen biegen wir rechts ab (Dorfstraße) – wer die Zeit hat, sollte diese allerdings nutzen, um bis zur Halbinsel am See zu laufen, dem historischen Kern Wasserburgs mit dem Fuggerschloss, der Kirche, dem Museum und vielen Einkehrmöglichkeiten. Dem Verlauf der Dorfstraße folgen wir in der Linkskurve über die Gleise, danach rechts an diesen entlang, an der

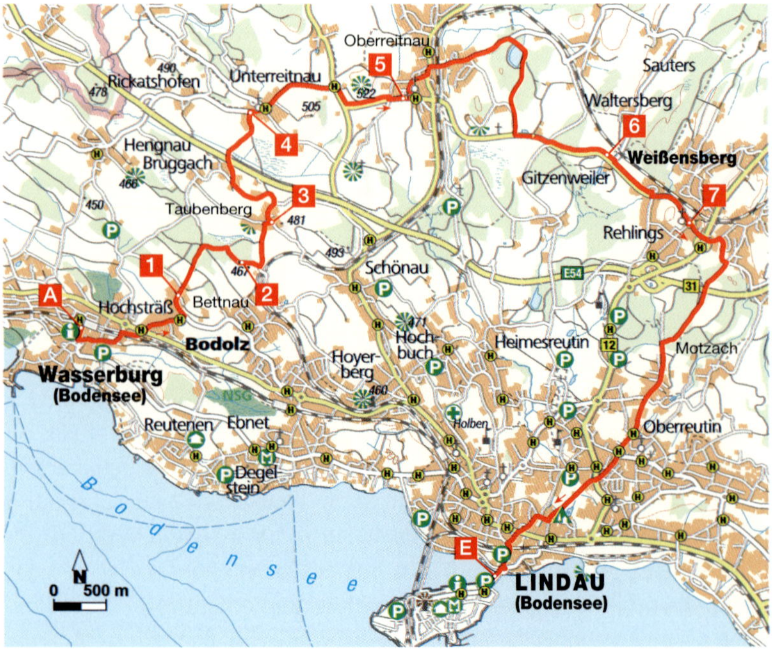

Rechte Seite: Gehören beide zum Bodensee wie das Wasser: Obstplantagen und Zeppelin

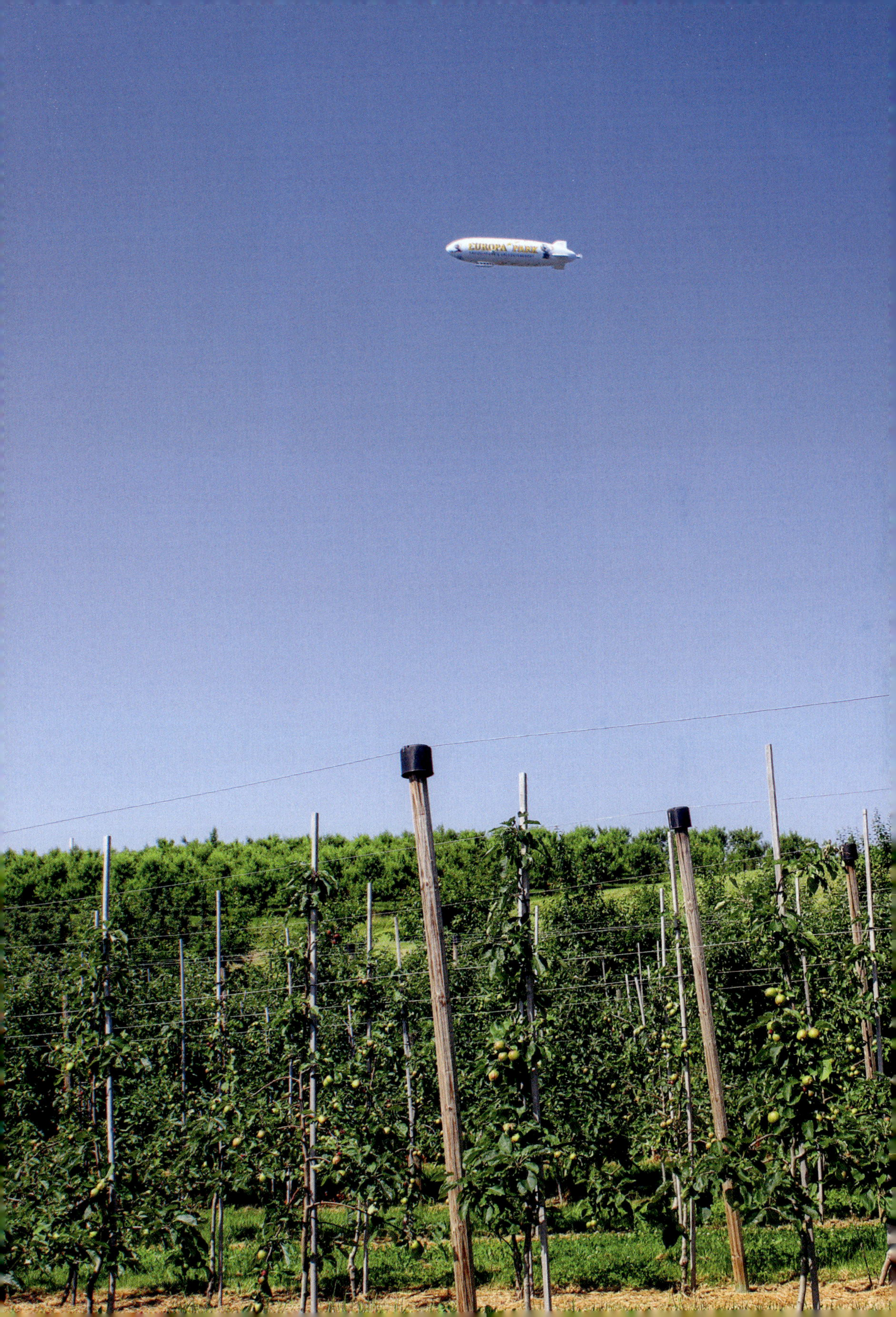
EUROPA PARK

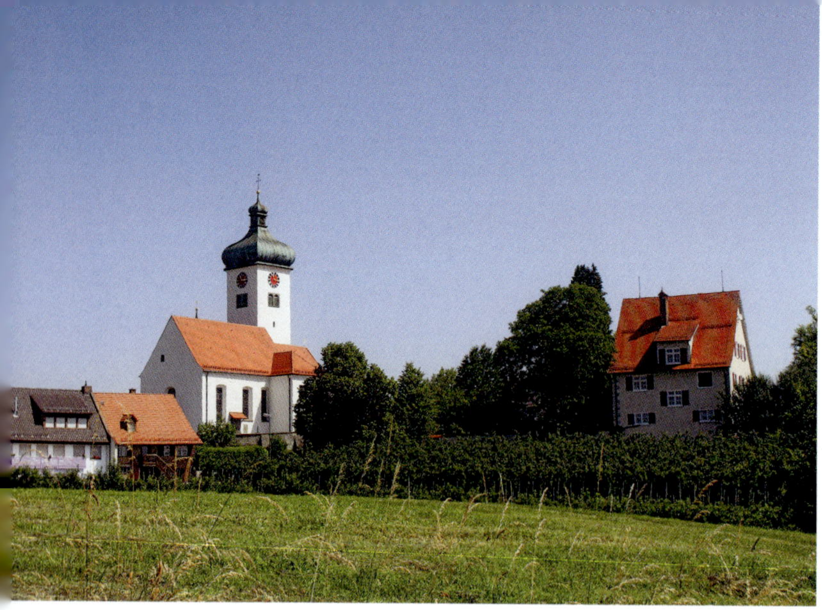

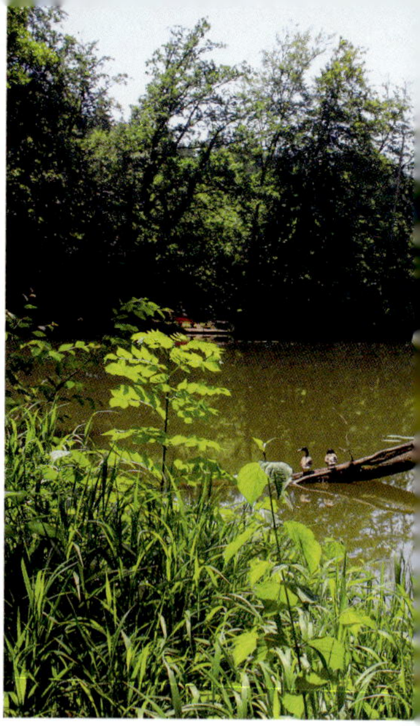

Links: Wallfahrtskirche Unterreitnau

Mitte: Der idyllische Aspachweiher

Rechts: Klassiker des Tourismus: die Hafenmole in Lindau mit Löwe und Leuchtturm

nächsten Abzweigung links hoch und durch die Unterführung nach dem Fischgeschäft Richtung ❶ **Bettnau**. Dort an der T-Kreuzung rechts weiter nach Bodolz, doch vor dem Ortsschild links, vorbei am Obsthof auf den Wanderweg (Kennzeichnung »Herrmannsberg«).

Die beiden Reitnaus Nach den Obstfeldern geht es rechts in den Wald, an der Wanderweggroßkreuzung wählen wir den zweiten Weg schräg rechts (immer noch Richtung Herrmannsberg), an der nächsten Abzweigung schließlich rechts hinaus auf die Hügellichtung über den Plantagen, den ❷ **Herrmannsberg** mit Ausblick auf den See und das dahinterliegende Alpenpanorama. Wir steigen die Anhöhe hinab und laufen rechts das Landsträßchen hoch nach ❸ **Taubenberg**. An den ersten Häusern leicht rechts, Am Restaurant Gauchos vorbei und absteigend links, auf diesem Teerweg bleibend (in der Kurve nicht abzweigen!), und am Gestüt vorbei, dann rechts über die Bundesstraße. Wieder folgt ein Anstieg – zum Dorf Unterreitnau mit seiner weit sichtbaren früheren ❹ **Wallfahrtskirche**. Oben angekommen, laufen wir auf diese zu – werfen bei Interesse einen Blick in das reich ausgestattete Gotteshaus – und an ihr vorbei, geradeaus über die Kreuzung in der Ortsmitte. Es folgt – leider – ein kurzes Stück am Straßenrand in Richtung Oberreitnau (bitte auf den Verkehr achten!). Das Sträßchen bringt uns an eine Kreuzung, wo wir gegenüber auf den Radweg wechseln können, hier rechts und kurz darauf gleich links – wir bleiben auf dem Radweg. Es geht bergab nach ❺ **Oberreitnau** – mit dem Pfarrweg links (die zweite Straße Richtung Ortsmitte) kommen wir an der Kirche vorbei ins Innere. Rechts über die Hepbachstraße (an der Schule vorbei) ins gastfreundliche Zentrum: Oberreitnau besitzt gleich mehrere einladende Restaurants rund um den Marienplatz.

Weiter nach Lindau Vom Marienplatz laufen wir rechts über die Gleise und die Schlossstraße bis zum Ortsausgang. Dort biegen wir links auf den Teerweg ein, der uns in den Wald bringt. Hier zweigen wir rechts ab zum Aspachweiher, an dessen

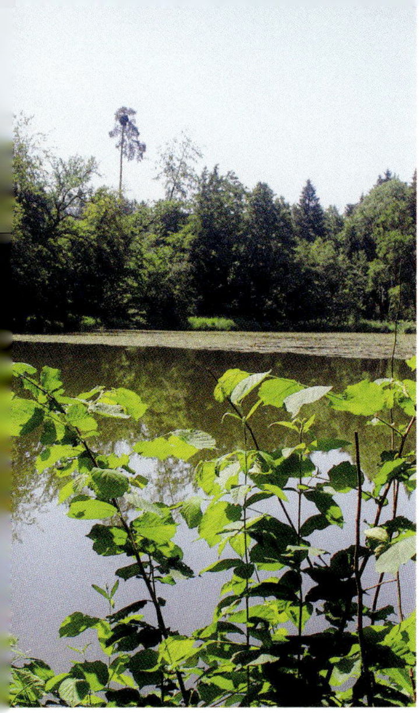

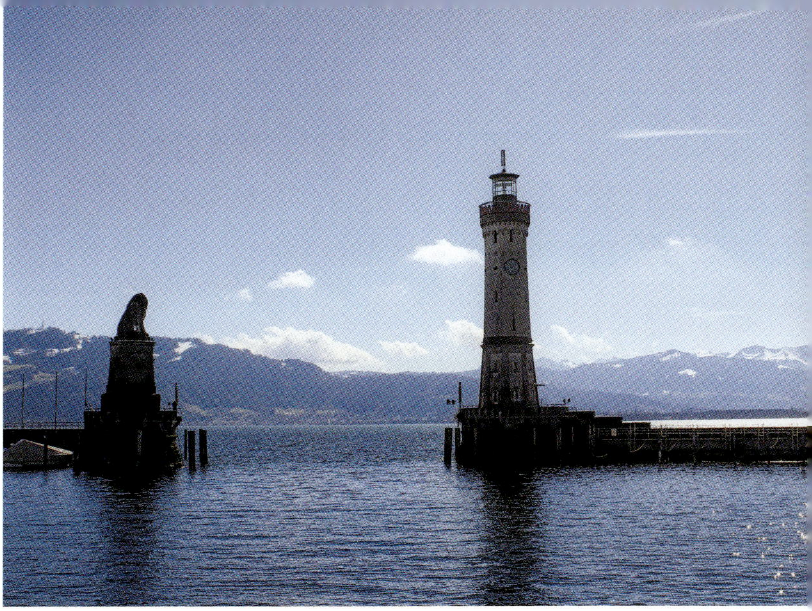

Ufer wir erst geradeaus, dann rechts weitermarschieren, bis wir schließlich aus dem Wald herauskommen, nahe am Hof Sulzenberg, hier links hinunter zur Landstraße. Auf dem Radweg links wieder hinauf, immer geradeaus zum ❻ **Gitzenweiler Hof**, einem großen Campingplatz mit Einkehrmöglichkeiten. Wir bleiben auf dem Radweg und folgen diesem durch Altrehlings bis zu den ersten Häusern von ❼ **Weißensberg** am Spielplatz. Wir laufen noch durch die Unterführung der Bundesstraße, die Linkskurve hoch, dann rechts in die Lindenstraße. An der nächsten Kreuzung (nach der Bushaltestelle) erneut rechts in das Sträßchen Richtung Lindau. Nach Ende des Waldstücks weiter links (Motzacher Weg) bergab in die ersten Ausläufer der Lindauer Wohngebiete. Wir bleiben lange auf dem Motzacher Weg, bis dieser in Reutin auf die Köchlinstraße trifft. Hier links, geradeaus über den Kreisel und bis zur B12. Diese queren wir direkt gegenüber in den Bleicheweg (nur für Radfahrer und Fußgänger), diesen dann durch die Felder geradeaus bis zum Bauhof. Anschließend rechts (Beschilderung »Lindau Insel«), dann links in die Hundweilerstraße, diese gerade entlang bis zur neuen Brückenanlage, hier über die Straßen, im Bogen hinunter unter die Brücke und von dort zum Kreisel bis hinüber auf die Insel. Jetzt steht Ihnen Lindau mit seinen zahlreichen Attraktionen offen. Dazu gehören die Stiftskirche, die Kirche St. Stephan, die uralte Peterskirche, der Ⓔ **Jugendstilbahnhof** (hier fahren die Züge nach Wasserburg), die klobige Heidenmauer, das Haus zum Cavazzen, die markanten Türme der Stadtbefestigung wie der Mang- und der Diebsturm und natürlich das Postkartenmotiv schlechthin, die Hafenmole mit dem Leuchtturm, dem wachenden bayerischen Löwen und dem unbezahlbaren Blick auf die Alpen, dazu natürlich zahlreiche Einkehrmöglichkeiten.

Bad Schachen

Nachdem sich die bayerische Königsfamilie im neu erworbenen Landesteil eine schmucke Sommerresidenz eingerichtet hatte, wurde Lindau ein beliebter Niederlassungsort adeliger Höflinge und gut betuchter Kreise. In Bad Schachen finden sich deshalb zahlreiche edle Villen der Gründerjahre und des Jugendstils. Einige dienen heute als Hotels und Museen, z. B. Schloss Alwind (mit Park und Restaurant).

24

Von Heimenkirch nach Maria Thann

Im westlichen Allgäu

Mittel | 14 km | 80/80 Hm | 3,5 Std.

Tourencharakter
Einige kurze, aber kräftige Anstiege; sehr gut befestigte Wege; für Familien geeignet

Ausgangs-/Endpunkt
Heimenkirch Bahnhof

Geokoordinaten
47.628978, 9.901958

Anfahrt
Heimenkirch liegt an der Bahnstrecke Lindau–München, IR- und Regionalzüge halten hier. Die A96 führt in einiger Entfernung vorbei, Ausfahrten Weißensberg (im Süden) oder Wangen-West (im Norden).

Einkehr
In Heimenkirch oder in Meckatz

Karte
UK50-45 Lindau, Naturpark Nagelfluhkette (1:50 000)

Information
Westallgäu Tourismus e. V., Museumsplatz 1, D-88161 Lindenberg, Tel. +49 (0)8382/27 04 33, www.westallgaeu.de

Viele Höfe, Kuhweiden, Hügel, eine Wallfahrtskirche, ein verstecktes Schloss und ein Markt mit naher Großbrauerei – alle Klischees sind hier erfüllt …

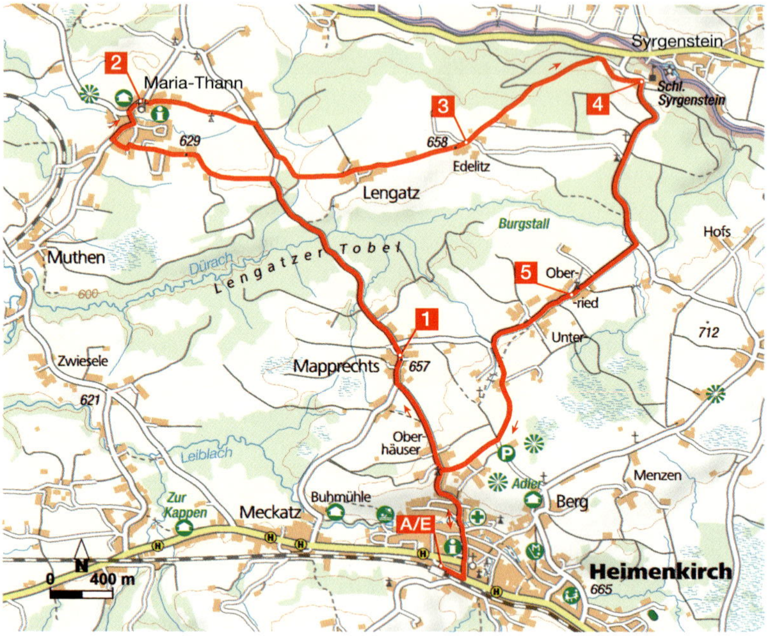

Heimenkirch Auf gut 660 Metern liegt der Markt Heimenkirch zwischen Allgäuhochflächen und der ansteigenden Nagelfluhkette der Voralpen. Vom Ⓐ **Bahnhof** aus bewegen wir uns in die Ortsmitte, vorbei an dem schön restaurierten Holzbau (Paul-Bäck-Haus, 15. Jahrhundert!), dem ehemaligen Gasthof Sonne gegenüber und zur Kirche. Zwischen dieser und dem Rathaus laufen wir die Sürgenstraße hinab ins Tal und dann stark ansteigend auf der anderen Seite wieder hoch. Eine lange Linkskurve führt uns in den Ortsteil Oberhäuser bis zur kleinen Kapelle. An dieser gehen wir links bis zum ❶ **Weiler Mapprechts**. Wir halten uns leicht rechts, durchqueren die Höfe vollständig immer geradeaus und laufen weiter auf den Wald zu. In diesem geht es hinab in den Lengatzer Tobel und nach der Brücke über die Dürrach gleich wieder bergan. Kurz nach dem Waldrand biegen wir schließlich links ab nach Maria Thann.

Rechte Seite: Zwischen Heimenkirch und Maria Thann liegt der Lengatzer Tobel.

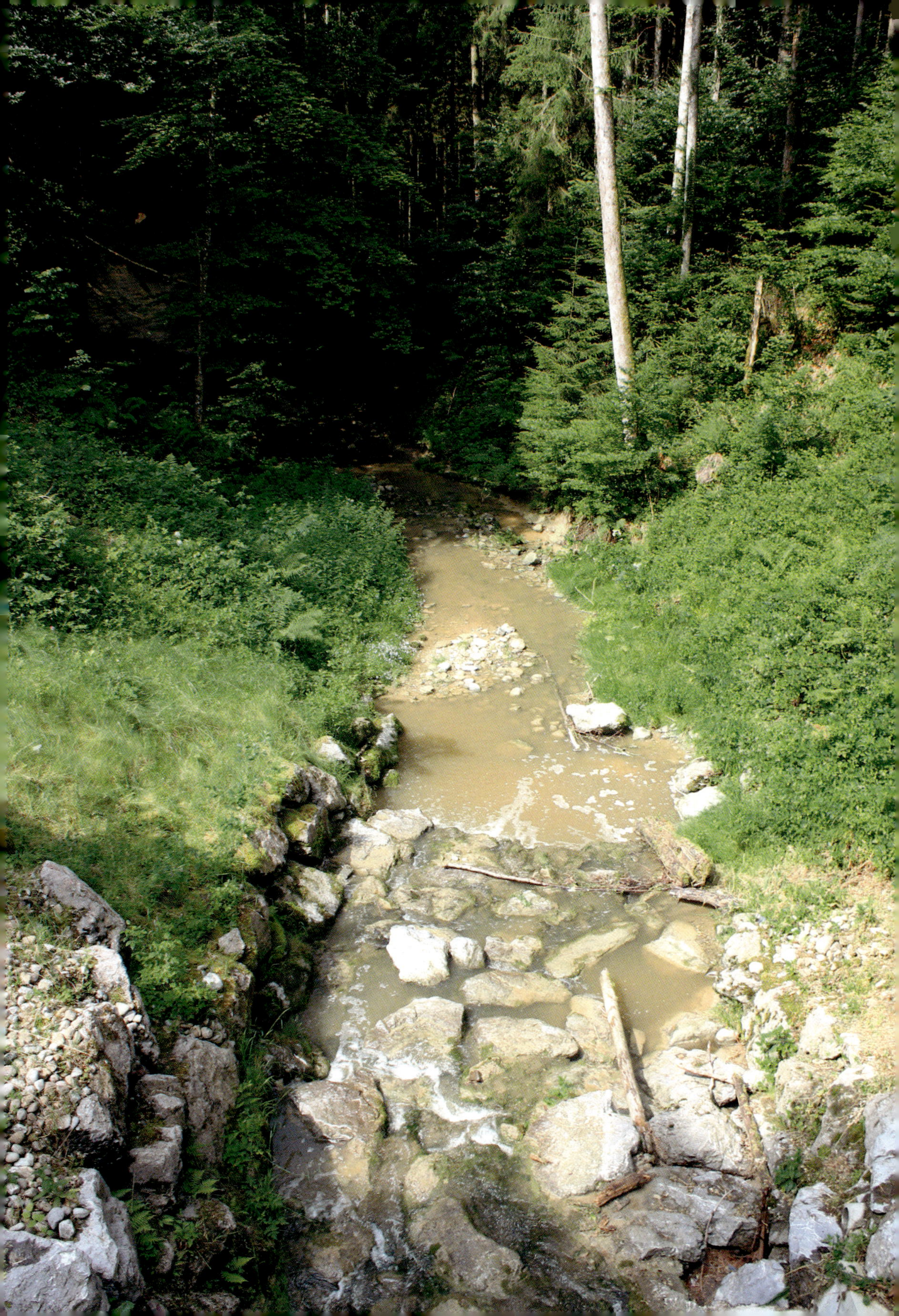

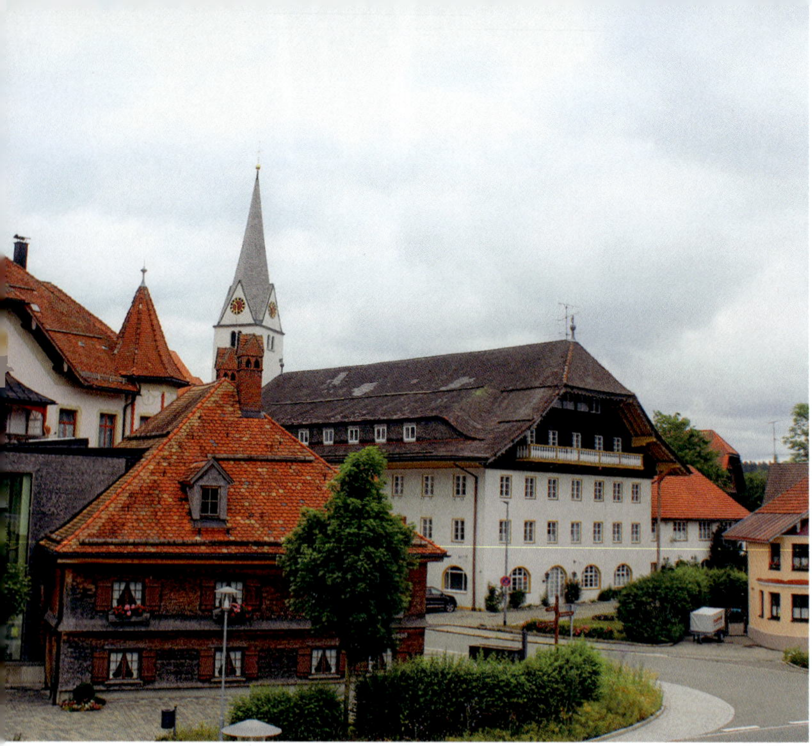

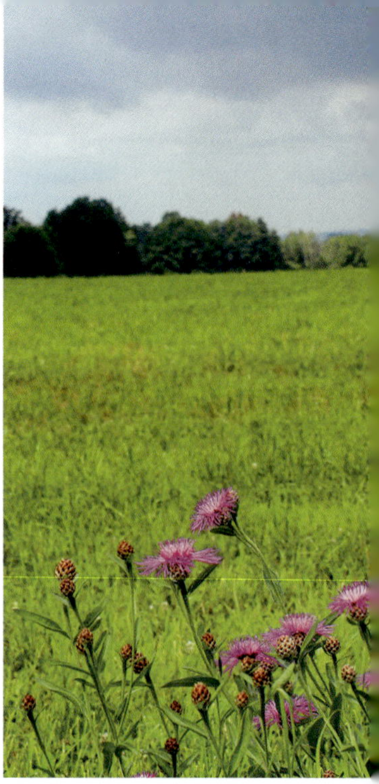

Links: Der Ortskern von Heimenkirch mit dem Paul-Bäck-Haus

Mitte: Schon von Weitem erkennbar: der Turm der Kirche von Maria Thann

Rechts: Schloss Syrgenstein

Eine Kirche und ein Schloss Der Zwiebelturm der Wallfahrtskirche Maria Thann ist schon weithin sichtbar, wir kommen über die ersten Höfe außerhalb schließlich in den Häfeleweg, dann rechts die Hochratstraße hinunter in den Dorfkern. Zur Kirche geht es wieder das Hügelchen hoch, die seit dem 15. Jahrhundert bestehende ❷ **Wallfahrtskirche** kann eine reiche Barockausstattung aufweisen. Von dem Gotteshaus aus laufen wir rechts zum Kindergarten, dann ortsauswärts am Bildstock vorbei bis zur nächsten Kreuzung, hier rechts, bei der nächsten Abzwei-

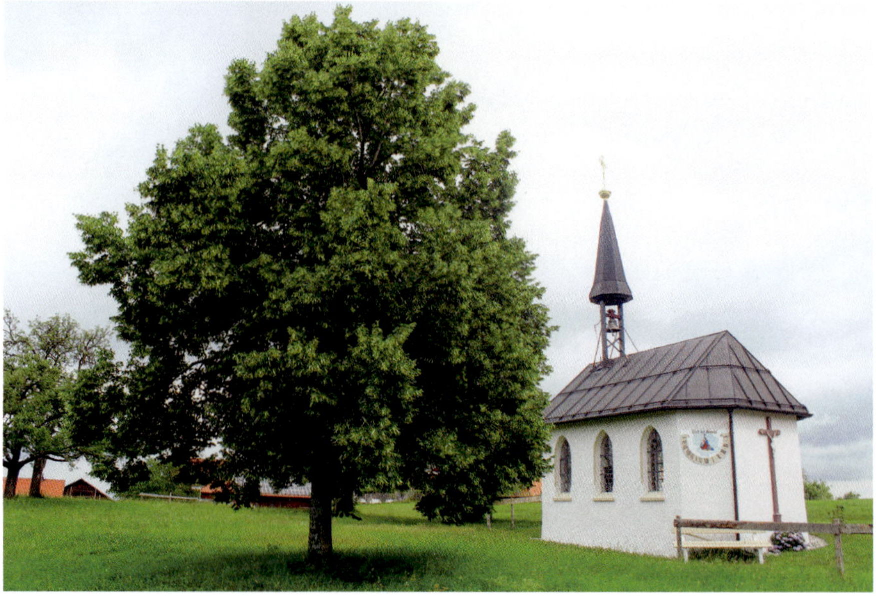

Die Kapelle von Oberhäuser

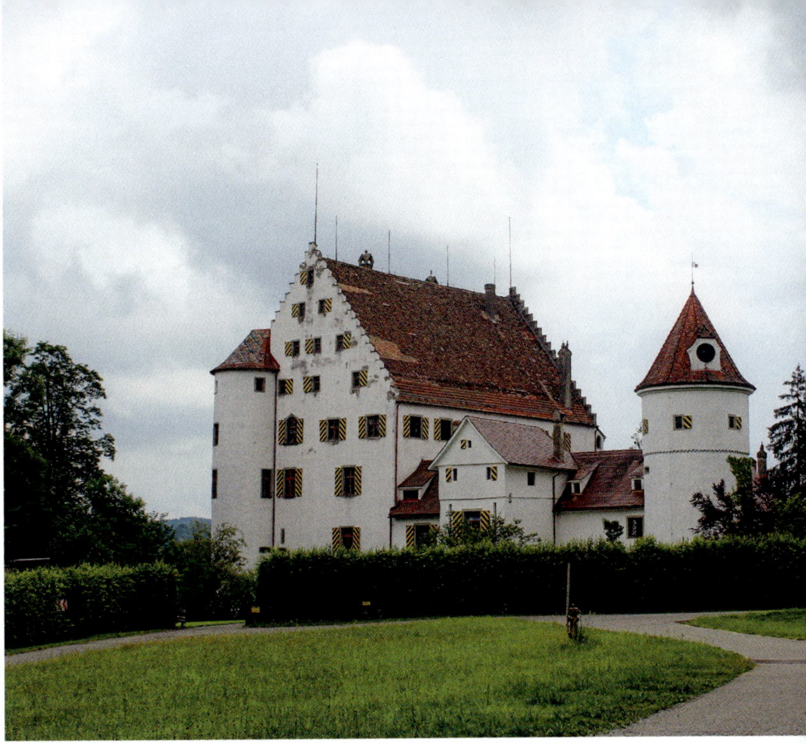

gung dann links in Richtung Lengatz. Diesen Weiler durchqueren wir, kurz darauf kommt schon der nächste: ❸ **Edelitz**. Hier biegen wir in der Ortsmitte links ab und kommen zu einem einzelnen Gehöft, vor dem wir erneut links abbiegen. Auf dem Landwirtschaftsweg geht es nun hinab in den Wald. Dort weiter rechts, auch später noch einmal rechts haltend, bis wir auf einer Lichtung schon das stattliche ❹ **Schloss Syrgenstein** im Tal erkennen können. Die spätmittelalterliche Anlage ist leider nicht zugänglich, bietet aber auch von außen einen beeindruckenden Anblick.

Zurück nach Heimenkirch Den genießen wir, um uns zu kräftigen, denn es geht nun das Teersträßchen rechts ordentlich bergan. Oben angekommen, bleiben wir auf unserem Weg, der uns durch ein Wäldchen führt, nach diesem biegen wir rechts ab nach ❺ **Oberried**, dann Unterried und an der Abzweigung am Bächlein links ansteigend in Richtung Oberhäuser. Am Reiterhof Etappe 1 vorbei und schließlich rechts hinüber zur uns schon bekannten Oberhäuser Kapelle, hier wieder hinunter nach Ⓔ **Heimenkirch**.

Der Gasthof zur Sonne ist zwar geschlossen, es sind aber noch ausreichend alternative Einkehrmöglichkeiten vorhanden. Zum Ausklang lohnt sich zudem ein Besuch im Freibad, im Werksverkauf der örtlichen Käserei (nur donnerstags) oder in der nahe gelegenen Brauerei Meckatz – siehe Kasten.

Meckatz

Nur etwa 15 Minuten Gehzeit vom Mutterort Heimenkirch entfernt liegt der Weiler Meckatz, seit dem 18. Jahrhundert Sitz einer Brauerei. Die Löwenbrau, um Verwechslungen zu vermeiden, inzwischen besser bekannt als Meckatzer, gehört heute zu den großen Allgäuer Brauereien. Vor Ort lädt ein Brauereigasthof zum Probieren ein, angeboten werden auch Brauereibesichtigungen.
Mehr Infos: www.meckatzer.de/de/start.html.

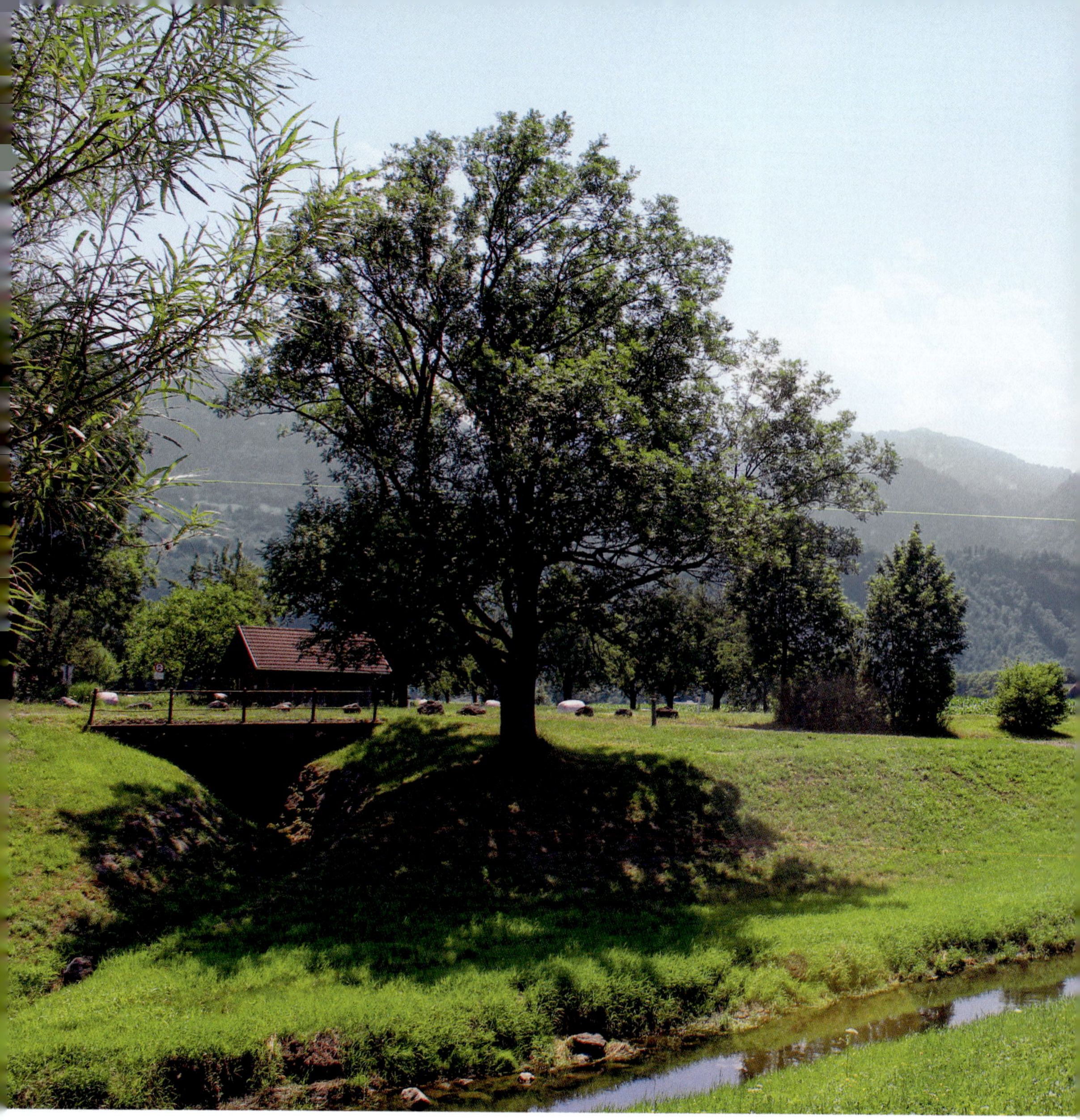

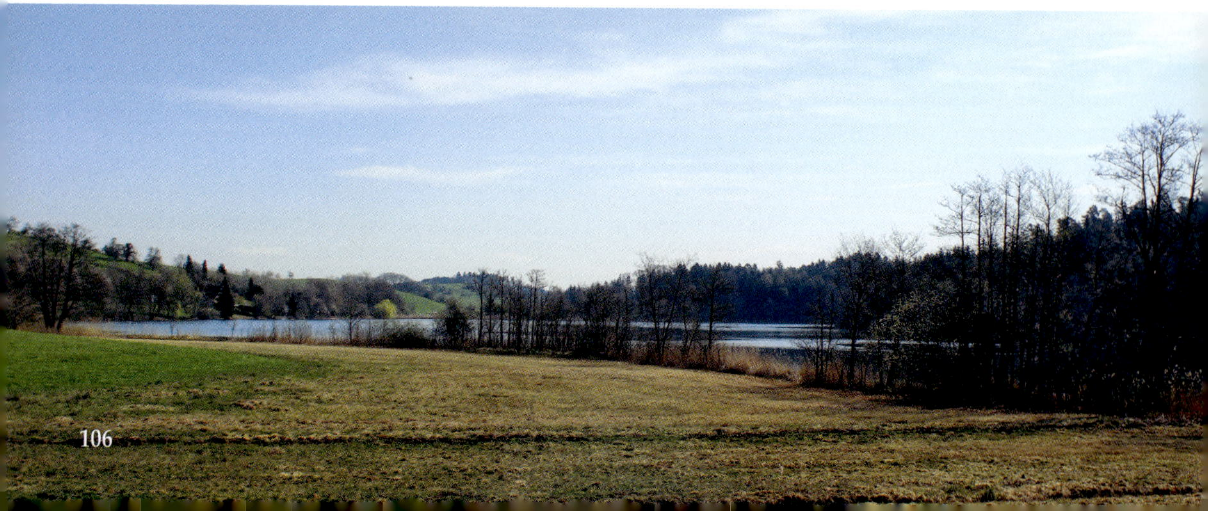

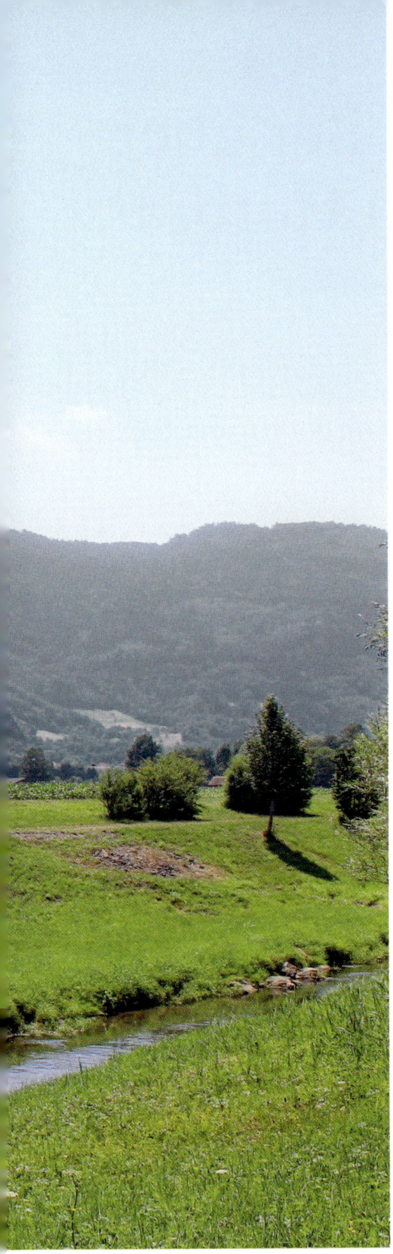

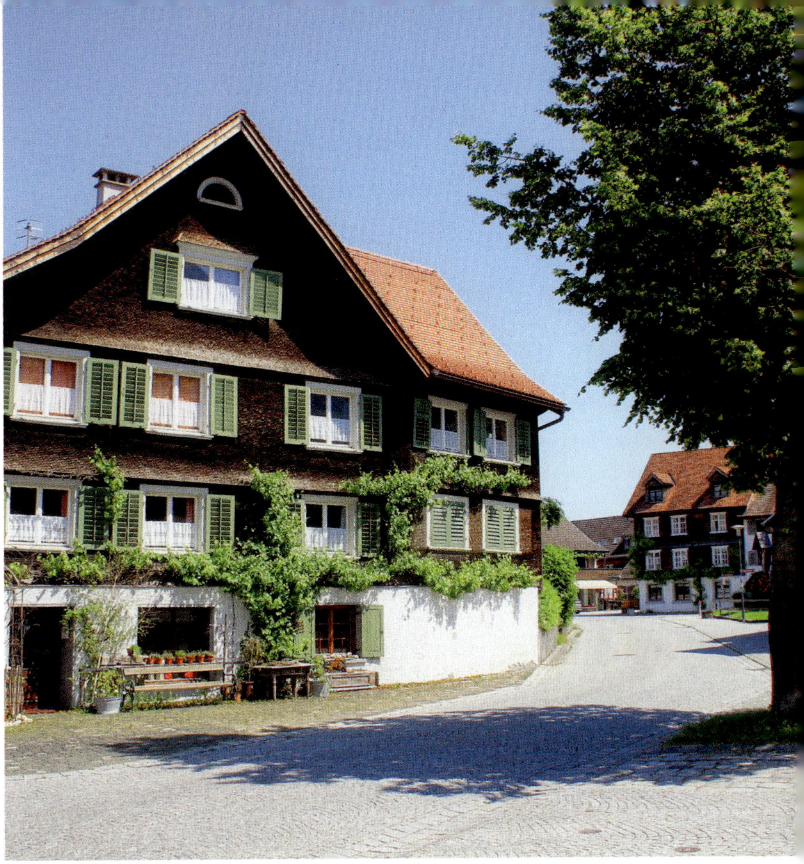

Vorarlberg, St. Galler Land und Thurgau

Das Rheintal in Vorarlberg (o. li.); im alten Hatlerdorf (o. re.); Kühe in den Schweizer Voralpen (u. re.); Seen und Weiher rund um den See (u. li.).

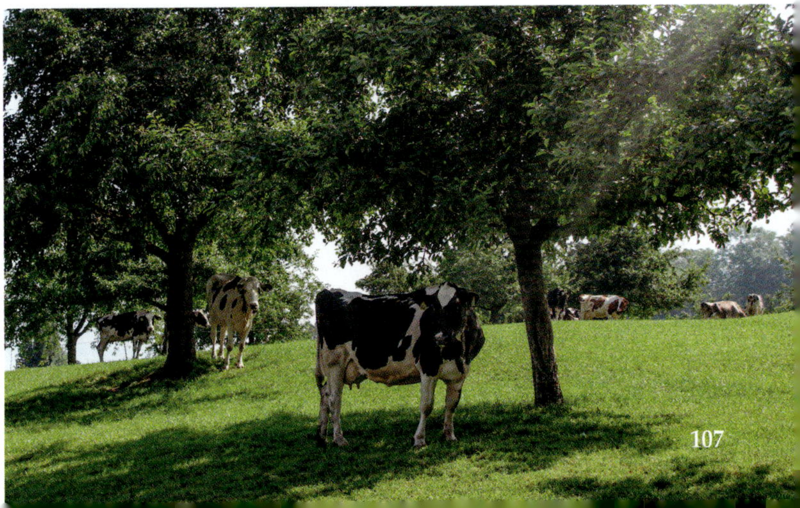

25

Von Hohenweiler über Gwiggen nach Hörbranz

Am westlichsten Rand Österreichs

Leicht 8 km 85/140 Hm 2 Std.

Tourencharakter
Einige kleine Anstiege, gut beschilderte und befestigte Wege; für Familien geeignet

Ausgangs-/Endpunkt
Hohenweiler-Gmünd Alte Zollstation/Hörbranz Gemeindeamt

Geokoordinaten
47.594762, 9.779054

Anfahrt
Hohenweiler-Gmünd wird von den Vorarlberger Unterlandbussen angefahren (Linie 10b von Bregenz, Haltestelle Grenze). Die deutsche B308 führt direkt vorbei, die A96 (München–Lindau, Ausfahrt Sigmarszell) ist nahe; die nächstgelegenen Bahnhöfe sind Lochau (A) und Hergatz (D).

Einkehr
In Hohenweiler, Diezlings und Hörbranz befinden sich Gasthöfe.

Karte
LGL F529 – Östlicher Bodensee: Friedrichshafen Ravensburg – Karte des Schwäbischen Albvereins (1:50 000)

Information
Hörbranz Tourismus, Gemeindeamt, Lindauer Straße 58, A-6912 Hörbranz, Tel. +43 (0)5573/822 22 11 www.hoerbranz.at/Freizeit_und_Tourismus

An den Nordostausläufern des Pfändermassivs führt unser Weg durch das Leiblachtal von der bayerisch-österreichischen Grenze auf den See zu.

Startpunkt Grenzbach Der kleine Rickenbach markiert den Verlauf der Grenze zwischen Deutschland und Österreich, auf dessen Seite wir in Gmünd am alten Ⓐ **Zollhaus** – das gegenüberliegende Sägewerk gehört schon zur bayerischen Gemeinde Sigmarszell – unsere heutige Tour starten. Bereits die Römer hatten hier in der Spätantike eine kleine Grenzfeste (*burgus*) errichtet. Vor uns liegt die stattliche Grundmühle, ein Fachwerkbau um 1745, lange ein uriger Gasthof, der derzeit auf Wiederöffnung wartet. Wir steigen an der Straße hoch ins Dorfzentrum von ❶ **Hohenweiler**, beherrscht vom spitzen Turm der St.-Georgs-Kirche, die u. a. Fresken aus dem 15. Jahrhundert enthält. Wir nehmen die Straße gegenüber, die am Gemeindeamt vorbeiführt und ansteigt, bis wir an der Gabelung den Weg rechts und dann kurz darauf den hinaus auf die Wiesen nehmen. Durch das kleine Waldstück geht es weiter in den ❷ **Weiler Hub**, an dem wir links zur Landstraße laufen und an dieser rechts entlang zum Ende der Anwesen, wo wir nach dem Wald links auf den Wanderweg einbiegen. Dieser führt uns nun, gut beschildert und mit Infotafeln zur Waldarbeit versehen, weiter und nach einiger Zeit wieder auf

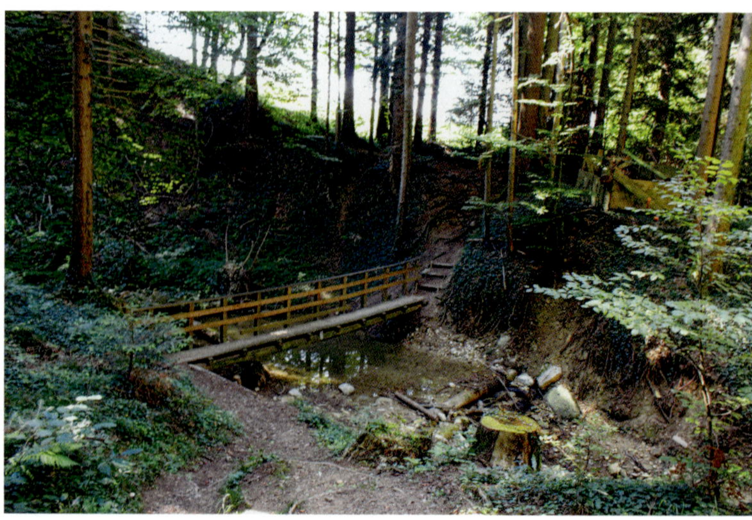

Über einige Tobel geht es im Wald vor Gwiggen.

freies Gelände, wo wir geradeaus durch den Hof des Einzels ins nächste Waldstück gelangen. Hier queren wir den beeindruckenden Tobel des Gwigger Buches und steigen aus diesem wieder herauf, sodass wir, nachdem wir rechts am Waldrand entlanglaufen und dann links einbiegen, direkt vor das ❸ **Kloster Gwiggen** kommen.

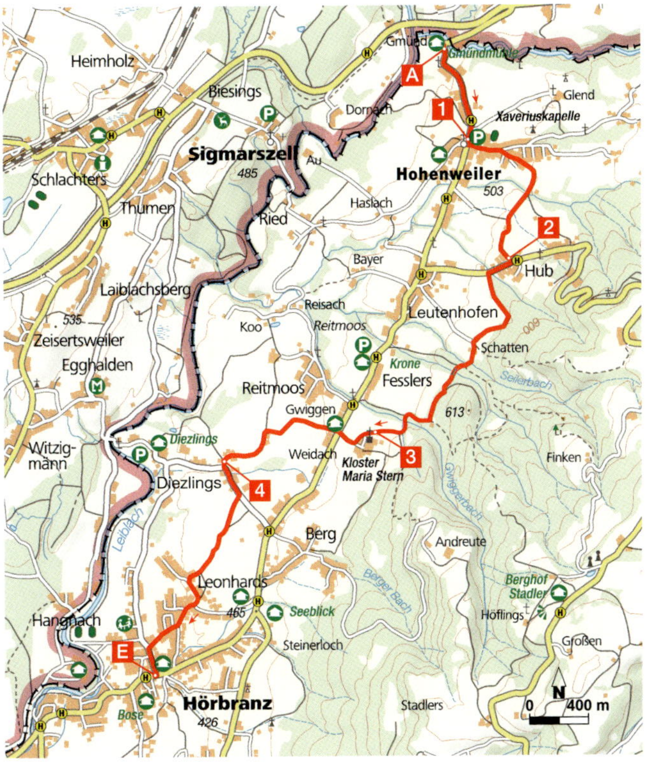

Gwiggen Offiziell heißt das Kloster Gwiggen Konvent der vereinigten thurgauischen Abteien Kalchrain, Feldbach und Tänikon in Mariastern, denn aus diesen drei Schweizer Klöstern mussten die Nonnen Mitte des 19. Jahrhunderts fliehen. Hier im Leiblachtal zogen sie in ein – noch bestehendes – Schlösschen des 17. Jahrhunderts und bauten um dieses herum ihr zukünftiges Kloster, Ende des 19. Jahrhunderts die Kirche, erst 1988 war das Geviert vollendet. Einige Kunstgegenstände wurden aus den thurgauischen Klöstern herübergerettet, die Klosterkirche ist aber im Inneren modern, schlicht und hell. In den alten Stallungen findet sich ein Klosterladen (Di–Sa 14–17 Uhr).

Schloss Hofen

Die einstige Burg oberhalb von Lochau wurde 1584/85 zu einem der bedeutendsten Schlossbauten der Renaissance in Vorarlberg umgebaut, charakteristisch sind der Knick im Gesamtgebäude und die beiden verbliebenen Zwiebeltürmchen an der Frontseite. Mit modernen Anbauten versehen, dient es heute als Bildungshaus des Bundeslands.

Wir laufen den Anfahrtsweg zum Kloster bergab und queren die Straße auf die andere Seite, wo es gegenüber geradeaus weitergeht bis zur nächsten Kreuzung, an der wir links abzweigen, bis wir in den ❹ **Weiler Diezlings** kommen. Im Ort kann man, wenn man möchte, zum einst bekannten Mineralbad Diezlings abbiegen, das für seine lokale Mineralwassermarke Diezano berühmt ist; zwar hat das Heilbad heute geschlossen, doch befindet sich dort noch immer ein Gasthaus. Der Hauptweg allerdings geht links durch die gesamte Ortschaft hoch und nach dem letzten Haus rechts. Über die Wiesen kommen wir zum Ortsrand des Marktes Hörbranz und laufen links in einem Bogen in die Siedlung. Die Römerstraße – auch bei Hörbranz gab es einst einen burgus – führt rechts ins Zentrum, an ihrem Ende links geht es via Heribrandstraße direkt bis zur Pfarrkirche St. Martin, einem barockisierten Bau mit wertvoller Ausstattung. Sie beherrscht den großzügigen, modern gestalten Dorfplatz mit den Schulen und einigen Einkaufsmöglichkeiten, an dem auch unser Ziel, das Ⓔ **Gemeindeamt**, liegt. Von hier kann man mit dem Bus zurück nach Hohenweiler oder über Lochau in die Landeshauptstadt Bregenz.

26

Von Lustenau nach Hohenems

Im Schweizer Ried

Leicht | 14 km | 20/5 Hm | 3 Std.

Tourencharakter
Flunderflache Strecke, zumeist auch noch strikt geradeaus. Die Wege sind zwar gut befestigt, Teilabschnitte jedoch etwas ungepflegt (hohes Gras).

Ausgangs-/Endpunkt
Lustenau Bahnhof/Hohenems Bahnhof

Geokoordinaten
47.450572, 9.667234

Anfahrt
Lustenau liegt an der S-Bahn Bregenz–St.Margrethen. Die österreichische Rheintal-Autobahn A14 (Ausfahrt im Norden Wolfurt-Lauterach, im Süden Dornbirn-Süd) führt östlich, ihr Schweizer Pendant A1 noch näher westlich (Ausfahrt Au) vorbei – beide sind gebührenpflichtig!

Einkehr
In Lustenau und Hohenems

Karte
Kompass Wanderkarte 292: Vorarlberg (Karte 1, 1:50 000)

Information
Vorarlberg Tourismus GmbH, Poststraße 11, A-6850 Dornbirn, Tel. +43 (0)5572/377 03 30
www.vorarlberg.travel

Wir sind zwar in Österreich, laufen aber durch das Naturschutzgebiet Schweizer Ried in der Mitte des Rheintals: viel Natur, wenig Menschen.

Lustenau und das Schweizer Ried Mit gut 22 000 Einwohnern ist Lustenau die größte Marktgemeinde Österreichs. Der Ⓐ **Bahnhof**, unser Startpunkt, liegt ganz im Norden des sich an der Schweizer Grenze er-

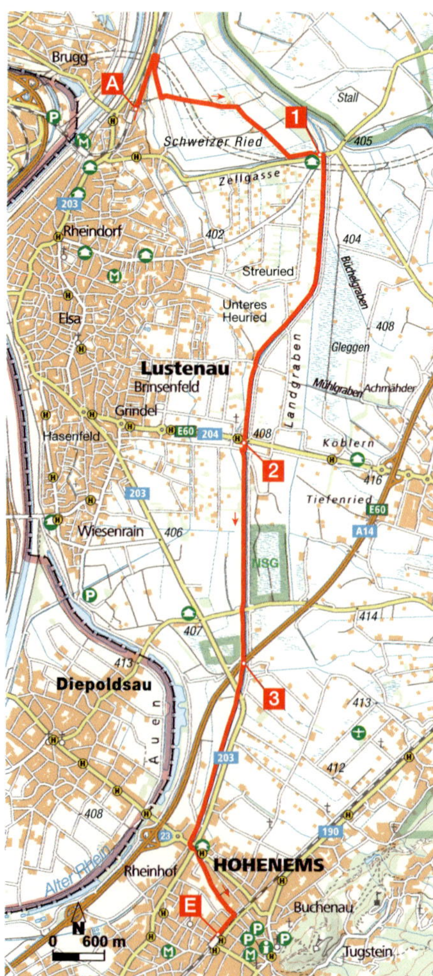

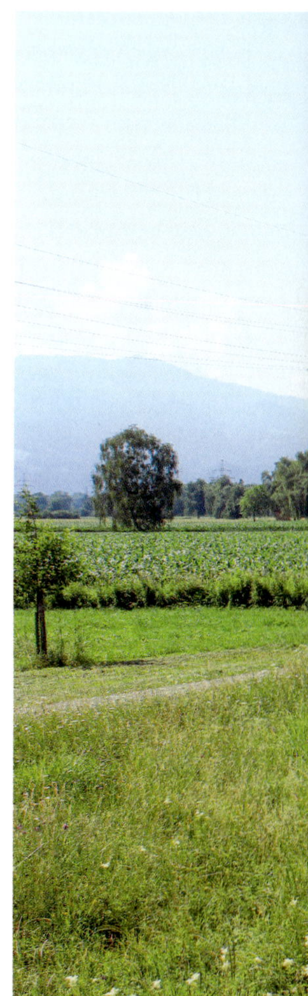

Hier beginnt der Einstieg ins Schweizer Ried.

streckenden Ortes, wir begeben uns auf die südliche Seite (nicht zum Busbahnhof) und laufen von dort links an den Gleisen entlang bis zum Ortsausgangsschild. Hier rechts über die Brücke und ins Schweizer Ried. Dieses ist Teil eines Naturschutzgebiets am Ende des Rheintals, das aus Torfmooren und Feuchtwiesen besteht. Neben vielen Blütenpflanzen – dagegen sehr wenigen Bäumen – fühlen sich hier insbesondere zahlreiche Vogelarten und Amphibien wohl. In früheren Zeiten machte der Boden Verkehrswege und Bebauung schwer und so ist heute noch das Gebiet zwischen Lustenau und Dornbirn im sonst dicht besiedelten Rheintal eines der ruhigsten, und man trifft hier mehr Störche als Häuser an. Wir laufen nach der Brücke rechts bis

Landeshauptstadt Bregenz

Wer nach so viel Natur und Einsamkeit Sehnsucht nach Kultur und Menschen hat, dem empfiehlt sich ein Besuch in Bregenz. Die einst römische Stadt punktet mit der Seebühne und dem Festspielhaus, dem Vorarlberger Landesmuseum, der romantischen Oberstadt, vielen Klöstern und Kirchen, der Seepromenade und unzähligen Einkehrmöglichkeiten. Vom Hafen aus fahren Schiffe zu allen größeren Städten an den Ufern des Bodensees.

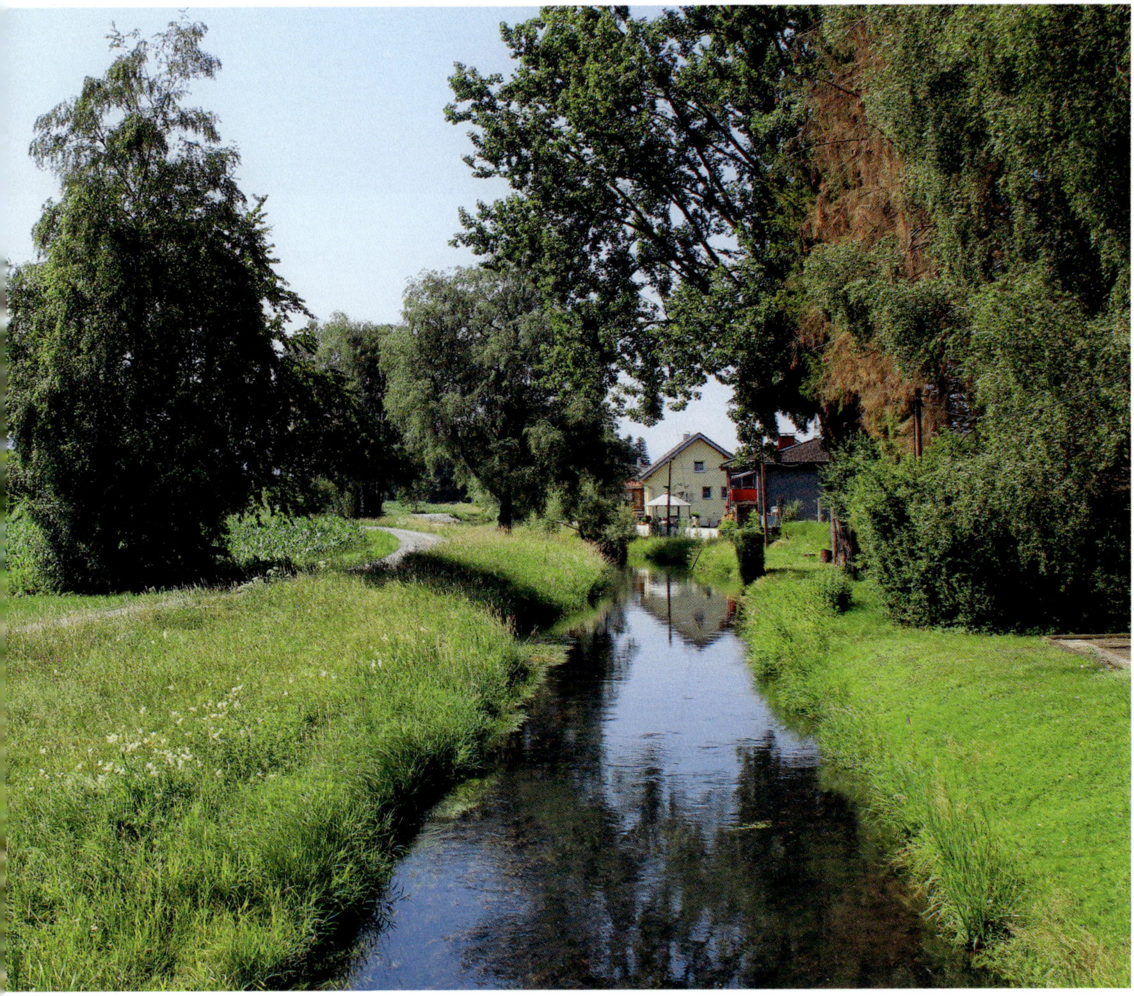

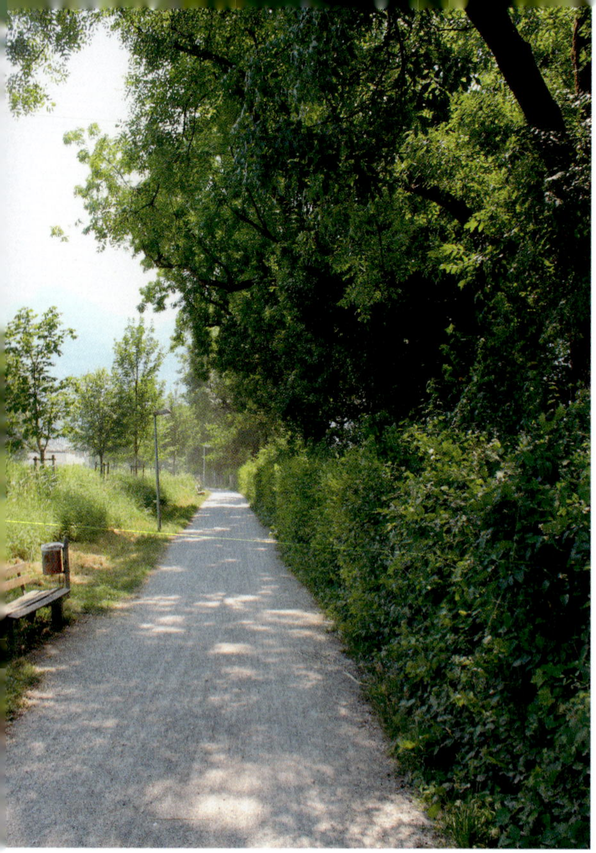

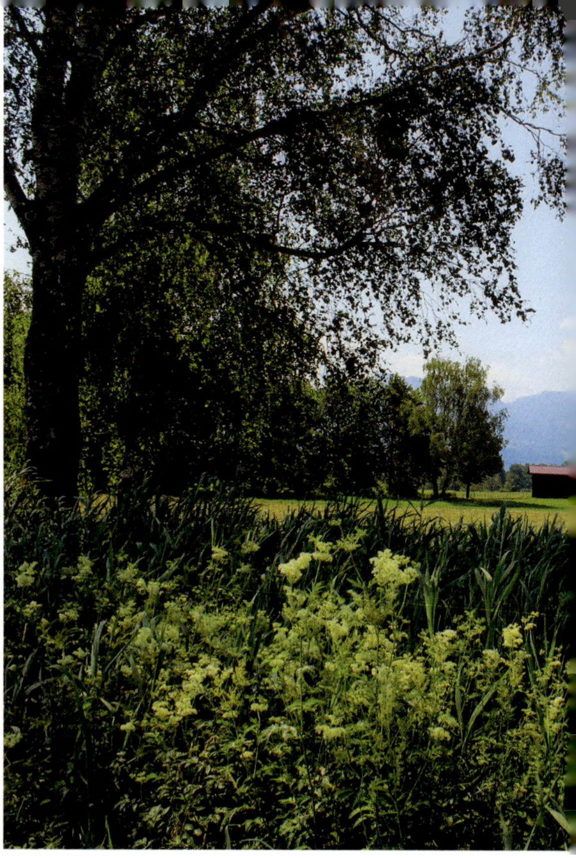

zur nächsten Kreuzung und gehen hier links tiefer in das Ried hinein. Nach dem Häuschen am Wegkreuz geht es schräg rechts, kurz darauf zweigt sich der Weg um ein kleines Wäldchen, hier halten wir uns links und gehen weiterhin geradeaus. Kurz bevor der Weg auf eine Straße trifft, wenden wir uns nach links, dann nach rechts zur Straße, auf der wir gut 20 Meter bis vor die Brücke laufen – bitte vorsichtig, die Straße ist viel befahren. Hier, an der ❶ **Diskothek Sender**, wählen wir nicht rechts die Teerstraße, sondern den danebenliegenden Weg direkt am Vorarlberger Rheintal-Binnenkanal (mit Schranke zu Beginn).

Am Binnenkanal An und für sich könnte man sich jede weitere Wegbeschreibung bis Hohenems ersparen, denn von nun an geht es die nächsten Kilometer stets schnurgerade am Kanal entlang. Hier, auf der westlichen Seite, ist der Weg etwas schattiger, noch immer befinden wir uns in dünn besiedeltem, naturbelassenem Gebiet, nun stärker geprägt von großen Blumenwiesen und Pferdekoppeln. Es geht nun also geradeaus an dem Entwässerungskanal, der größtenteils bereits im 19. Jahrhundert angelegt wurde. Die Qualität des Weges ist wechselhaft, mal perfekt gekiester Landwirtschaftsweg, mal fast zugewachsener Pfad; trotzdem bleiben wir stets direkt am Ufer, auch wenn sich vermeintliche Alternativen bieten. Undurchdringlich wird der Weg nie. Wir kommen an zwei Brücken vorbei (bleiben aber immer auf unserer Seite) und kommen dann zum problematischsten Stück unserer Strecke: Der Wanderweg trifft abrupt auf eine zweispurige ❷ **Bundesstraße** – ohne direkten Übergang. Bitte seien Sie hier extrem vorsichtig! Warten Sie einen ruhigen Moment

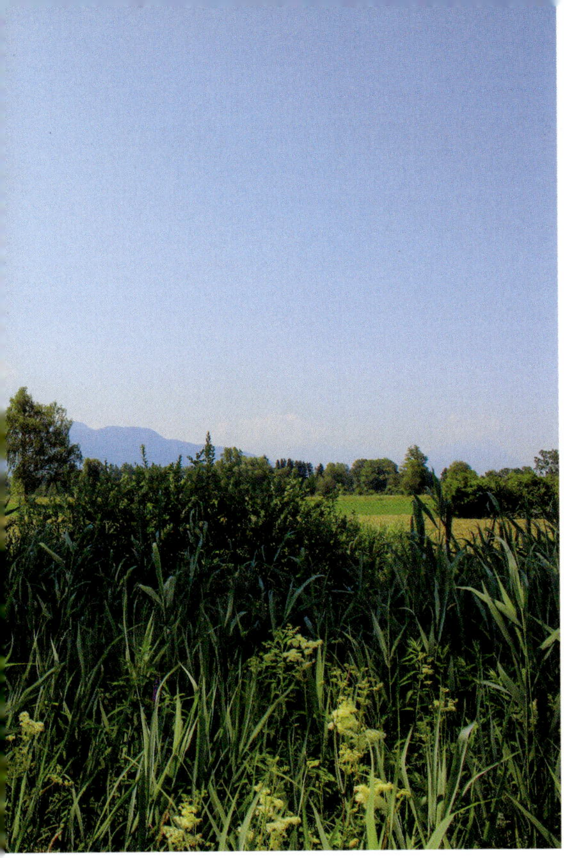

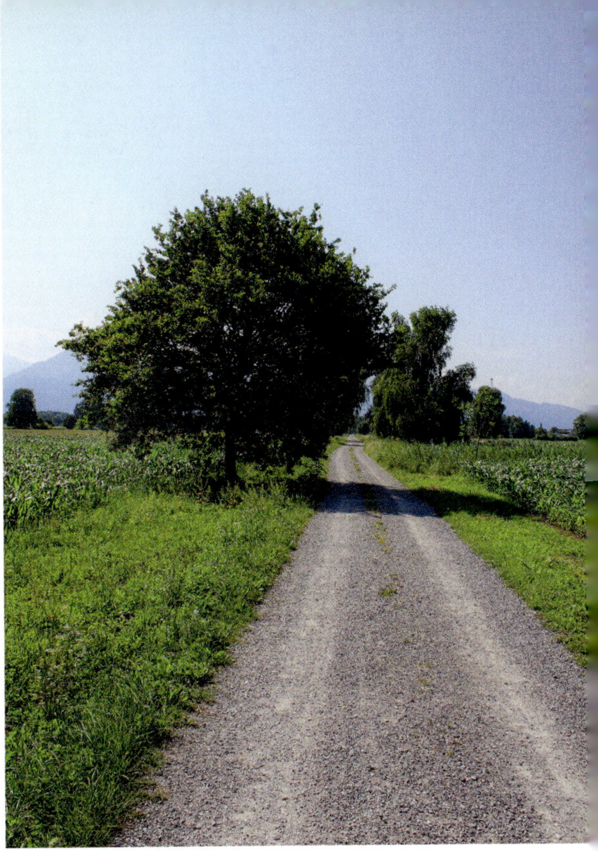

ab und gehen Sie dann rechts die wenigen Meter am Straßenrand bis zur Bushaltebucht. Hier finden Sie auch einen Wegweiser, der nach rechts unten weist, wo uns ein Sträßchen links durch eine Unterführung auf die andere Seite bringt. Erneut links und dann rechts kommen wir auf unserem gewohnten Weg am westlichen Ufer zurück. Wieder geht es strikt geradeaus, nun wieder in ein ausgewiesenes Naturschutzgebiet hinein, Gsieg – Obere Mähder, das wie das Schweizer Ried von Flachmooren und Feuchtwiesen, dazu Streuobstwiesen geprägt ist.

Gerade Wege (links) …

… viel Natur (Mitte) …

… und wenig Menschen (rechts): das Schweizer Ried

Nach Hohenems Die nächsten drei Straßen, die zweite davon ist die ❸ **Rheintalautobahn**, können wir bequem unterqueren, schließlich treffen wir auf die ersten Häuser von Hohenems, um die wir rechts herum einen Bogen machen. Leicht links kommen wir zu einem Firmenparkplatz, rechts an diesem entlang nehmen wir unseren Weg am Binnenkanal wieder auf. Wir treffen auf eine Ausfallstraße, gehen am Schnellrestaurant rechts zum Kreisel, überqueren die Straße hin zur Tankstelle und biegen dann rechts Richtung Zentrum ein, verlassen aber den Gehsteig schon nach wenigen Metern schräg rechts in die historische Schillerallee. Am Emsbach führt diese vorbei an den Sportstätten und am Spielplatz bis zu den Bahngleisen. Wir gehen vor diesen rechts und kommen so zum Ⓔ **Bahnhof Hohenems**. Via Riedenburg kommt man mit der Bahn zurück, alternativ fährt die Buslinie 53 direkt vom Bahnhofsvorplatz zum Bahnhof Lustenau. Natürlich lohnt sich auch ein Besuch der alten Residenzstadt Hohenems (mehr dazu s. die folgende Tour). Wem es bislang zu flach zuging, der kann anschließend diese Tour in umgekehrter Richtung gehen.

27

Von Hatlerdorf zu den Emser Burgen

Auf felsigen Höhenpfaden

Schwer | 10 km | 260/270 Hm | 2,5 Std.

Tourencharakter
Bis Oberklien anspruchslose Strecke, anschließend nur für Profis mit Gebirgserfahrung; Trittsicherheit, festes Schuhwerk und Schwindelfreiheit sind Pflicht; bei und nach Niederschlag tabu. Eine alternative Route findet sich im Text.

Ausgangs-/Endpunkt
Hatlerdorf Kirche/Hohenems Schlossplatz

Geokoordinaten
47.401960, 9.738714

Anfahrt
Die ÖBB-Haltestellen Dornbirn-Schoren und Hatlerdorf sind etwa gleich weit vom Zentrum Hatlerdorfs entfernt. Durch die Ortsmitte führt die B190, Ausfahrt der Rheintalautobahn ist Dornbirn-Süd.

Einkehr
In Hatlerdorf, Hatlerdorf-Haslach und Hohenems

Karte
Kompass Wanderkarte 292: Vorarlberg (Karte 1, 1:50 000)

Information
Tourismus & Stadtmarketing Hohenems, Marktstraße 2, A-6845 Hohenems, Tel. +43 (0)5576/427 80, www.hohenems.at

Das vordere Rheintal hatte für Burgenbauer den Vorteil schroffer Felsgipfel: Die machten das Erreichen schwer für mittelalterliche Eroberer – und für moderne Wanderer.

Hatlerdorf Die einstige Siedlung der Hatler ist heute der 2. Bezirk von Vorarlbergs größter Stadt Dornbirn. Im Inneren haben sich einige historische Bauten erhalten, von unserem Startpunkt, der imposanten A **Pfarrkirche** – ein Werk Eduard von Riedels, der das bayerische Schloss Neuschwanstein entworfen hat –, laufen wir deshalb erst einmal rechts am Supermarkt vorbei in die Hatler Straße zum alten 1 **Ortskern**, der mit Brunnen und Rheintaler Häusern ein besonders schönes Ensemble bildet. Von dem kleinen Plätzchen begeben wir uns links in die Badgasse, der wir fortan konsequent geradeaus über die Bundesstraße und an den Sportanlagen vorbei bis zum Ortsrand und weiter direkt unter die ansteigenden Felswände der Voralpenmassive folgen. Hier treffen wir auf

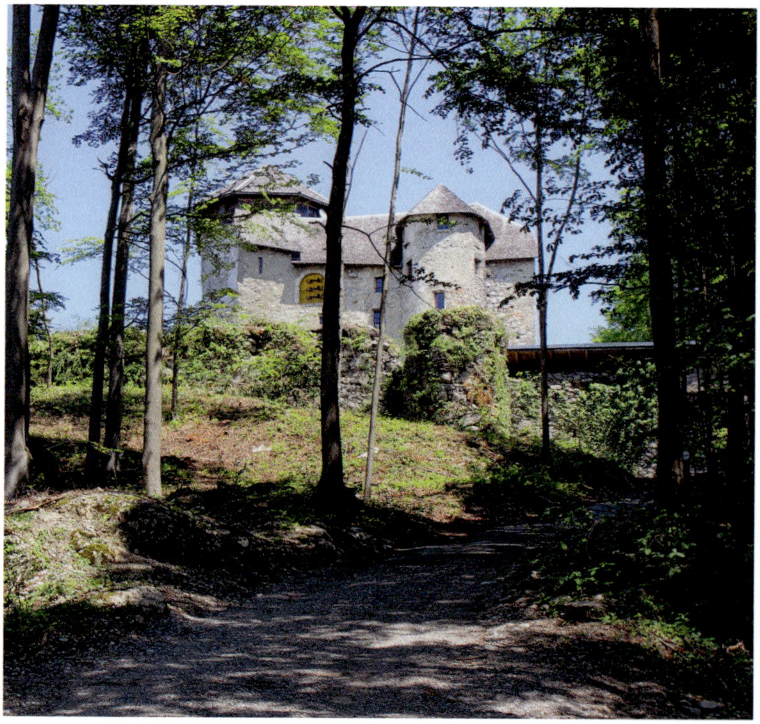

Rechts: Schroff präsentieren sich die Felswände des Rheintals.

Links: Urig auf hoher Kante: Schloss Glopper

das ❷ Restaurant Haslach und wenden uns nach rechts. Nach einem kurzen Abschnitt unter Bäumen müssen wir durch das Industriegelände: Wir laufen die Straße entlang bis zu den Gleisen und biegen dann vor den Siloanlagen der Pelletsfabrik (am blauen Fußgänger-/Radwegschild) links auf den Pfad ab, der um das Firmengelände und dann links wieder auf die Felsen zuführt. Zu diesen parallel geht es weiter durch das Dörfchen Unter- und schließlich immer geradeaus Oberklien. Vor der Kurve müssen wir uns entscheiden.

Der Anstieg zum Schloss Glopper

Der Weg zweigt sich hier auf in den Rheintalweg, der in gut einer halben Stunde am Hang entlang weiter direkt nach Hohenems führt, und den Steig, der über die Burgen führt. Hier

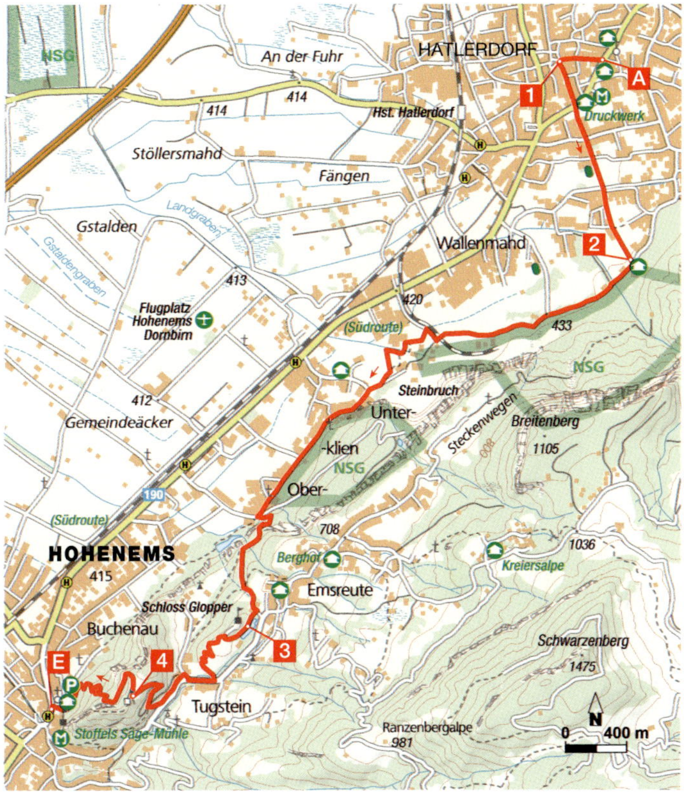

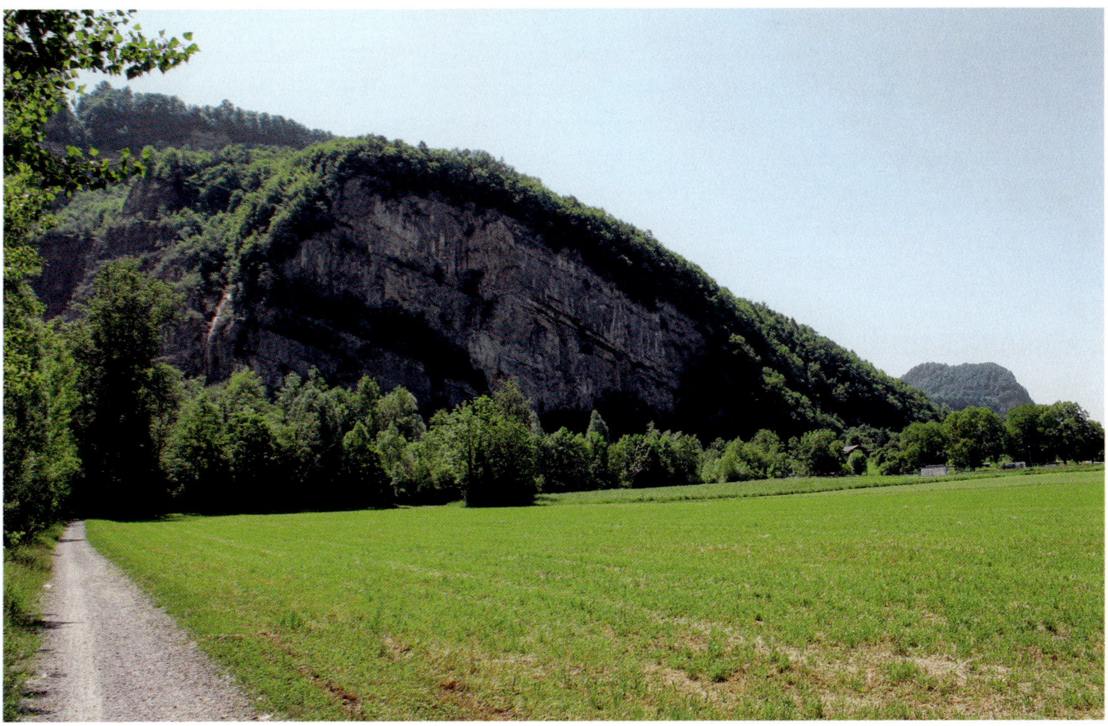

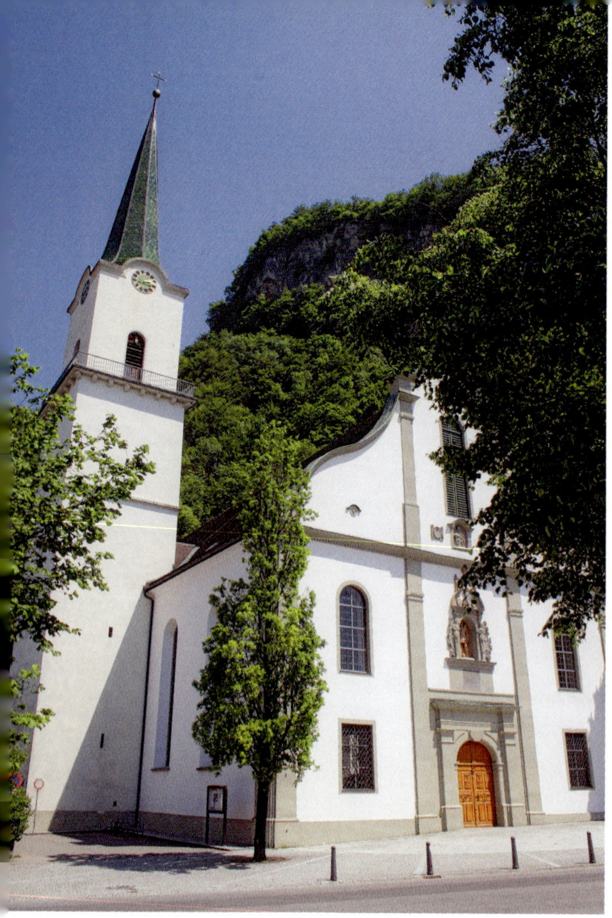

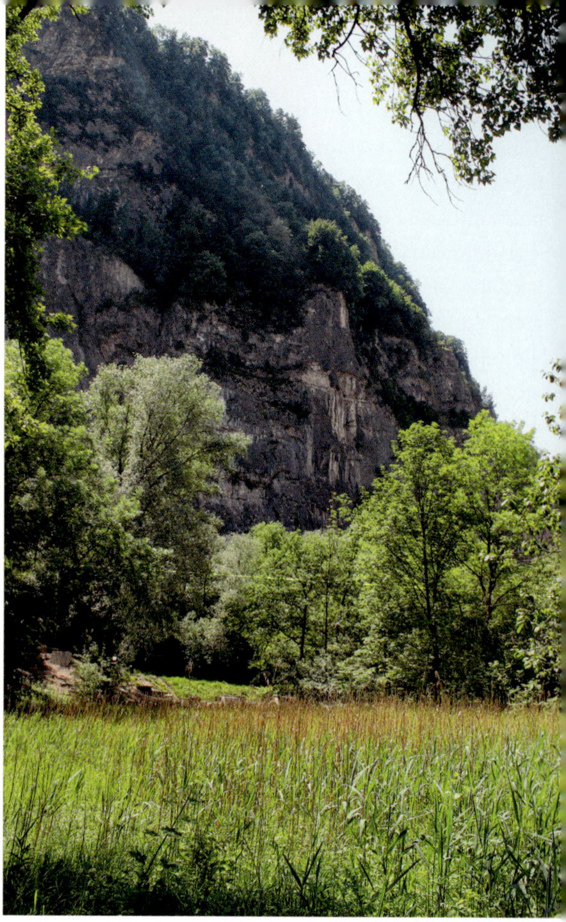

Links: Direkt unter dem Burgfelsen steht die Pfarrkirche Hohenems.

Mitte: Klingt verwegen, aber dort wollen wir hoch!

wird gewarnt, dass dieser nur für Profis mit alpiner Erfahrung, Trittsicherheit und ohne Höhenangst zu bewältigen ist, dazu kommt möglicher Steinschlag. Diese Hinweise stehen dort nicht umsonst: Wenn Sie sich unsicher fühlen oder auch das Wetter zweifelhaft erscheint, wählen Sie bitte die Talvariante – es ist keine Schande, Sie haben mehr Zeit für Hohenems mit seiner hübsch angelegten Innenstadt, den dortigen Cafés, Restaurants und Museen (siehe Kasten). Wenn Sie es links hochwagen, wartet ein stetiger, oft steiler Anstieg auf Sie, der anfangs über ein großes Gesteinstrümmerfeld führt und anschließend erst einmal eng an der Felswand schnell hoch und höher geht, vorbei unter anderem an einem geheimnisvollen Stollen. Nach dem steinigen Teil – der Weg ist oft gesäumt von herabgestürzten Brocken – geht es in den Wald, dort wird der Pfad etwas angenehmer, nun geprägt von Wurzelwerk. Den nächsten kreuzenden Weg überqueren wir geradeaus (immer dem Pfeil »Reute/Schloss Glopper« nach), wir kommen an einem Bächlein an, rechts über dieses hinweg, stehen wir schließlich vor der Schule Reute. Nach dem Schulhof wenden wir uns rechts und kommen dadurch vor das ❸ **Schloss Glopper**, auch Burg

Museumsstadt Hohenems

Die Stadt weist eine hohe Dichte an Museen auf. Sowohl das Franz-Schubert-Museum als auch das Schubertiade-Museum widmen sich dem berühmten Komponisten. An die jüdische Vergangenheit von Hohenems erinnert das Jüdische Museum. Handwerk präsentieren das Schuhmacher-Museum und Stoffels Sägemühle. Dazu kommen sagenhafte acht weitere Ausstellungsorte zu Emser Historie, verschiedenen Persönlichkeiten, Kunst und Spielzeug. Eine Übersicht bietet: www.hohenems.at/de/kultur/museen/.

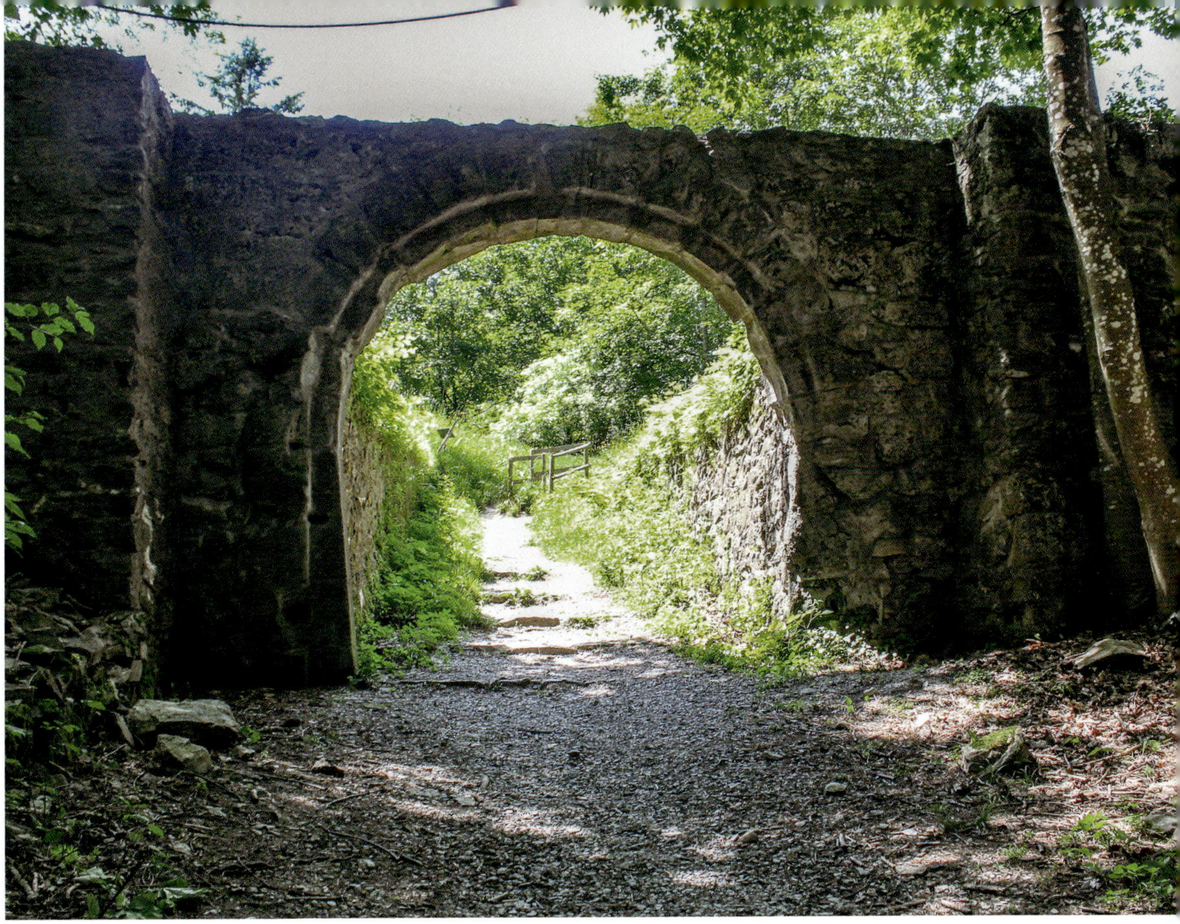

Eingang zur Ruine Alt-Ems

Neu-Ems genannt. Der gut erhaltene Bau, der überwiegend noch auf das beginnende 15. Jahrhundert zurückgeht, ist in Privatbesitz und leider nicht zugänglich, aber ein imposanter Anblick. Der Name bedeutet schlicht Felsklotz.

Zur Ruine Alt-Ems Am Knick des Schlossweges verlassen wir diesen links über einen Wiesenpfad, der dann im Wald absteigend in leichtem Zickzack auf eine Kuhweide mit Drehkreuz und schließlich auf die Landstraße bei Tugstein führt. Wir gehen diese wenige Meter hinunter bis zur Abzweigung am nächsten Hof und an diesem vorbei links zum nächsten Aufstieg. Im Wald – gut aufpassen! – biegt der Pfad zur Burg kurz nach der großen Rechtskurve etwas versteckt vom größeren Weg ab und bringt uns bald vor das erste Tor der einstigen ❹ Burg Alt-Ems, einer sehr umfangreichen und schmalen Ruine, die im 12. Jahrhundert erbaut und im 16. Jahrhundert zur Festung erweitert wurde. Sie ist fast 600 Meter lang, aber oft kaum 50 Meter breit. Nach der Besichtigung wählen wir als Abstieg an der Wiese vor dem Hauptbau den Zickzackweg (auch er erfordert einige Trittsicherheit!) nach Hohenems, der uns in vielen Serpentinen bis zum Schlossplatz bringt, dem historischen Ortskern mit dem Renaissancepalast der Emser Grafen, der Kirche und den erwähnten vielen Gaststätten, Museen und Einkaufsmöglichkeiten. Der Ⓔ Hohenemser Bahnhof liegt etwas außerhalb (Busse verkehren dorthin), von dort kommt man nach Hatlerdorf zurück.

28

Von Rankweil über Göfis nach Feldkirch

Durch das Valdunatal

Mittel | 10,5 km | 95/110 Hm | 2,5 Std.

Tourencharakter
Nach Göfis leicht zu bewältigende Steigungen auf gepflegten Wegen, der Abstieg von Göfis nach Feldkirch verläuft teils auf Felspfaden mit Steilpassagen. Für Familien mit Wandererfahrung geeignet.

Ausgangs-/Endpunkt
Rankweil Bahnhof/Feldkirch Bahnhof

Geokoordinaten
47.272041, 9.637726

Anfahrt
In Rankweil halten die S-Bahn Vorarlberg und Regionalzüge, in Feldkirch auch der internationale Railjet (IC-/EC-Zug). Die Rheintalautobahn A14 führt nahe vorbei (Ausfahrt Rankweil oder Feldkirch-Nord).

Einkehr
Als Wallfahrtsort hat Rankweil mehrere Gasthöfe, auch in Göfis wird man gut versorgt. Gleiches gilt für einen Besuch in Feldkirch.

Karte
Kompass Wanderkarte 292: Vorarlberg (Karte 1, 1:50 000)

Information
Stadtmarketing und Tourismus Feldkirch GmbH, Montfortplatz 1, A-6800 Feldkirch, Tel. +43 (0)5522/734 67, www.feldkirch.travel

Still liegt das Seitental des Rheines, doch seine Einsamkeit zog schon im Mittelalter erste Besiedler an, heute sind es die Wanderer.

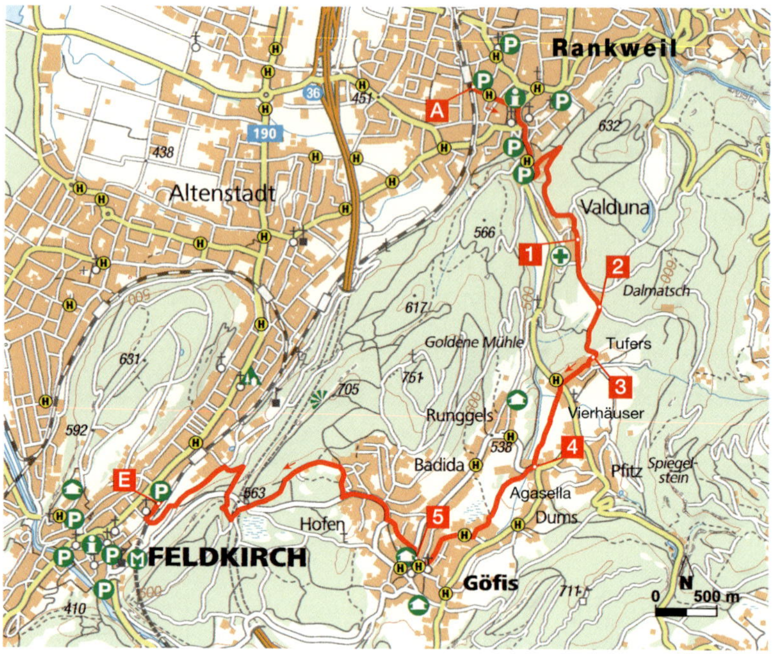

Rankweil Rankweil ist nicht zu übersehen, der »heilige Berg Vorarlbergs«, die auf einem einzelnen Felsblock stehende, das Rheintal und den Ort überragende burgartige Wallfahrtskirche dient auch uns als Orientierung für den Weg vom Ⓐ **Bahnhof** leicht rechts (via Bahnhofstraße) ins Zentrum unterhalb der Basilika. Zwar ist sie nicht Teil unserer Strecke, doch sollte man das eigenartige Ensemble mit einem Besuch würdigen. Unser Weg führt uns rechts am Kirchenberg vorbei über die Ringstraße, wir halten uns dann am Gasthof Taube leicht links (Walgaustraße) und begeben uns nach dem Sternbräu auf den kleinen Weg am Bach entlang bis gegenüber dem Holzplatz – wir wechseln die Straßenseite auf den Wanderweg, der um den Holzplatz herumführt, vorbei an der kleinen Kapelle, die sozusagen den Eintritt in das Valdunatal markiert. Sie erinnert daran, dass es ein Einsiedler war, der dessen Stille erstmals nutzte,

Rechte Seite: Thront über Dorf und Tal: Die Wallfahrtskirche Rankweil

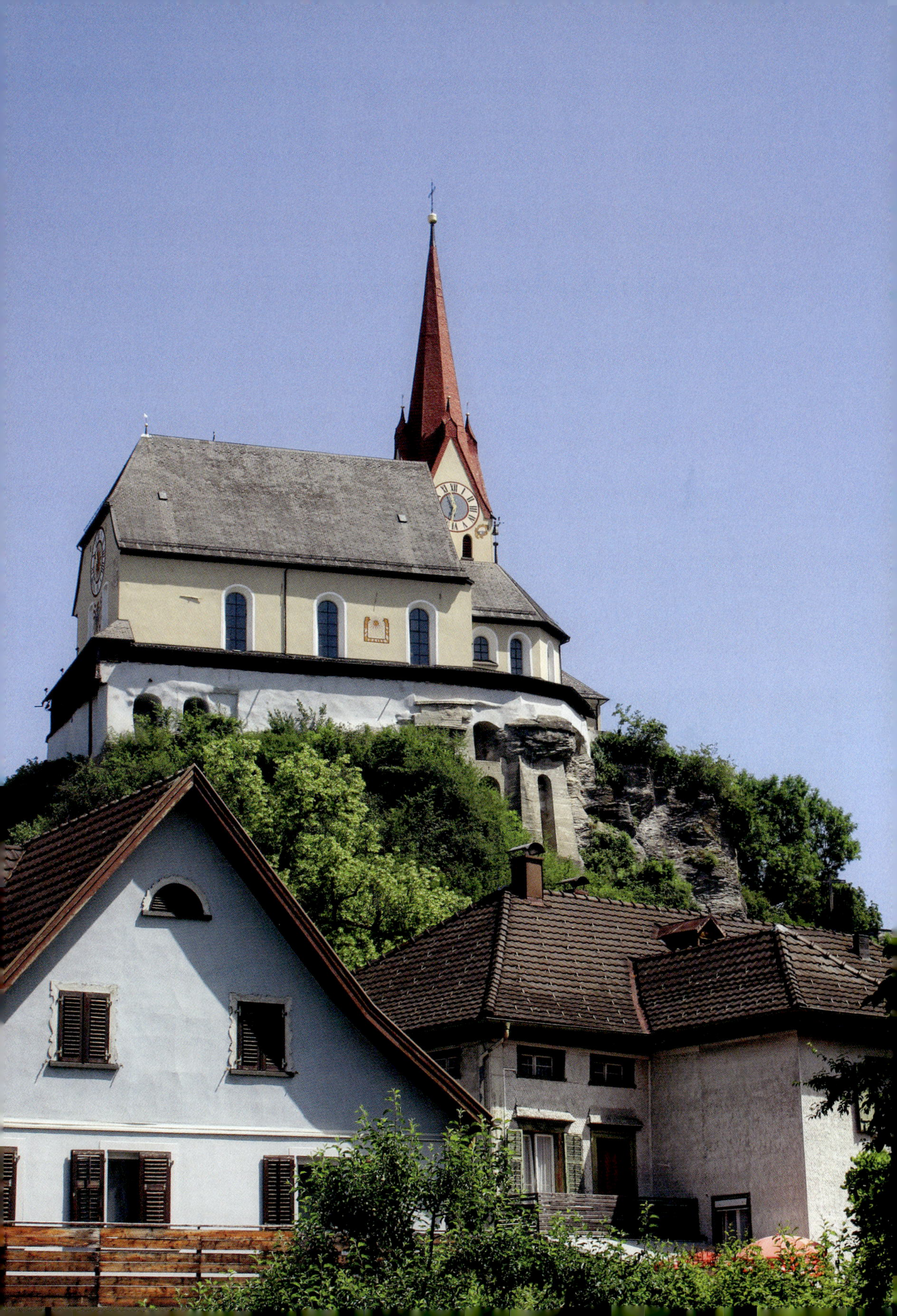

um hier zurückgezogen zu leben – und damals war das Rheintal mit Autobahn, Zügen und Industrieanlagen noch nicht einmal so hektisch wie heute. Dem Einsiedler sollten noch andere folgen, auf deren Spuren wir uns nun begeben.

Valduna Ansteigend geht es im Wald bis zur nächsten Kreuzung, hier scharf rechts, es folgt eine Rechtskurve, dann wiederum eine Kreuzung – hier wählen wir den zweiten Weg rechts (Wegweiser »Valduna Friedhof«). Rechter Hand neben uns erkennen wir durch die Bäume das große Gelände des ❶ **LKH Valduna**: Dem Einsiedler folgten im Mittelalter Ordensschwestern, die sich hier in der Einsamkeit des Tales niederließen. Nach Aufhebung und Abriss des Klosters wurde Mitte des 19. Jahrhunderts ein Krankenhaus errichtet, dessen modernen Nachfolger wir noch immer vorfinden. Wir treffen schließlich auf einen kleinen Wanderparkplatz, gehen links und kommen im nun etwas offeneren Tal bald zum nächsten Ort der Stille: dem idyllisch gelegenen ❷ **Friedhof von Valduna**. Wir biegen rechts ab, halten uns dann geradeaus und kommen so nach ❸ **Tufers**. Am Sunnahof steigen wir ins Dorf hinab, gehen rechts vor bis zur Landstraße und an der Bushaltestelle hinüber auf den Weg Richtung ❹ **Agasella**. Schnurgerade führt er uns zur nächsten Bushaltestelle, wir gehen kurz rechts hoch (nicht auf den Radweg gegenüber!), wo links ein schmaler Pfad (Haldenweg) auf uns wartet, der uns nach Göfis bringt.

Links: Alte Villa in Rankweil

Mitte: Elendbildkapelle am Hang über Feldkirch

Rechts: Im Valdunatal

Von Göfis nach Feldkirch Wir kommen bei den ersten Häusern von Göfis an, folgen dem Haldenweg noch bis zur Kirchstraße und wenden uns an dieser rechts

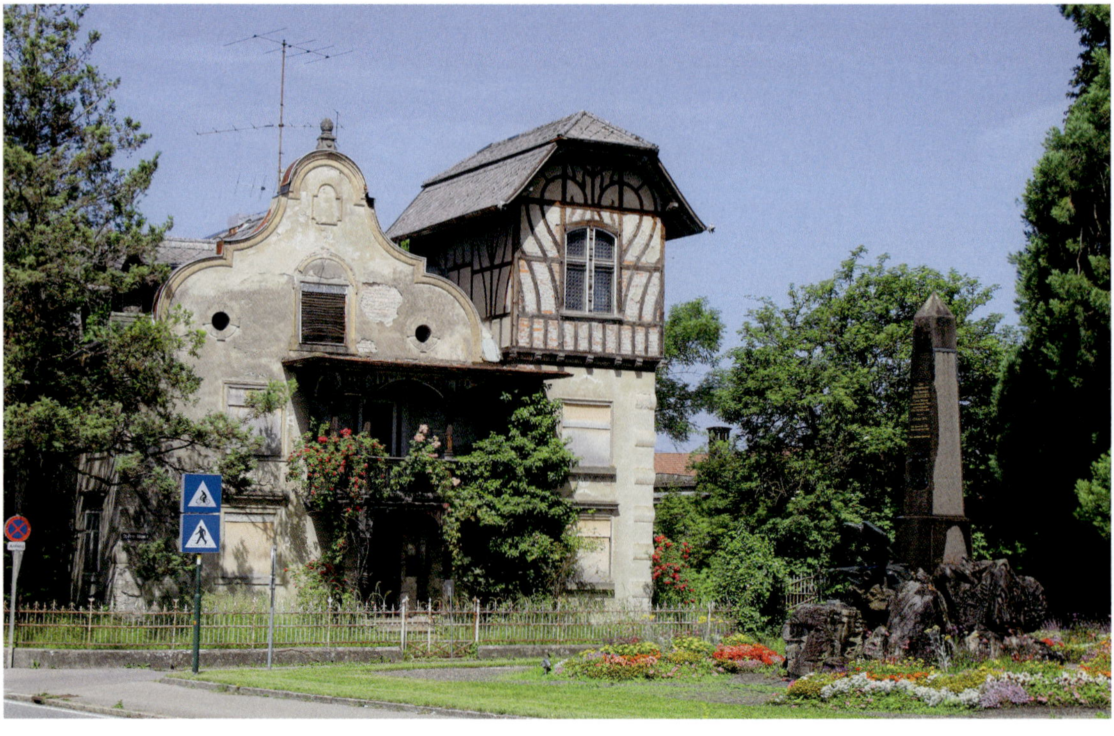

langsam ansteigend Richtung Ortskern. Göfis wird beherrscht von den beiden Kirchen und dem **5** **Gemeindeamt**. Gegenüber der Kirche St. Luzius (der größeren der beiden) gehen wir rechts hoch in die Badidastraße, dann die zweite (Senden) links und an deren T-Ende links. Anschließend folgen wir rechts der Hofnerstraße fast bis zum Ortsausgang nach dem Café Waldrast. An der Bushaltestelle beim Kindergarten rechts hinunter zum Sportplatz, nach dem Gasthof Brunnenwald links, am Sportheim vorbei in den Wald. Durch den teils recht steilen, Trittsicherheit verlangenden Abstieg bemerken wir erst, wie hoch wir inzwischen gestiegen sind. An der Holzsammelstelle halten wir uns geradeaus, danach stoßen wir auf die Landstraße, queren diese zum Parkplatz und gehen hier rechts in den Wald – übrigens: Direkt unter uns verläuft die Rheintalautobahn im Tunnel. Wir gehen sofort wieder rechts, dann scharf rechts auf den Wurzelpfad tiefer in den Wald, dieser schlängelt sich langsam bergab, wir kommen, links gehend, erneut auf die Landstraße, überqueren sie wiederum und finden direkt gegenüber den nächsten Pfad weiter hinab. An der Kreuzung am Hang, Feldkirch schon unter uns, wandern wir links den teils sehr schmalen Trampelpfad entlang, der uns zur Elendbildkapelle führt, an dieser rechts hinunter und direkt in den **E** **Bahnhofstunnel**. Hier geht es zurück nach Rankweil – oder: siehe Kasten.

Feldkirch

Da Sie ohnehin schon vor Ort sind, sollten Sie einen Besuch in der westlichsten Stadt Österreichs nicht versäumen, die allgemein aufgrund ihres historischen Zentrums als die schönste Vorarlbergs gilt. Überragt von der Schattenburg, dominieren Kirchenbauten wie der Dom die kleine Bischofsstadt, die aber mit vielen Läden und Lokalen innerhalb der alten Stadtmauern auch sonst allerlei zu bieten hat. Umgeben ist die Altstadt von nicht wenigen Villen. Im Süden grenzt sie bereits direkt an Liechtenstein.

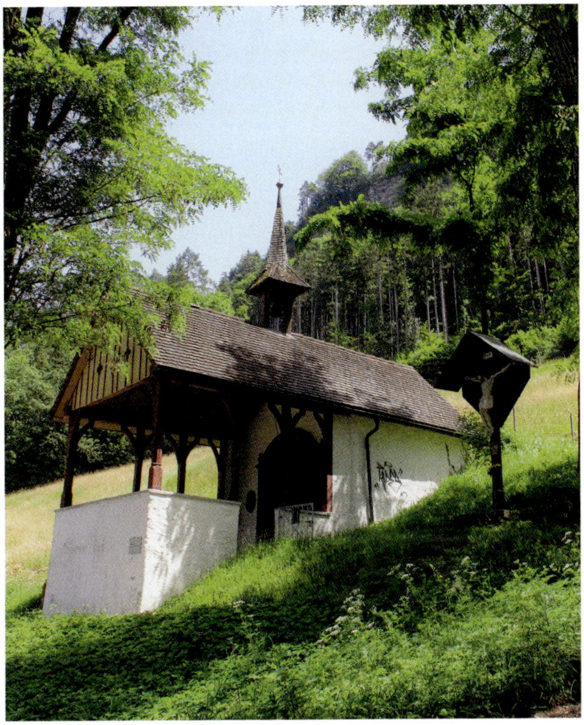

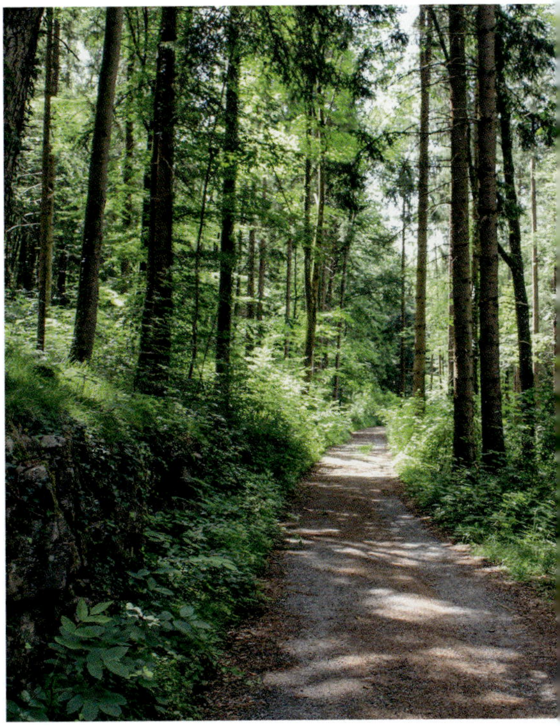

29

Von Rorschach rund ums St.-Anna-Schloss

Rorschach-Test für die Beine

Schwer | 8 km | 295/295 Hm | 2 Std.

Tourencharakter
Im Prinzip ein langer, mitunter mittelsteiler Anstieg, gefolgt von einem ebensolchen Abstieg. Festes, wasserdichtes Schuhwerk nötig (feuchte Hangwiesen); für wandererfahrene Familien geeignet

Ausgangs-/Endpunkt
Rorschach-Hafen

Geokoordinaten
47.478554, 9.493914

Anfahrt
Rorschach ist Bahn- und Straßenknotenpunkt, neben dem Hauptbahnhof (auch IC-Züge) gibt es die Haltestellen Rorschach-Stadt und Rorschach-Hafen. Die Schweizer Autobahn 1 führt hier vorbei (Ausfahrt Rorschach).

Einkehr
Als beliebte Touristenstadt hat Rorschach unzählige Gaststätten, viele davon direkt am Seeufer gelegen.

Karte
Kümmerly + Frey, Bodensee-Thurgau Wanderkarte Nr. 2 (1:60 000)

Information
Rorschach Tourismus, Hauptstrasse 56 (Hafenbahnhof), CH-9401 Rorschach, Tel. +41 (0)71/841 70 34, www.rorschach.ch/tourismus

Kurz, aber knackig: Bis hinter das St.-Anna-Schloss geht es stetig bergan, danach ebenso stetig wieder bergab.

Aufstieg zum St.-Anna-Schloss Vom A **Hafenbahnhof** aus laufen wir an der Strandpromenade in Richtung Kornhaus, dem unübersehbaren Barockgebäude am See (heute Museum), biegen jedoch vorher stadteinwärts links ab. In der Hauptstraße wenden wir uns noch einmal kurz links, um dann gegenüber rechts in die Mariabergstraße zu gelangen. Bereits ab hier beginnt der Aufstieg – und zwar gleich recht anstrengend. Als Lohn kann man sich die oft schönen barocken Häuser der reich gewordenen Rorschacher Handelsherren des 18. Jahrhunderts beidseits der Straße ansehen und schließlich an deren Ende den 1 **Mariaberg**, ein spätmittelalterliches Klostergebäude, das jedoch nie als solches genutzt wurde. Es entstand aus einem Streit der Sankt Galler Äbte mit ihren Untertanen, der noch vor Vollendung beigelegt wurde. So wurde Rorschach nie Sitz der Fürstabtei, doch der beeindruckende Bau mit einem berühmten Kreuzgang thront noch immer über der Stadt. Wir gehen links (!) am Mariaberg vorbei, laufen rechts hoch, über den Parkplatz links und dann rechts weiter bergan den Weg an dem kleinen Weiher vorbei. An der

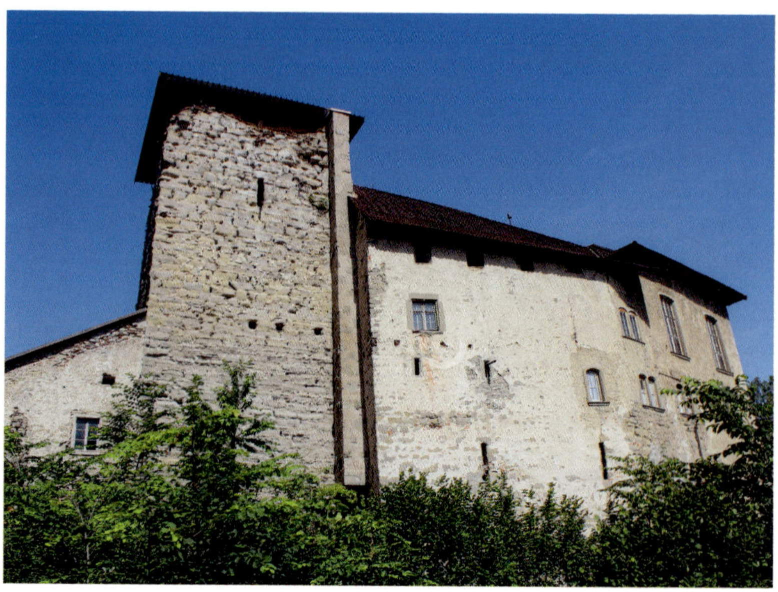

Hat schon bessere Tage gesehen: das St.-Anna-Schloss

Straße oben angekommen, gehen wir rechts auf die Häuser zu, biegen jedoch schon bald schräg links hoch (Ebnetsträsschen, Wanderzeichen »Schlösserrundweg«). Wieder geht es kräftig bergan, unter der Autobahn hindurch und nach der Unterführung rechts ab in den Wald. Schon bald sehen wir rechts unser Etappenziel: das ❷ **St.-Anna-Schloss**. Das kompakte Gebäude entstammt dem 12. Jahrhundert und wurde nur im Spätmittelalter noch einmal leicht umgebaut. Seinen teils bis zu vier Meter dicken Mauern verdankt es wohl, dass es überhaupt noch steht, denn es ist in einem beklagenswerten Zustand. Lediglich die namensgebende St.-Anna-Kapelle ist derzeit für Gottesdienste zugänglich.

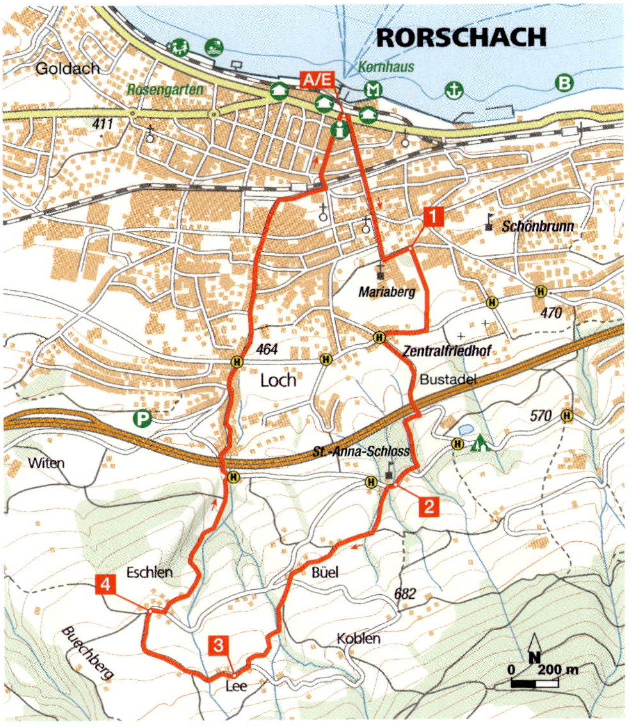

Noch ein paar Höhenmeter Wir sind noch nicht am Ende unseres Anstiegs angelangt, weshalb wir uns gegenüber dem St.-Anna-Schloss auf den Weg am Tobel im Wald begeben, auf dem wir auch an der nächsten Abzweigung geradeaus bleiben. Danach nutzen wir die Brücke, gehen rechts und kommen am ersten Hof vorbei zu einem Wiesenweg leicht links, der durch den nächsten Hof zum Landsträßchen führt, über das wir in den nächsten Tobel gelangen. Diesen verlassen wir kurz darauf rechts auf die Wiesen, wo sich ein schmaler feuchter Pfad hoch zu den Häusern von ❸ **Lee** schlängelt. Damit haben wir unseren höchsten Punkt der heutigen Tour erreicht – auf knapp unter 700 Meter. Wir genießen den Ausblick, denn von nun an geht es bergab. Zunächst folgen wir dem Sträßchen rechts hinunter nach ❹ **Eschlen**. Dort rechts und dann die zweite Straße links abwärts, am letzten Anwesen gerade den Wanderweg in den nächsten Tobel. An der Autobahn nehmen wir die Unterführung links, nach dieser gehen wir gleich rechts und sofort wieder links in die Lochstraße. Von hier immer geradeaus und bergab bis nahe Bahnhof Rorschach-Stadt, hier schräg rechts und dann links via Signalstraße zurück zum Ⓔ **Hafen** und ins Zentrum. Für den Ausklang hat Rorschach viel zu bieten: An der langen Strandpromenade locken Kneipen, Bistros, Cafés und Kioske, weiter östlich das Strandbad. In der Stadt selbst gibt es zahlreiche Gasthäuser aller Richtungen und Preisklassen, für Kulturbeflissene das erwähnte Museum im Kornhaus oder die Sammlung Würth.

Appenzeller Bergbahnen

Vom Hafenbahnhof fährt die rote Appenzeller Rorschach-Heidener-Bergbahn (RHB) hoch hinauf in den Kurort Heiden. Die kurze Strecke an den beiden Schlössern Wartegg und Wartensee vorbei überwindet in knapp 20 Minuten fast genau 400 Höhenmeter. Von Heiden kann man über den Witzweg (8 Kilometer) nach Walzenhausen laufen und dort mit der nächsten – noch steileren – Bergbahn nach Rheineck hinunterfahren.

30

Von Goldach nach Horn

Auf dem Wasserweg am Wasser zum Wasser

Mittel | 10 km | 160/210 Hm | 2 Std.

Tourencharakter
Verlässlich gepflegte Strecke mit dauerhaftem, aber überwiegend sanftem Aufstieg bis Untereggen; gut für Familien geeignet, da sehr abwechslungsreich

Ausgangs-/Endpunkt
Goldach Bahnhof/Freibad Seegarten Goldach

Geokoordinaten
47.473919, 9.467021

Anfahrt
Goldach liegt an der S-Bahn-Linie St. Gallen–Rorschach–St. Margrethen. Die Schweizer Autobahnen A1 und A1.1 führen nahe Goldach vorbei, Ausfahrten Meggenhus (A1) und Rorschach (A1.1).

Einkehr
In Goldach und in Horn gibt es Gaststätten, dazu im nicht weit entfernten Rorschach.

Karte
Kümmerly + Frey, Bodensee-Thurgau Wanderkarte Nr. 2 (1:60 000)

Information
Rorschach Tourismus (zuständig auch für Goldach, Hauptstrasse 56 (Hafenbahnhof), CH-9401 Rorschach, Tel. +41 (0)71/841 70 34, www.rorschach.ch/tourismus

Von Goldach nach Horn kommt man bequem am Ufer entlang – aber nicht mit uns: Es geht hoch nach Untereggen und den Wasserweg wieder hinunter.

Goldach und Sulzberg Am Hang über dem Bodensee liegt Goldach, unser Startpunkt ist der Ⓐ **Bahnhof** neben der imposanten Barockkirche (ein Blick hinein lohnt sich), auf die wir uns zubewegen. Ihr gegenüber (am Restaurant Ochsen), biegen wir links in die Neumühlstrasse ein, deren Verlauf wir längere Zeit folgen, bis sie sich aufspaltet: Wir gehen hier rechts in die Mühlebergstrasse. Bis Untereggen wird der Weg nun stetig,

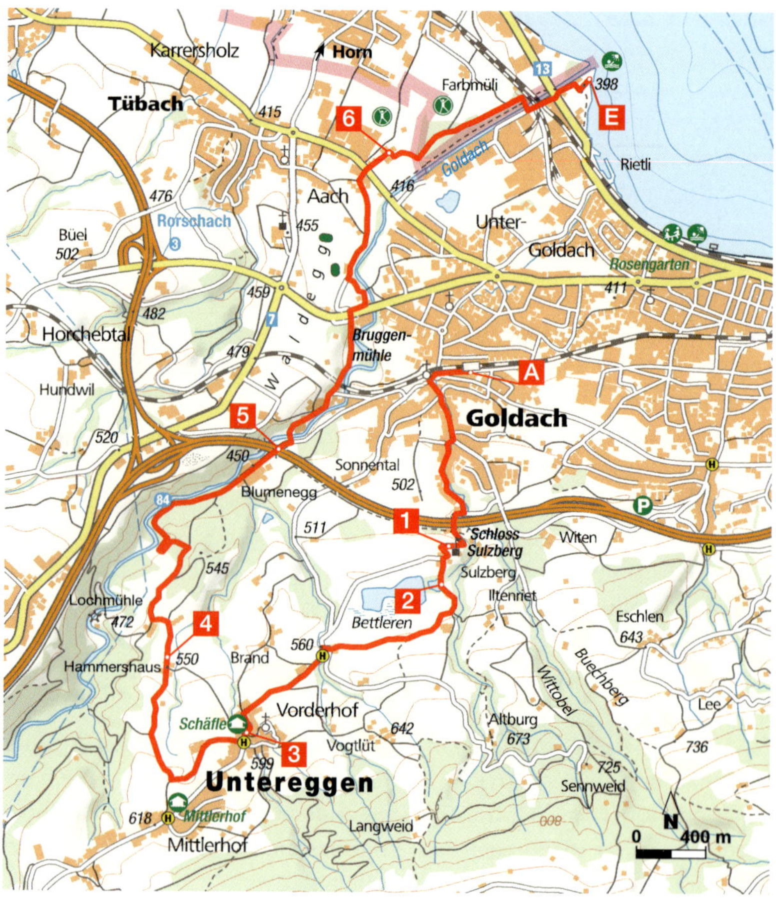

Rechte Seite:
Mit Seeblick: Schloss Sulzberg

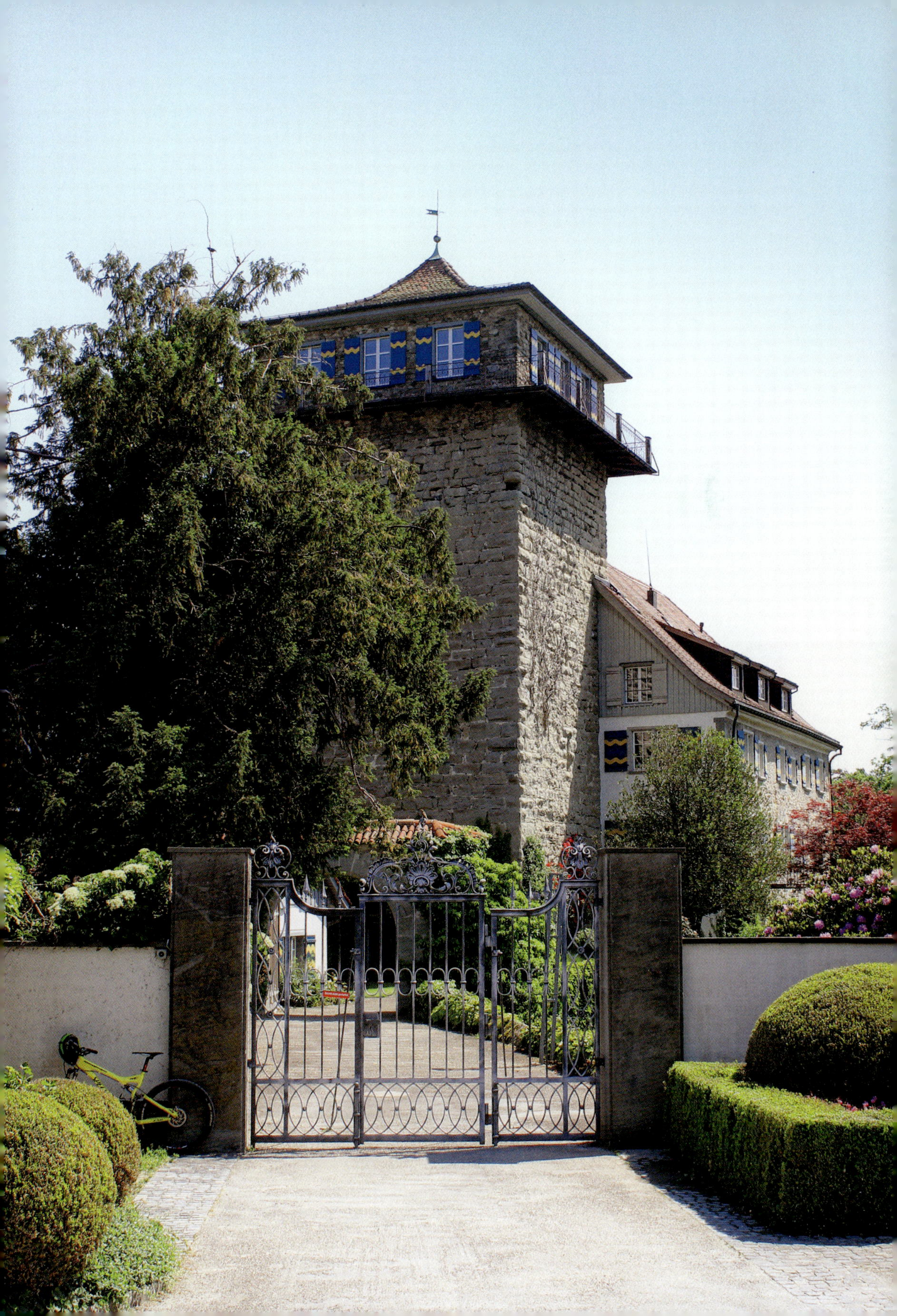

Wasserweg Goldach

Ausführliche Informationen zu den verschiedenen Attraktionen, Grillplätzen, Naturphänomenen und den beteiligten Orten sowie allerhand Wissenswertes bietet die Website www.wasserweg-goldach.ch. Dort steht auch eine Karte für diesen Teil unserer Strecke zum Download bereit.

aber nie anstrengend ansteigen. Neben dem schönen Bauernhaus vor der Autobahn gehen wir kurz rechts und somit über die Autobahn hoch auf das jetzt schon sichtbare ❶ **Schloss Sulzberg** zu, das auch als Möttelischloss, benannt nach dem früheren Besitzer, bekannt ist. Der mittelalterliche Bergfried ist weit sichtbar, seine Außenterrasse im oberen Stockwerk erinnert an eine Vergangenheit als Restaurant, heute ist das Anwesen in Privatbesitz und nicht zugänglich. Vom Burgtor aus laufen wir leicht hinab zum ❷ **Schlossweiher**, einem idyllischen Naturschutzgebiet. An der nächsten Zweigung des Weges geht es rechts vorbei am Einzel Bettleren (mit kleiner Versorgungsstation des Bauernhofs). Am nächsten Bauernhof treffen wir auf die Landstraße und laufen an dieser entlang links hoch nach Untereggen, beziehungsweise in dessen Ortsteil Vorderhof.

Untereggen – Startpunkt des Wasserwegs Wir bleiben der Goldacher Strasse treu bis zur Bushaltestelle in der ❸ **Ortsmitte**. Hier entdecken wir am großen Wegweiser erstmals das kleine weiße Pfeilchen für den Goldacher Wasserweg, dem wir für den Rest der Strecke folgen werden (siehe Kasten). Wer den kompletten Weg

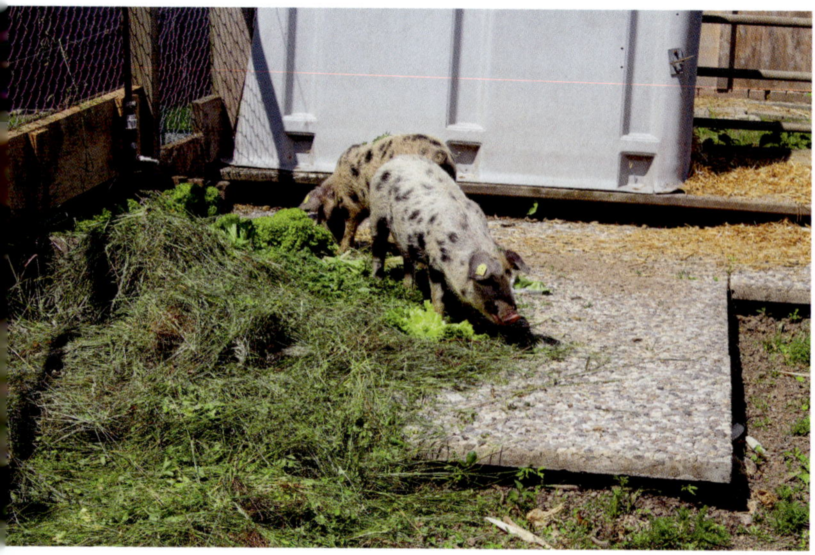

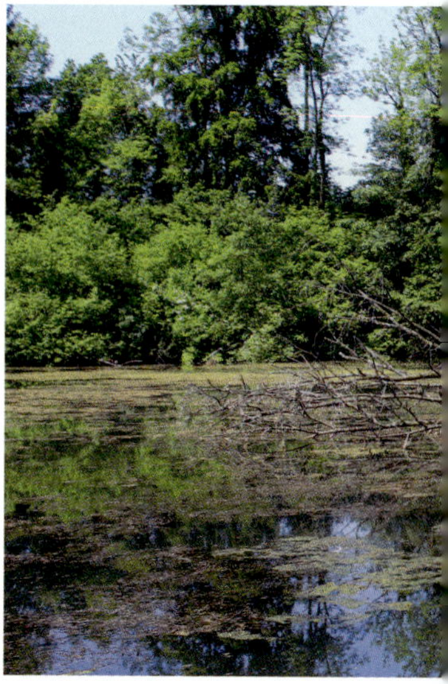

laufen möchte, kann gern die wenigen Meter links zum Kneippbrunnen in der Spielbüelstrasse gehen und von dort beginnen. Von der Bushaltestelle aus laufen wir über die Zielgasse ortsauswärts, nach einigen hundert Metern geht es auf den Weiden in spitzem Winkel rechts und an der nächsten Abzweigung vom Feldweg erneut rechts ab auf einen Wiesenpfad, der schließlich hinabführt zum ❹ **Weiler Hammershaus**, den wir geradeaus durchqueren. Bei den nächsten Höfen (Hospert) laufen wir erst links, dann rechts leicht absteigend Richtung Wald. In diesem angekommen, beginnt der Vitaparcours – nebenher können Sie sich fortan an den Fitnessgeräten ausprobieren. An der folgenden Abzweigung (beim Parkverbotsschild) geht es links auf den Pfad zum Grillplatz über der Goldach, zu der wir nun hinabsteigen. Am felsig-kieseligen Gewässer entlang kommen wir durch den Technologiepark im Tal und unter der Autobahn hindurch. Am Ende des Parkplatzes geht es links hinüber an der Haldenmühle vorbei bis zum ❺ **Eisenbahnviadukt**. Vor der Brücke biegen wir links ein und wieder an der Goldach entlang bis zur Fischtreppe, links am Kanal bis zur Bruggmühle und von dort unter der Straße hindurch und hinüber zum Begegnungsplatz Kellen – einem Ort mit vielen Freizeitmöglichkeiten und einer Fülle an Spielgeräten.

Ab ins Bad Wir wenden uns nach der Unterführung rechts und dann sogleich links, um wieder dem Verlauf der Goldach zu folgen, schließlich ist Wasser unser Leitmotiv. Am Sportgelände vorbei halten wir stets links in Flussnähe auf die nächsten Häuser zu. Wir überqueren die Landstraße, um direkt gegenüber in den Weg durch die ❻ **Aachmühle** zu kommen, am Ende des Geländes, bei den Gärtnereianlagen dann rechts und hinein in das Waldstück. Hier links über die kleine Brücke auf den Grillplatz und geradeaus weiter – da die Goldach hier die Kantonsgrenze bildet, sind wir für ein paar wenige Meter im Thurgau, doch schon an der nächsten Kurve rechts über die Eisenbahnbrücke führt unser Weg zurück ins St. Gallerland. Nach der Brücke

Links: Fühlen sich sauwohl: Schweine am Sulzberg

Mitte: Verwunschen liegt der Schlossweiher.

Rechts: Die Goldach

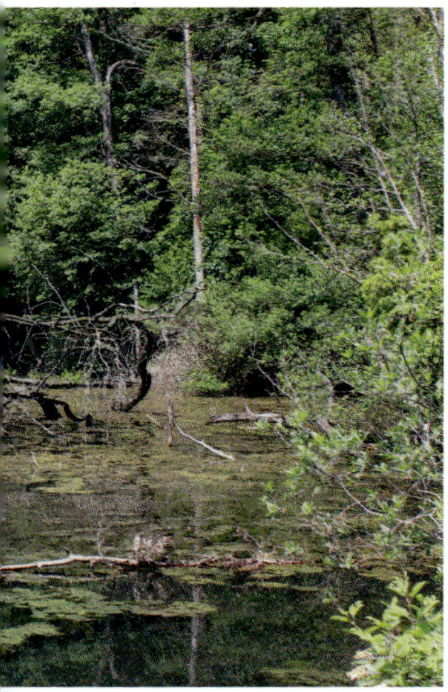

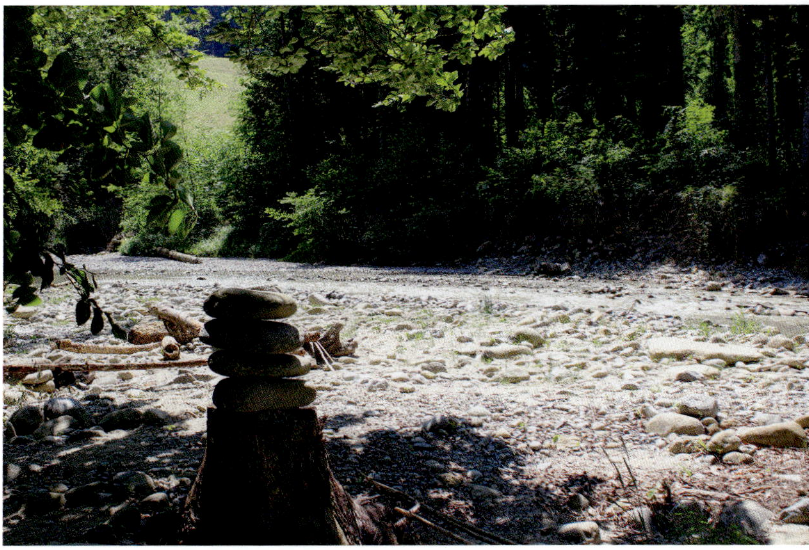

gleich links zur Landstraße, überqueren wir diese und gehen über den Parkplatz hinein ins Ⓔ **Freibad Seegarten**. Das letzte Gewässer am Wasserweg ist folgerichtig der Bodensee an der Goldachmündung. Wer nicht baden möchte, den lockt das benachbarte Horn, eine Thurgauer Exklave, mit dem gelben Schloss (16./19. Jahrhundert), erkennbar am Dachreiter, oder rechts gegenüber das stattliche Kurhaus Bad Horn. Von Horn aus kommt man mit der Bahn via Rorschach nach Goldach zurück.

31

Von Wittenbach nach Bernhardzell

Der Sitterstrandweg

Mittel | 17 km | 200/200 Hm | 3,5 Std.

Tourencharakter
Ein ständiges Auf und Ab, teils auf engen Pfaden; nach Niederschlägen ist der Weg eher zu meiden, da sehr rutschig. Trittsicheres Schuhwerk ist in jedem Fall Pflicht. Für Familien mit wandererfahrenen, älteren Kindern geeignet.

Ausgangs-/Endpunkt
Wittenbach Bahnhof

Geokoordinaten
47.462695, 9.388562

Anfahrt
Wittenbach ist Station an der S-Bahn-Strecke Schaffhausen–Sankt Gallen. Die Schweizer Autobahn A1 führt in der Nähe vorbei, Ausfahrt Sankt Gallen-St. Fiden.

Einkehr
In Wittenbach, sehr schöne Gasthöfe gibt es auch in Bernhardzell und Erlenholz.

Karte
Kümmerly + Frey, Bodensee-Thurgau Wanderkarte Nr. 2 (1:60 000)

Information
Gemeinde Wittenbach, Dottenwilerstrasse 2, CH-9301 Rorschach, Tel. +41 (0)71/292 21 11
www.wittenbach.ch/de

Rechte Seite: Brücke, Teil 1: die Wannenbrugg

Nicht weit von der Metropole Sankt Gallen führt einer der vielleicht schönsten Wanderwege der Region durch das stille Tal des Flusses Sitter.

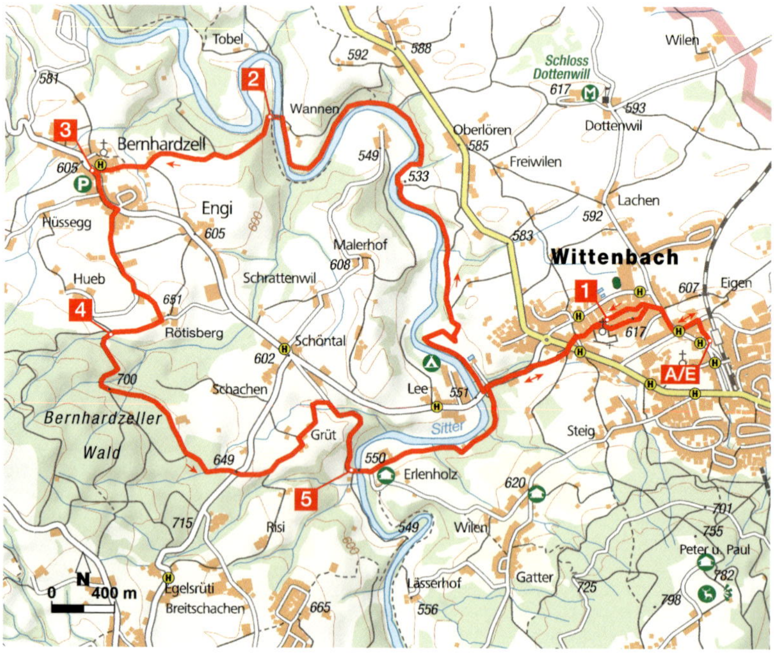

Wittenbach Wir starten vom Ⓐ **Bahnhof Wittenbach** auf knapp über 600 Metern Höhe. Die Bahnhofstraße laufen wir in Richtung Gemeindehaus hinab, an diesem vorbei bis zum Wegweiser (Dorfstrasse) links hinauf in den alten Dorfkern ❶ **Wittenbachs**, den das Schloss Egg, die Pfarrkirche und die benachbarte Nepomukkapelle prägen. Nach der Bäckerei rechts zum Kreisel, dort die erste links (Leestrasse) talabwärts. An der Straße entlang geht es bis zur modernen Sitterbrücke. Vor dem Fluss biegen wir links auf den Wanderweg, dann sofort rechts auf den Pfad, der mit Sitterstrandweg gekennzeichnet ist – von nun an beginnt die schönste Passage der Tour. Denn die Sitter ist ein beachtlicher Fluss, dessen bläulich-grünliches Gebirgswasser mit großen Schleifen breit durch Kiesel und Fels fließt, eingebettet in eine sanfte Hügellandschaft. Der Weg ist manchmal schmal, glitschig und steil, die Kennzeichnung – an

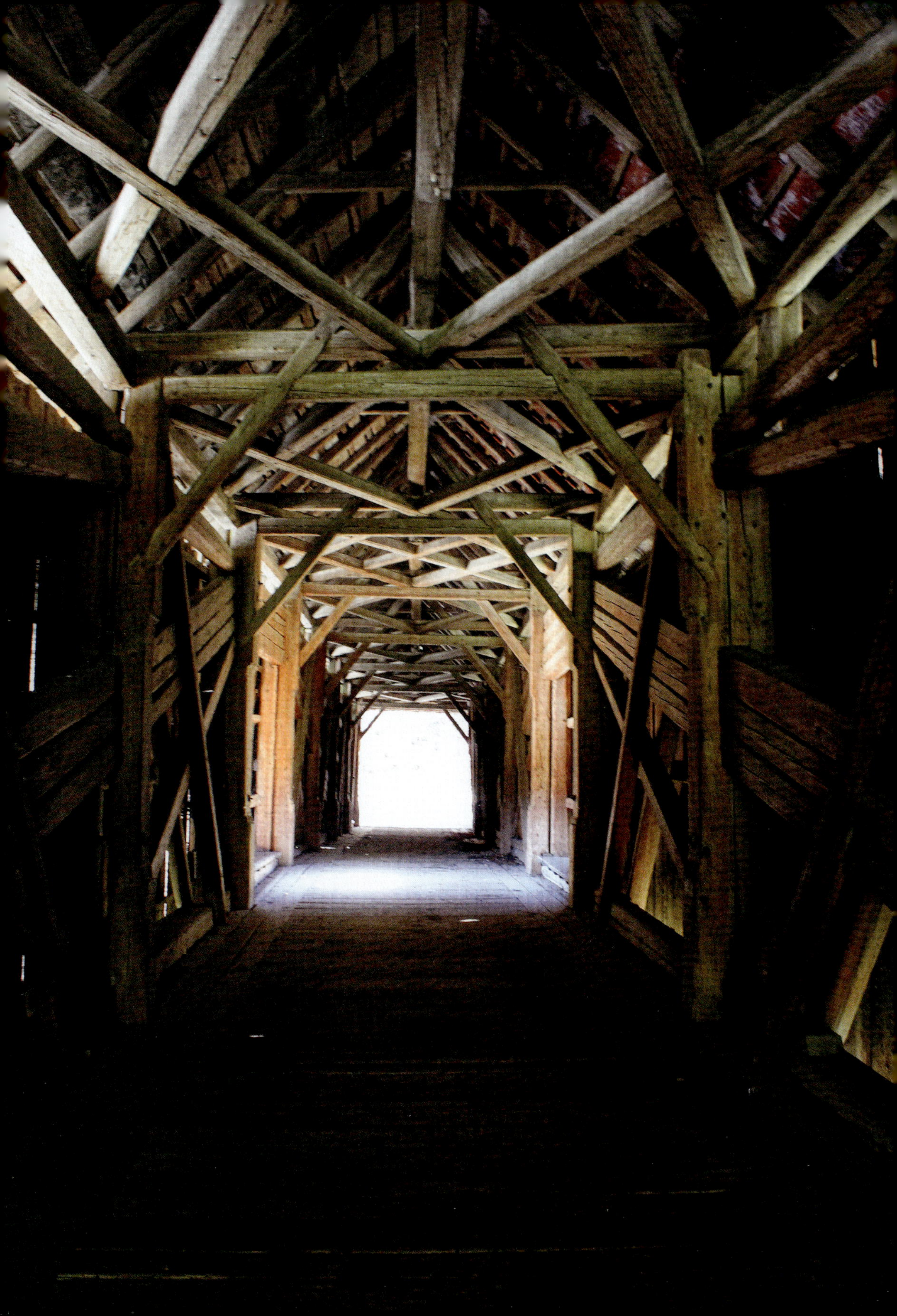

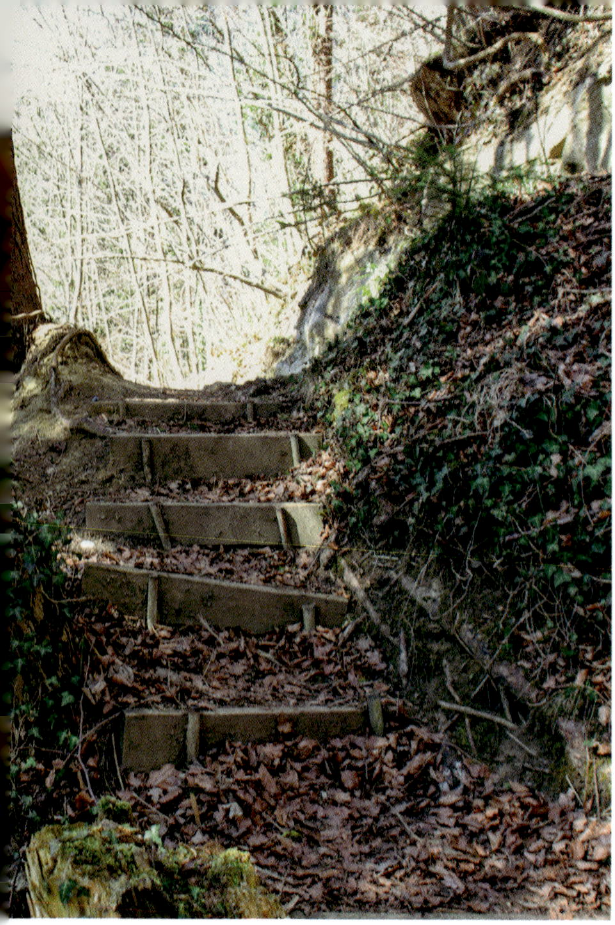

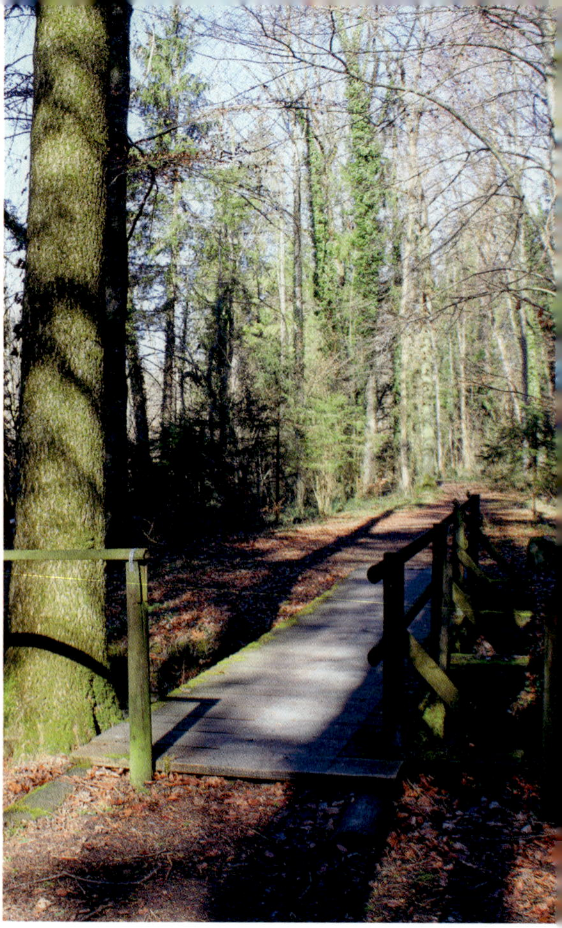

Links: Es geht hoch ans Steilufer.

Rechts: Brücke, Teil 2: hoch über der Sitter

die man sich unbedingt halten sollte – aber gewohnt schweizerisch zuverlässig. So folgen wir ihr auch, wenn der Wanderweg kurzzeitig das Flussufer verlässt und nach rechts über die Wiesen hoch abbiegt – sehr schnell befindet man sich weit über den teils scharfen Abbruchkanten des Sitterufers, bevor es wieder hinabgeht. Die Wegführung ist stets eindeutig und so kann man die Umgebung genießen, ohne ständig auf die Karte blicken zu müssen.

Von der Wannenbrugg nach Bernhardzell Schließlich kommen wir nahe des Einzels Wannen mit seinem hübschen Bauernhof zu der historischen ❷ **Holzbrücke** über die Sitter, die wir hier überqueren. Wir gehen rechts hoch und dann links ansteigend durch den Wald in die Weidenlandschaft um Bernhardzell, das wir geradeaus vor uns bereits erblicken. Am Ortsrand angekommen, biegen wir rechts auf den kleinen Pfad zur ❸ **Kirche** ab, einem beeindruckenden barocken Zentralbau in Kleeblattform mit üppiger Ausstattung. Auf dem Vorplatz findet sich ein kürzlich wiederentdeckter Brunnenschacht (siehe Kasten). Zur Rast lädt der benachbarte Landgasthof ein. An der Durchgangsstraße wen-

Sitterstrandweg 2.0

Unser Wegstück hat Ihnen nicht gereicht? Sie können gern von der Wannenbrugg aus (oder nach der Besichtigung von Bernhardzell hierher zurückkehrend) geradeaus am rechten Ufer weiterlaufen, zum Beispiel bis zur Ruine Ramschwag, um auch weiterhin den Sitterstrandweg zu genießen. Von dort aus über Hägenschwil-Winden via Bahn zurück nach Wittenbach.

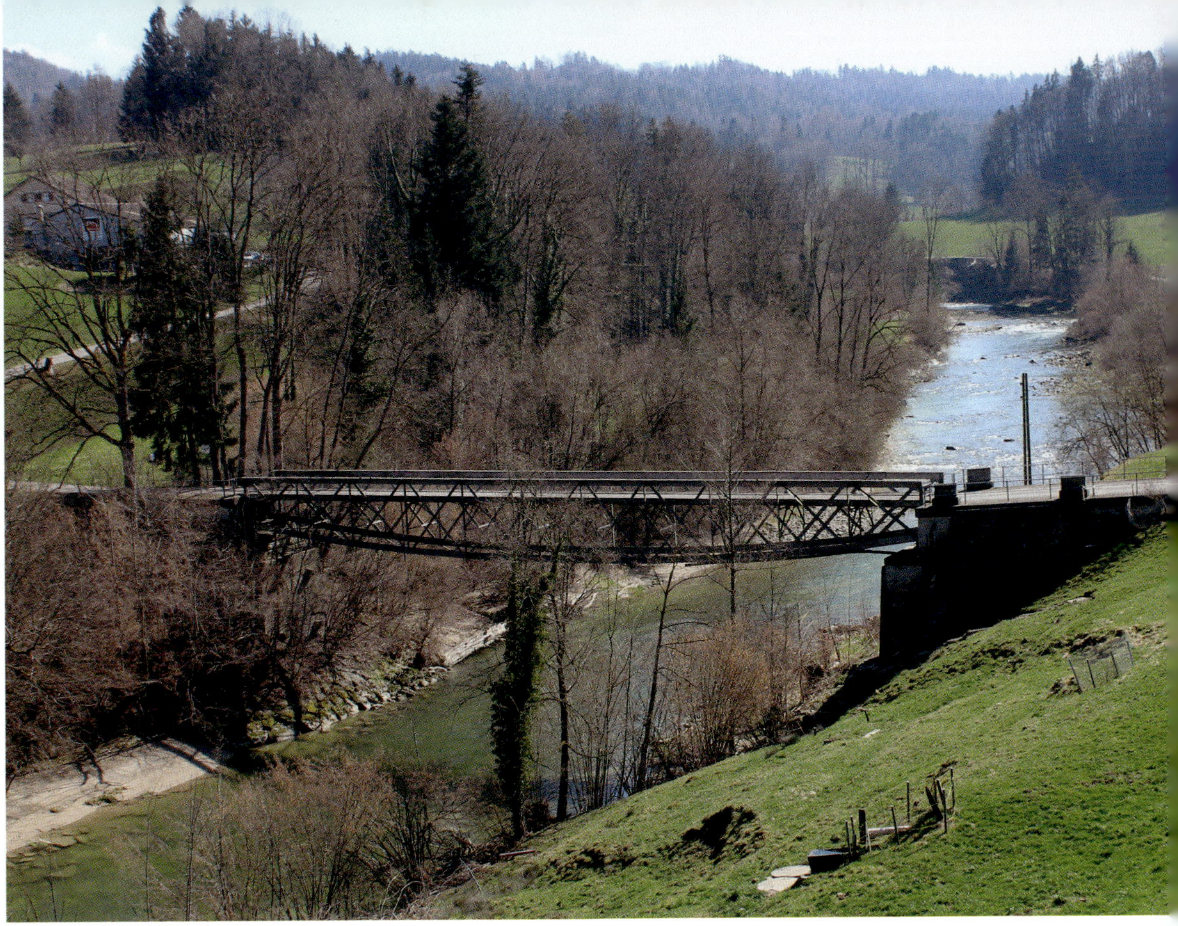

Brücke, Teil 3: über die Sitter bei Erlenholz

den wir uns links und laufen in Richtung Ortsende. Kurz nach dem Dorfladen geht es links hoch in die Oberhubstraße – der nächste kräftige Anstieg folgt. Wir laufen geradeaus, bis der Weg in einem Hofgelände endet und biegen nach rechts ab, weiter bergan.

Via Erlenholz zurück nach Wittenbach Kurz darauf geht es links am ❹ **Wegkreuz** mit schönem Blick in die Bodenseelandschaft (auf einem Hügelchen ist Schloss Dottenwil gut erkennbar) hinein in den Wald, dort an der nächsten größeren Kreuzung links, nun langsam abwärts. Geradeaus geht es schließlich aus dem Wald hinaus bis zur Landstraße, die wir vorsichtig queren (links ist die Sicht durch eine Kurve beeinträchtigt), um über die Wiesen zu den nächsten Höfen hinabzulaufen; hier rechts weiter bergab. Neben den Solaranlagen erneut rechts und durch das Wäldchen hinab zur Sitter. Nach der modernen und der alten Holzbrücke sehen wir hier eine ❺ **historische Eisenkonstruktion**, die wir überqueren. Rechts liegt das Restaurant Erlenholz, das zur Einkehr einlädt, unser Weg führt nach der Brücke allerdings links am Schützenhaus vorbei auf den kleinen Pfad – wir sind wieder auf dem hier nicht ganz so wildromantischen Sitterstrandweg –, der uns schließlich zu eben genannter moderner Sitterbrücke zurückbringt. Wir laufen wieder rechts an der Straße hoch, biegen allerdings vorzeitig rechts ein und kommen so direkt ins Zentrum – u. a. zum Restaurant Bäche. Von dort zurück zum Ⓔ **Bahnhof**.

32

Von Bischofszell auf den Sankt Pelagiberg

Über die Hügel des Bischofs

Mittel | 13 km | 110/110 Hm | 3 Std.

Tourencharakter
Mittellange Anstiege jeweils auf den Bischofs- und den Pelagiberg mit entspannten Abstiegen, insgesamt wellig, aber nicht zu anstrengend; Passagen auf kleineren Landsträßchen

Ausgangs-/Endpunkt
Bahnhof Bischofszell-Stadt

Geokoordinaten
47.492140, 9.241335

Anfahrt
Bischofszell liegt an der Bahnlinie Weinfelden–Sankt Gallen und hat zwei Bahnhöfe: Bischofszell-Nord und den zentraleren Bischofszell-Stadt. Die Schweizer Autobahn A1 führt südlich vorbei (Ausfahrt Gossau oder Uzwil).

Einkehr
An Einkehrmöglichkeiten mangelt es nicht. Abgesehen von Bischofszell bieten sich in wunderschönen Lagen die Waldschenke über Hauptwil, der Hof Gertau an der Sitterfähre und das Gasthaus auf dem Pelagiberg an.

Karte
Kümmerly + Frey, Bodensee-Thurgau Wanderkarte Nr. 2 (1:60 000)

Information
Tourismusinformation Bischofszell, Rathaus Marktgasse 11, CH-9220 Bischofszell, Tel. +41 (0)71/424 24 24, www.bischofszell.ch/de/

Rechte Seite: Nicht zu übersehen: der St.-Pelagiberg

Die Flüsse Sitter und Thur prägen das wellige Umland von Bischofszell ebenso wie viele kleine Weiler und Einzelhöfe.

Bischofszell und Bischofsberg Um 900 gründete der Konstanzer Bischof hier ein Kloster, eine Zelle: Aus ihr entstanden Ort und Name der Stadt mit dem wunderschönen Zentrum auf dem Molassehügel über dem Zusammenfluss von Sitter und Thur, bekrönt von der gotischen Stiftskirche St. Pelagius, dem benachbarten bischöflichen Schloss und den barocken Bauten, die nach einem verheerenden Stadtbrand im Jahr 1743 errichtet wurden. Aus alldem ergab sich eines der schönsten Stadtbilder der Nordschweiz, mit dem prächtigen Rathaus als Krönung zwischen den Bürger- und Chorherrenhäusern. Ein Besuch zu Beginn oder als Ausklang der Tour ist geradezu Pflicht. Startpunkt ist einmal mehr der **Ⓐ Bahnhof (Stadt)**, von dem aus wir uns nach rechts wenden, um über den Parkplatz in Richtung Restaurant zur Eisenbahn zu laufen, hier geht es rechts über die Gleise und anschließend geradeaus – der Anstieg zum Bischofsberg

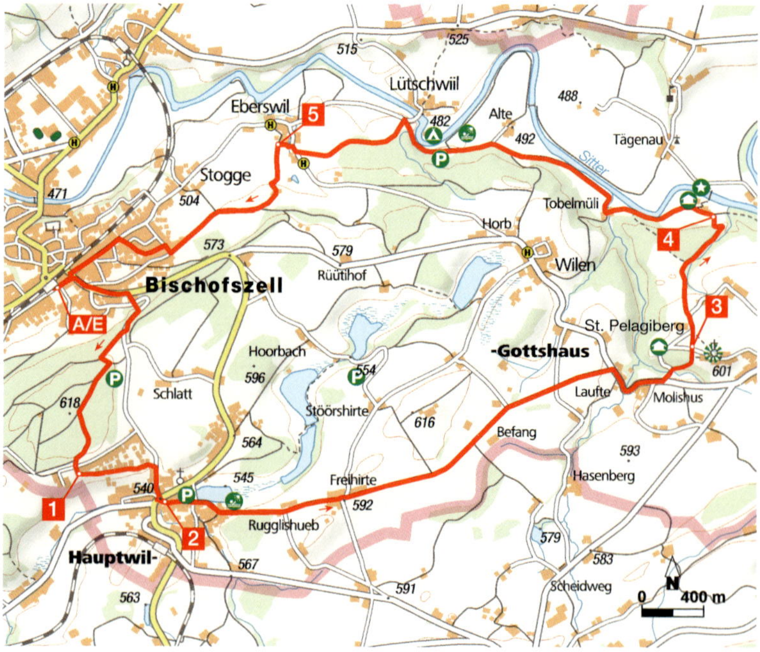

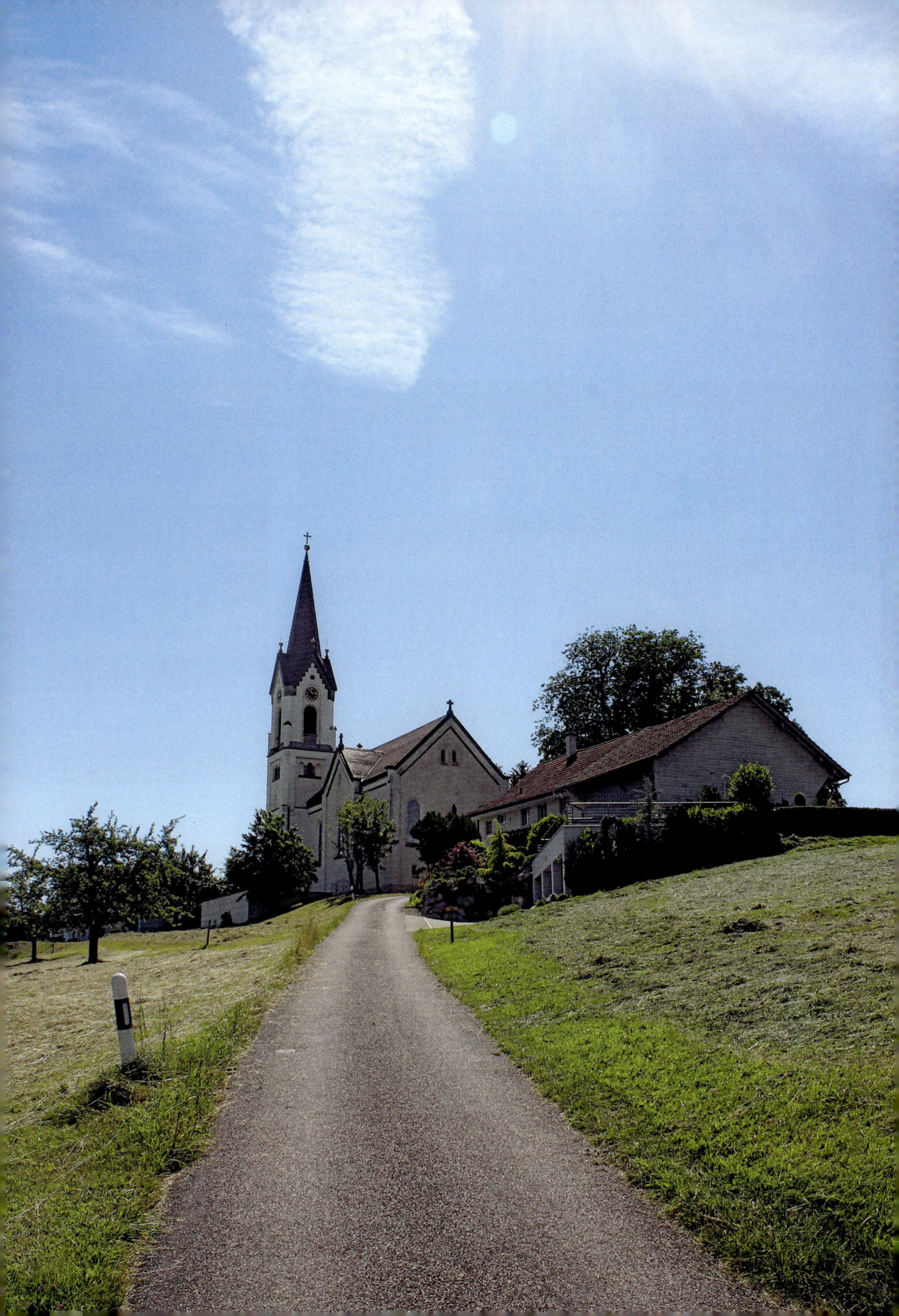

beginnt. Erst via Steigstrasse, dann rechts in die alte Hauptwilerstrasse, aber sogleich links in den schmaleren »Steig«, der seinem Namen alle Ehre macht. Rechts abgebogen, kommen wir im Wald auf einen breiteren Weg, biegen kurz darauf erneut rechts ab, dann links zum Parkplatz Waldschenke mit Infotafel zum Bischofsberg und seinen geologischen Besonderheiten. Via Parkplatz zurück in den Wald, dann links bereits leicht abwärts direkt auf die ❶ **Waldschenke** zu: ein Wirtshaus in Holzoptik mit viel Biergarten, Spielplatz und Ausblick.

Von Hauptwil zum Pelagiberg Nach dem Gelände der Waldschenke heißt es öfter mal aufpassen, um die richtige Lücke zu finden: Am Waldrand geht es noch kurz entlang bis zu einem Türchen links im Zaun (mit Verkehrszeichen »Fahrradverbot«),

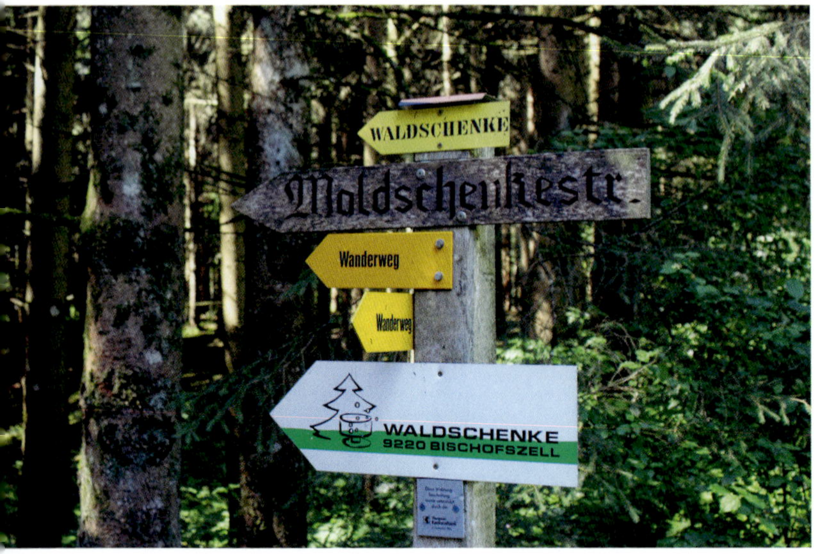

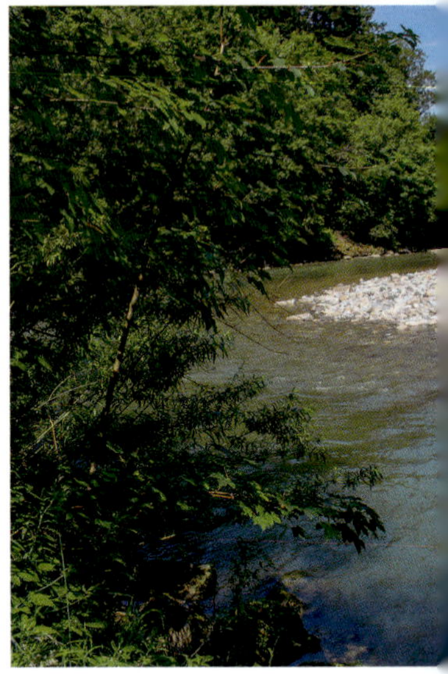

Links: Unmissverständlich: Hier geht es zur Waldschenke!

Mitte: Die Sitter windet sich in Richtung Bischofszell.

Rechts: Die Waldschenke über Hauptwil.

hier hinab zur Straße, wenige Meter rechts und dann erneut links auf den schmalen Pfad zwischen (!) den beiden Zäunen. Vor den Gärten der Häuser am Hang geht es nun langsam Richtung Hauptwil hinab. Wir kommen wieder auf eine Siedlungsstraße, laufen diese noch ein Stück geradeaus und dann weiter geradeaus auf dem Kiesweg (Gonzenbachweg) bis zur Türmlistrasse, die uns rechts hinabführt zu den Hauptwiler Attraktionen: dem Schloss und dem Türmli (17. Jahrhundert), durch das wir in das schmucke Zentrum des kleinen ❷ **Marktortes** kommen. An der Großkreuzung in der Ortsmitte überqueren wir die Straße hinüber in die Dorfstraße leicht links, diese entlang bis zum ersten aus der Reihe der Weiher, die das Stift Bischofszell einst anlegen ließ – heute das Hauptwiler Freibad. An diesem vorbei geht es in der Freihirtenstrasse leicht bergan dorfauswärts bis zum gleichnamigen Weiler, der typisch ist für die von Einzeln, Weilern und kleinen Dörfchen geprägte Landschaft. Nach Freihirten geht es weiter immer geradeaus auf dem Teersträßchen, bis wir, die Kirche des Sankt Pelagibergs schon vor Augen, auf die Landstraße treffen; hier rechts in die Kurve zwischen Häusern, kurz nach dem Sägewerk dann links zum Wald, an dessen Beginn rechts über den Kreuzweg. Am oberen Waldende geht es dann über die Wiese, links am Haus vorbei und rechts über das Sträßchen zur ❸ **Wallfahrtskirche**. Eine solche gibt es auf dem Hügel schon seit dem Spätmittelalter, gegründet vom bischöflichen Pelagistift, der heutige, weit sichtbare Bau entstammt dem 19. Jahrhundert.

An der Sitter Nach dem Besuch laufen wir auf dem Sträßchen wieder ein paar Meter zurück, biegen dann aber rechts ab, über die Wiese hinunter zum Waldheim. Von diesem stets geradeaus bis zum Wald, durch diesen hindurch und auf der anderen Seite links hinab zum ❹ **Hof Gertau** – hier an der Sitter (siehe Tour 31) lässt sich gut im Gartenrestaurant rasten. An der Sitter entlang geht es links weiter bis zur Tobelmühle, einem Gestüt – auch hier werden Kaffee und Kuchen angeboten. Wir

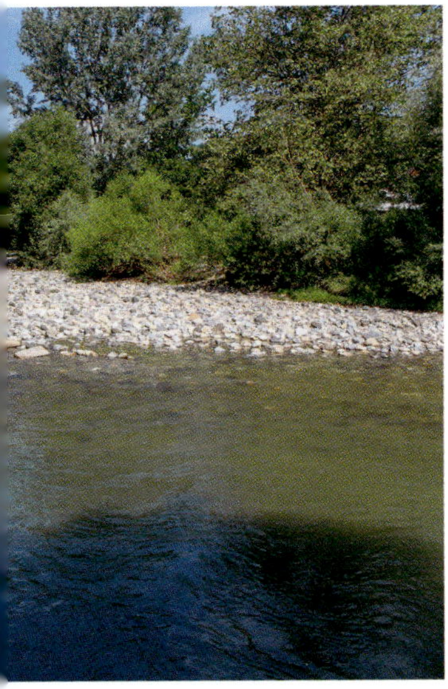

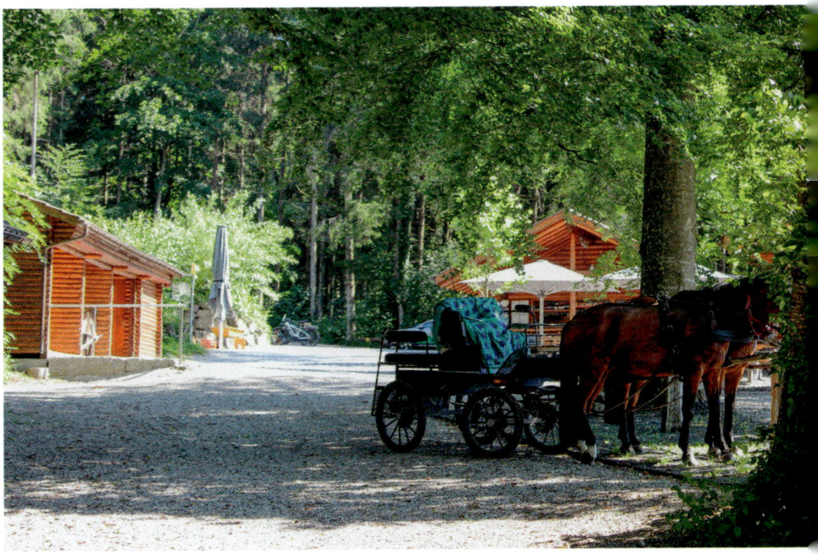

bleiben rechts am Fluss und gehen den Weg am Waldrand weiter bis zur Landstraße. Auf dieser laufen wir gut zwei Meter links, um dann links auf den Feldweg zurück Richtung Wald einzubiegen. Wir erreichen ❺ **Eberswil**, gehen wenige Meter rechts hinab, biegen dann aber gleich links auf einen Pfad, gehen an den Häusern vorbei und nach diesen links hoch. Nach der Durchquerung des Einzelhofs wenden wir uns an der nächsten Kreuzung links hoch und werden so bald an den Ortsrand von Bischofszell gebracht. Erst geradeaus, hinüber in die Untere Bisrütistrasse, vorbei am Spielplatz, der Rechtskurve nach und hinunter zur Espenstrasse, laufen wir hier links bis zum Supermarkt und schon sind wir wieder am Restaurant Eisenbahn und gleich beim Ⓔ **Bahnhof**.

Die Sitterfähre

Es sind nur ein paar Meter vom Gasthof Gertau bis zur historischen Sitterfähre. Im Mittelalter waren es vor allem Pilger von Konstanz nach Sankt Gallen und umgekehrt, heute können Fußgänger in dem kleinen Boot von April bis Oktober die Ufer wechseln (wochentags nach Anmeldung, am Wochenende 10–18 Uhr stündlich). Und es lohnt sich: Gegenüber liegt die mittelalterliche Kapelle Degenau, nördlich schließt das Hudelmoos an, das schönste Torfmoor der Nordschweiz.

33

Von Amriswil nach Lengwil

Apfelblüte unter der Thurgauer Sonne

Leicht 16,5 km 70/20 Hm 4 Std.

Tourencharakter
Ausgewogene Strecke mit nur wenigen Höhen und Tiefen, viel Wechsel zwischen Wald- und Feldwegen; für Familien geeignet

Ausgangs-/Endpunkt
Amriswil Bahnhof/Lengwil Bahnhof

Geokoordinaten
47.550429, 9302336

Anfahrt
Am Bahnhof Amriswil halten sowohl Regional- als auch IC-Züge, z. B. aus Zürich. Parallel zur Bahn führt auch die Hauptstraße 14 Romanshorn–Weinfelden durch Amriswil.

Einkehr
Siehe Kasten

Karte
Kümmerly + Frey, Bodensee-Thurgau Wanderkarte Nr. 2 (1:60 000)

Information
Sonnenecke Bodensee, Scherzingerstrasse 2, CH-8595 Altnau, Tel. +41 (0)71/694 56 84, www.thurgau-bodensee.ch/de/kommen/regionen/sonnenecke.html

Zur »Sonnenecke am Bodensee« haben sich einige Thurgauer Gemeinden am Bodenseeufer zusammengeschlossen – nicht ganz zu Unrecht.

Nach Sommeri Amriswil trägt in seinem Wappen einen Apfelbaum, und Apfelbäume werden uns auf dem Weg des Öfteren begegnen. Der stattliche Ort (13 200 Einwohner) ist ein Verkehrsknoten, der in der Industrialisierung angewachsen ist – die gute Erreichbarkeit macht ihn zu einem perfekten Ausgangspunkt und so starten wir am Ⓐ **Amriswiler Bahnhof**. Vom Ort sehen wir allerdings nur wenig, da wir uns direkt westlich der Gleise über die Weiherstrasse hin zu dem kleinen Park um den Ziegeleiweiher begeben. Wir laufen rechts Richtung Spielplatz um das kleine Gewässer herum und dann links (Parkweg) aus Amriswil hin-

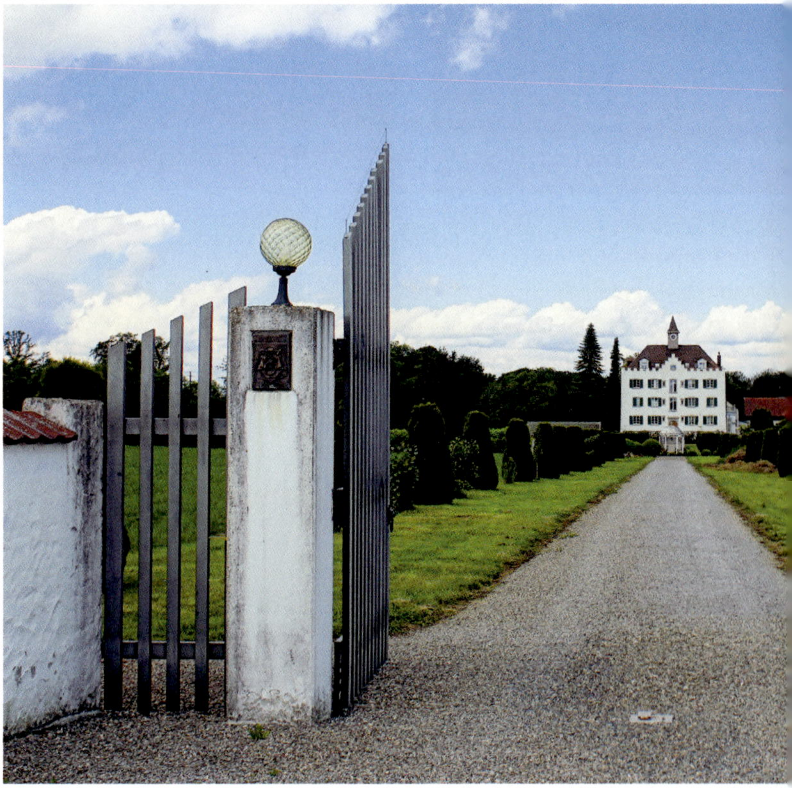

Rechts: Alles Wissenswerte zum Apfel verrät der Apfelweg.

Links: Einladendes Schmuckstück: die Liebburg

aus. An der Y-Zweigung halten wir uns links und gehen dann die Kurve auf den Hof zu, anschließend links hoch nach ❶ **Hefenhofen**. Wir durchlaufen das Dörfchen mit teils schönen Riegelhäusern bis zur Großkreuzung am Gasthof Sonne, hier geht es links an der Straße entlang bis zur Abzweigung nach Sommeri rechts. Die Hefenhoferstrasse bringt uns direkt zu der altehrwürdigen ❷ **Kirche** des Dorfes, dessen Name so gut zur Sonnenecke passt – ein Blick hinein lohnt sich. Unser Weg führt vor dem Friedhof rechts (Kesswilerstrasse) erst gerade aus dem Dorf, dann bis zum Waldrand. Hier laufen wir erst noch einmal links, bevor es kurz danach dann tatsächlich rechts auch in den Wald hineingeht.

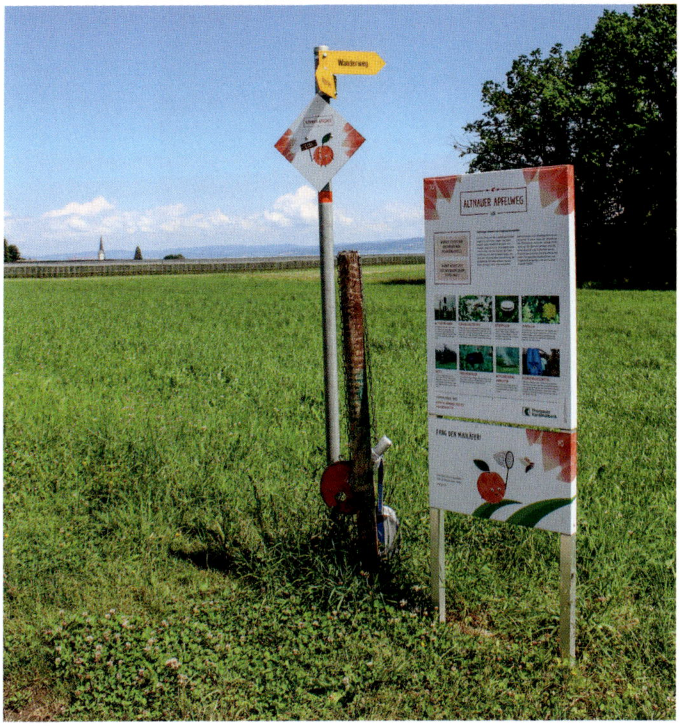

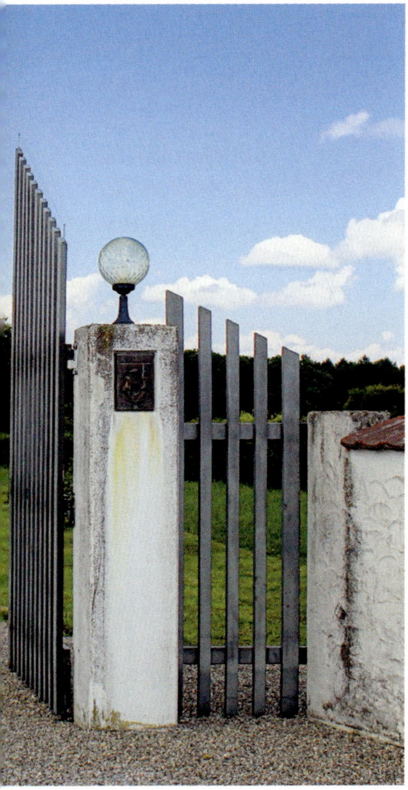

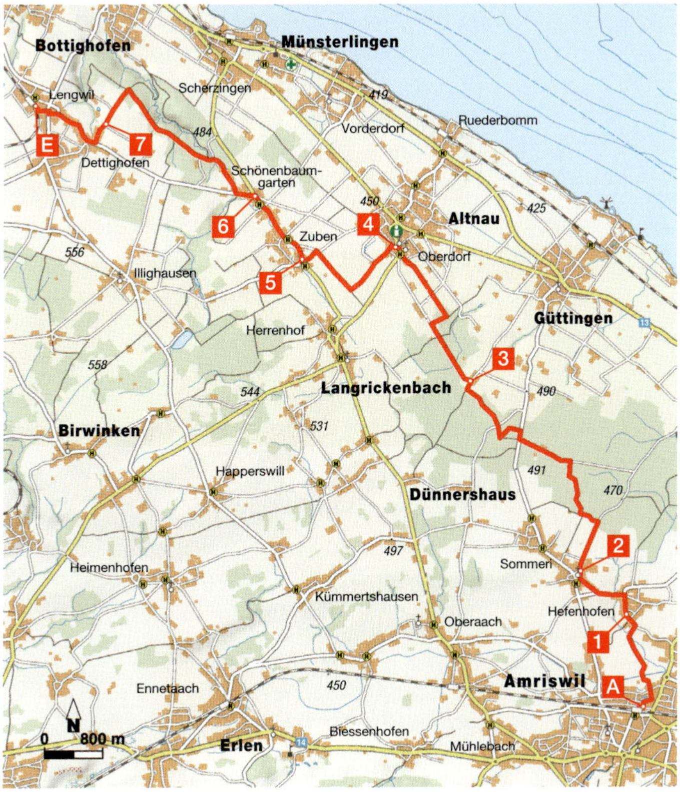

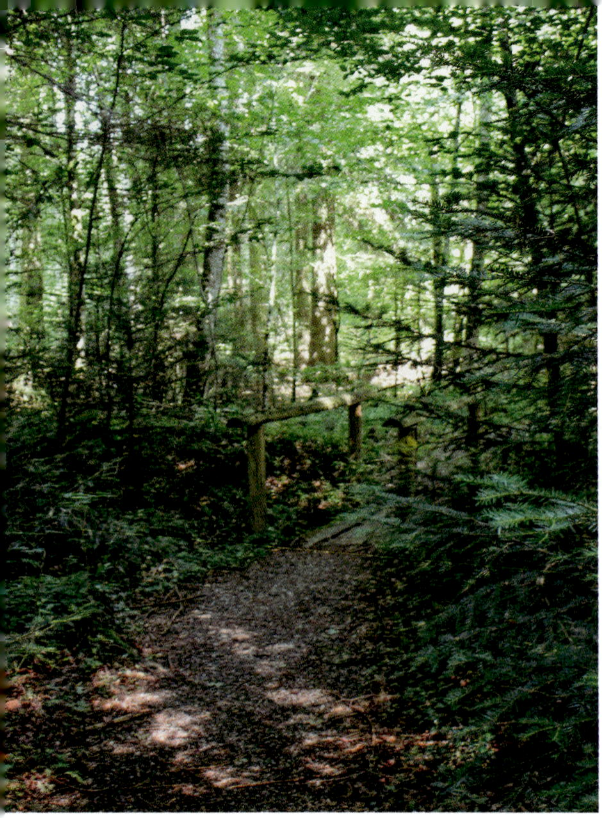

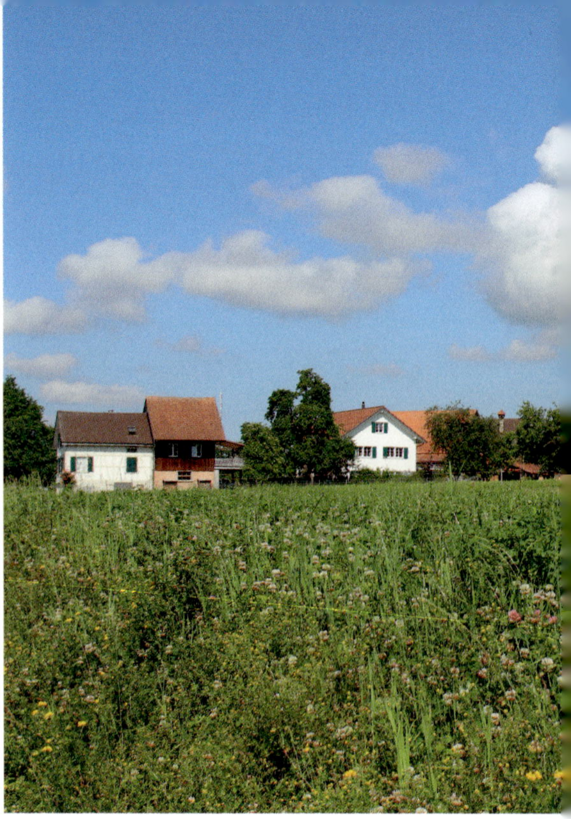

Altnau Im Wald folgen wir den zuverlässigen gelben Wegweisern, an der nächsten großen Kreuzung (Infotafel zum Naturschutzgebiet Güttinger Wald) dann rechts und lange geradeaus, am Waldhaus Jakob vorbei, bis zur Landstraße. Diese queren wir rechts diagonal ins nächste Waldstück gegenüber, nach kurzer Zeit rechts und dann weiter geradeaus, bis wir wieder an den Waldrand gelangen, wo wir links auf den Bodensee hinunterblicken können. Von hier gehen wir rechts hinunter zum ❸ **Bleihof** und an diesem links zurück in den Wald. Es geht wieder ein langes Stück geradeaus, dann aus dem Wald und bis zum Wegweiser und zur Station des Apfelwegs, dort dann rechts hinab und kurz darauf links weiter auf dem Apfelweg. Obstanbau ist eigentlich eine Spezialität des Nordufers, doch die Sonnenscheindauer um Altnau ist hoch genug, um auch hier leckere Thurgauer Äpfel gedeihen zu lassen.

Ein weiteres Mal geht es lang gezogen geradeaus – so kommen wir, wenn wir nach den ersten Häusern am Gasthaus Schwanen leicht rechts abbiegen, ins sehr schöne Zentrum von ❹ **Altnau** mit der evangelischen und katholischen Kirche, umgeben von vielen reichlich geschmückten Riegelhäusern. Gegenüber der evangelischen Kirche biegen wir links in die Kaffeegassee ein, anschließend geht es links über die Rütlistrasse leicht ansteigend aus dem

»Raststätten«

Früh an der Strecke liegt der Landgasthof Sonne in Hefenhofen, der traditionelle Schweizer Kost aus regionalen Produkten anbietet. Der »Schwanen« in Altnau lockt ebenfalls mit heimischen Spezialitäten und heimeliger Atmosphäre. Das Restaurant Kreuzstrasse in Zuben kann eine Besonderheit aufweisen: Hier gibt es Fleischgerichte von nebenan lebenden Hochlandrindern. Direkt benachbart in zwei schönen Riegelhäusern warten die »Sonne« und der »Sternen« in Lengwil. Alle Wirtshäuser verfügen auch über Terrassen – und noch ein Vorteil: Sie liegen jeweils direkt ohne Umwege an unserer Strecke.

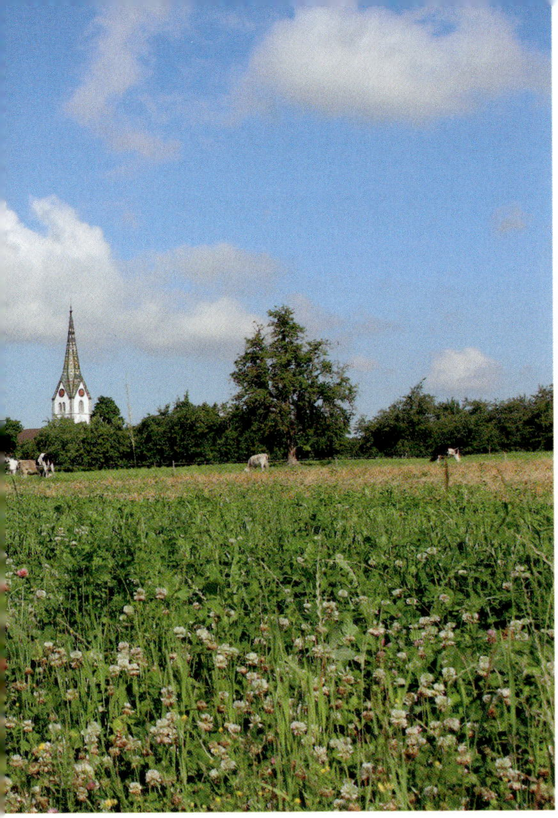

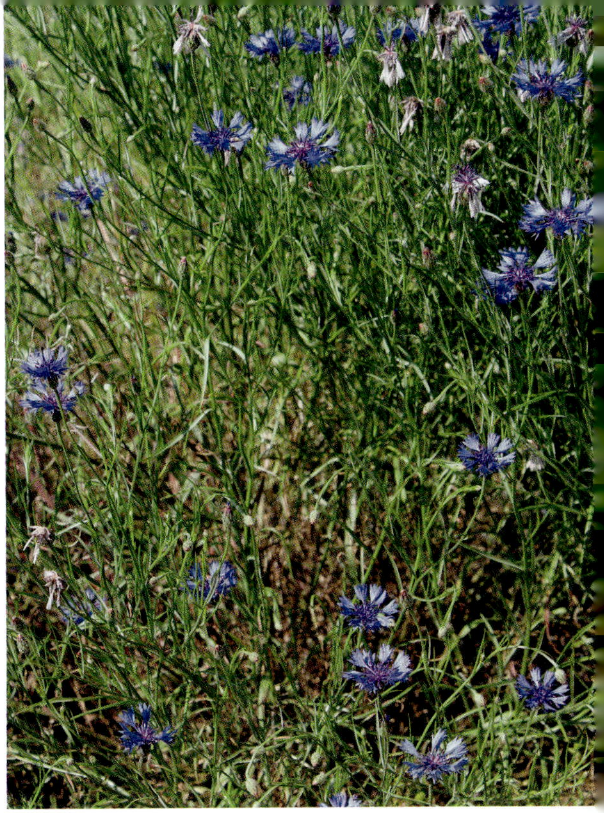

Dorf hinaus. Wir laufen länger geradeaus, bis zu einem Wegweiser, wo wir uns entgegen der Pfeilrichtungen nach rechts wenden, unterhalb der Obstplantagen entlang bis zum Landsträßchen, hier links hoch nach Zuben direkt auf das gut sichtbare ❺ **Gasthaus Kreuzstrasse** zu.

Links: Zwischen Amriswil und Altnau geht es durch den Wald.

Mitte: Schöner Name für ein schönes Dorf: Sommeri

Rechts: Natur in allen Formen und Farben bietet unsere Tour.

Schloss Liebburg In Zuben laufen wir rechts an der Hauptstraße entlang bis zum Nachbarort ❻ **Schönenbaumgarten**, dort kurz vor der Bushaltestelle links hinunter zum Bach, nach der Brücke an diesem entlang rechts. Am kleinen Waldstück rechts hinab zur Straße, dort gegenüber links den Weg Richtung Martinsmühle weiter. Weiter führt der Weg durch das Mühlengelände und nach dem Bach links den kleinen Anstieg hoch, an der Kreuzung dann rechts und nun lange geradeaus (den Wegweisern »Liebburg« folgend). An der nächsten größeren Kreuzung (wieder mit Infotafel zum Naturschutzgebiet) biegen wir, obwohl kein Pfeil in diese Richtung zeigt, rechts ab und gehen aus dem Wald hinaus. Der Weg bringt uns bis vor das Tor von ❼ **Schloss Liebburg**, dessen Anfänge bis ins 12. Jahrhundert zurückreichen, das jedoch später immer wieder baulich verändert wurde – um den hübschen Landsitz herum beeindruckt das große Gartengelände. Den Weg weiter geht es bis nach Dettighofen, schließlich rechts, immer an der Straße entlang, ins benachbarte Lengwil und bis zu den beiden Gasthöfen »Sonne« und »Sternen«. An der Kreuzung gehen wir gerade hinüber in die Bahnhofstrasse, die vor der Unterführung zum Ⓔ **Bahnhof** hochführt. Von dort geht es mit dem Zug zurück nach Amriswil (via Kreuzlingen und Romanshorn). Wartend, kann man noch die Infotafel zum Festungsgürtel studieren.

34 Von Frauenfeld über Pfyn nach Mammern

Durch die Spätantike an den See

Mittel | 19 km | 240/240 Hm | 4,5 Std.

Tourencharakter
Gut befestigte Wege; zwischen Pfyn und Gündelhart stetiger, leichter Anstieg, zur Ruine Neuburg dagegen steiler Abstieg

Ausgangs-/Endpunkt
Frauenfeld Bahnhof/Mammern Bahnhof

Geokoordinaten
47.577927, 8.896311

Anfahrt
Am Bahnhof Frauenfeld halten sowohl Regional- als auch IC-Züge, etwa der IC Konstanz–Zürich–Luzern. Die Stadt liegt an den Autobahnen A1 (Ausfahrt Frauenfeld Süd) und A7 (Ausfahrten Frauenfeld-Ost und -West).

Einkehr
In Frauenfeld besteht an Gaststätten kein Mangel, an der Strecke finden sich zudem Einkehrmöglichkeiten in Pfyn und Mammern.

Karte
Kümmerly + Frey, Bodensee-Thurgau Wanderkarte Nr. 2 (1:60 000)

Information
Regio Frauenfeld Tourismus, Bahnhofplatz 25 (Schalterhalle SBB), CH-8500 Frauenfeld, Tel. +41 (0)52/721 31 28, www.regiofrauenfeld-tourismus.ch

Von der Kantonshauptstadt geht es erst in die Römerzeit, dann über den Seerücken unterhalb der stattlichen Ruine Neuburg ans Ufer.

Frauenfeld Natürlich ist die Kantonshauptstadt selbst bereits äußerst sehenswert und lädt zum Einkaufsbummel, zum Kulturbesuch zahlreicher Museen und historischer Bauten oder in eine ihrer Gastwirtschaften ein, doch haben wir ja noch eine längere Wanderung vor uns und schlängeln uns deshalb nach kurzem oder längerem Aufenthalt aus dem Zentrum hinaus. Hierfür verlassen wir den Ⓐ **Bahnhof** links zum Kreisel, überqueren die Gleise zum nächsten Kreisel und laufen hier am Park die Militärstraße entlang. Es bleibt martialisch, wenn wir bis zum Waffenplatz – einem militärischen Übungsgelände, das auch als Naherholungsgebiet dient – laufen, wo wir am Hinweisschild rechts Richtung Pferderennbahn und Open-Air-Feld abbiegen. Nach der Rennbahn nehmen wir

Rechts: Ruine Neuburg

Links: Das Städtli: der historische Ortskern von Pfyn

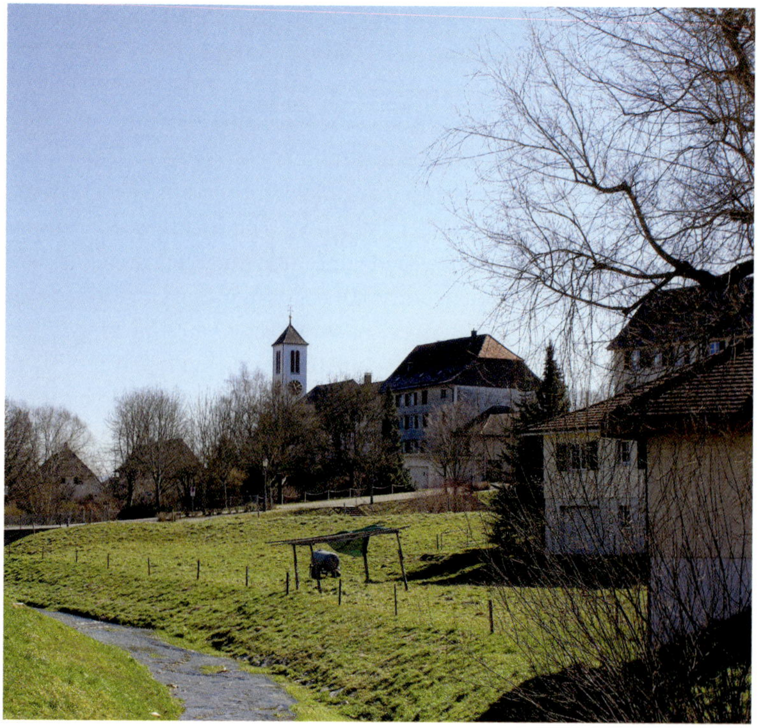

den Weg rechts und dann links in Richtung Hundesportverein, an dessen Haus vorbei geradeaus bis zum Wald, dort kurz rechts und wieder links vor der Unterführung an der Straße entlang. Wir biegen auf einen Weg am Binnenkanal ein, der uns rechts zur Straße führt. Hier links über die ❶ **Thurbrücke** und dann auf der rechten Straßenseite bis zum ersten Gebäude, nach diesem rechts in den Wald – bald kommen wir am Freibad Pfyn an.

Pfyn Der kleine Ort ist – buchstäblich – eine Fundgrube für Historiker, dessen Geschichte zu erzählen ganze Bücher erfordern würde (die es auch gibt!). Schon beim Eintritt in den auf einer kleinen Erhebung gelegenen uralten Teil Pfyns, das sogenannte ❷ **Städtli**, umweht uns ein Hauch von Geschichte. Dabei

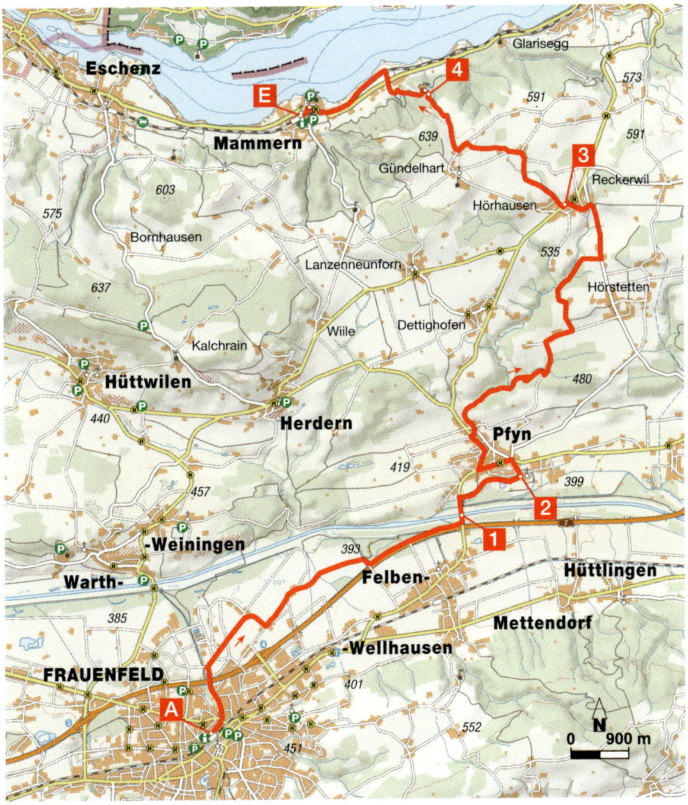

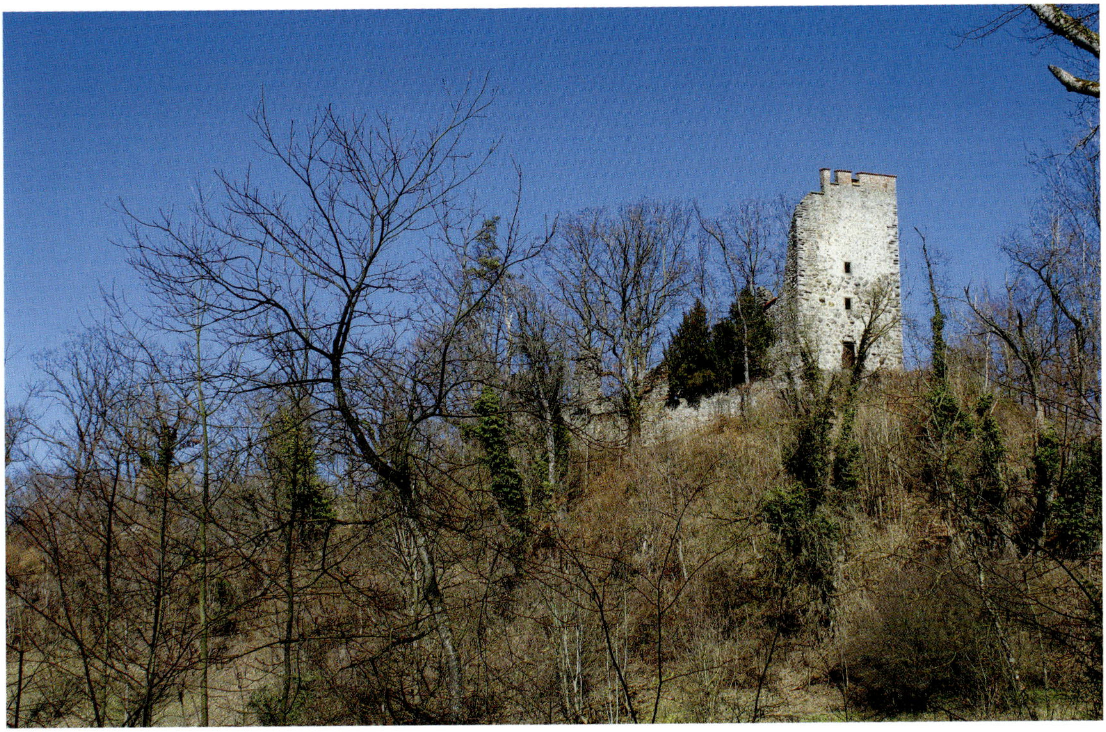

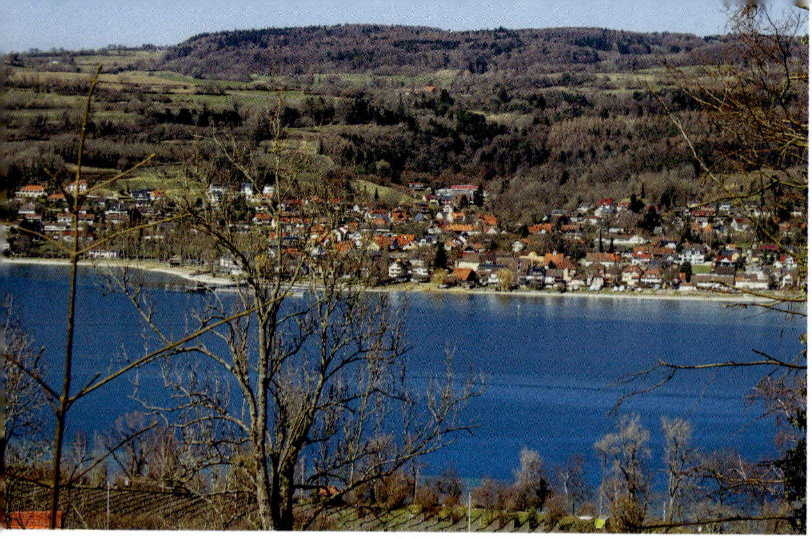

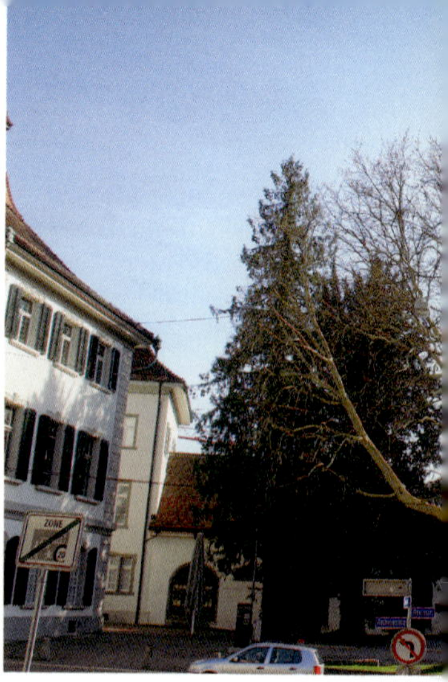

liegen die Anfänge der Siedlung etwas östlicher in der Gemarkung Breitenloo noch viel tiefer in der Vergangenheit: Die Funde in der dortigen Niederlassung jungsteinzeitlicher Bewohner waren so beeindruckend, dass nach ihnen eine ganze Epoche, die Pfyner Kultur (3500–3000 v. Chr.) benannt wurde, deren Spuren allerorten um den Bodensee zu entdecken sind. Wir aber befinden uns auf römischem Boden, das Städtli geht auf eine spätantike Festung (Ende des 3. Jahrhunderts) zurück, deren nördliche Mauern noch deutlich zu erkennen sind, sie prägt noch heute den Umriss der Bebauung. Die urige sogenannte Trotte (wahrscheinlich die Zehntscheuer) und das danebenstehende Schloss, einst um 1535 von Jakob Mötteli von Rappenstein errichtet, dem »Tyrannen von Pfyn«, der seine Untertanen knechtete und gern Streit anzettelte, sodass er laut Sage noch immer im Keller seines Ansitzes umgehen muss, sind gekonnt mit moderner Architektur zu mit Leben erfüllten Bauten umgestaltet worden: Hier sind die Pfyner Gemeindehalle, der Kindergarten und die Schule sowie ein kleines Museum (Fr 15–19 Uhr und nach Anmeldung) untergebracht. Die beiden Konfessionen dienende Pfarrkirche St. Bartholomäus bildet den Abschluss des einzigartigen Ensembles, ihre Vorgängerin entstammte dem 6. Jahrhundert, der heutige Bau ist ebenfalls von hohem Alter und im Inneren von schlichter Schönheit.

Hoch auf den Seerücken 1476 führte ein Brand im Städtli dazu, dass sich die meisten Pfyner nebenan am Bach ansiedelten. Wir folgen ihrem Weg von der alten Festung über den Schulweg ins Dorf. Hier gibt es kleinere Geschäfte und mehrere Einkehrmöglichkeiten zur Stärkung vor dem Weg auf den Seerücken. Wir gehen links an der Hauptstrasse und orientieren uns fortan am Dorfbach, das heißt, wir biegen nach dem Sonnenhof rechts ab und laufen nun den gesamten Bachverlauf bis zum Ortsende nördlich nach, der uns schließlich auf einen Wanderweg

Gündelhart

Der kleine Ort, den wir nur kurz streifen, hat kaum 70 Einwohner, aber mit dem Schloss aus dem 17. Jahrhundert und der kleinen Pfarrkirche mit dem weit sichtbaren Zwiebeltürmchen gleich zwei markante Sehenswürdigkeiten aufzuweisen. Das Schloss ist heute ein Hofgut mit Hofladen und kann für Veranstaltungen genutzt werden.

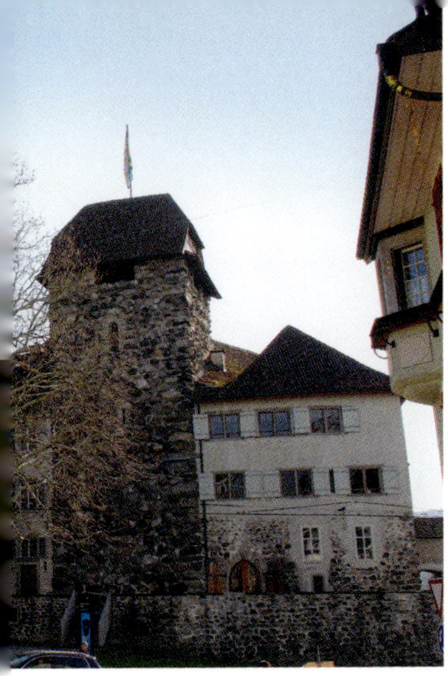

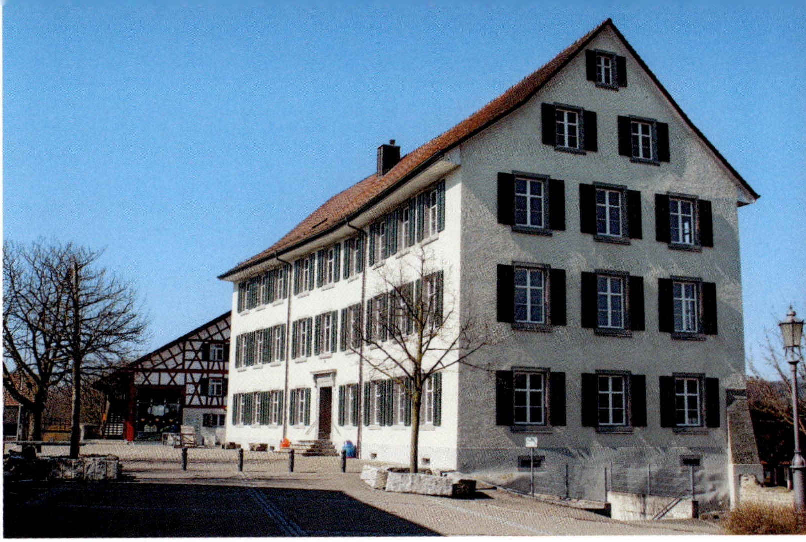

Links: Blick von der Neuburg auf das gegenüberliegende deutsche Ufer

Mitte: Schloss Frauenfeld

Rechts: Das Pfyner Schloss im Städtli

bringt, der nach einer Rechtskurve im Wald durch den Dorfbachtobel führt. Oben an der Lichtung gehen wir dann rechts und kurz darauf links auf den ersten Bauernhof zu, durch diesen rechts hindurch zum nächsten Gehöft und auch an diesem vorbei, an der nächsten Abzweigung links und dann rechts und das Gleiche – erst links, dann rechts, dann links zum Waldrand und hier erneut links, bis wir durch den Wald via Rechtskurve zur Landstraße kommen. An dieser müssen wir leider links ein kurzes Stück entlang bis zur Abzweigung nach ❸ **Hörhausen** laufen, mit der ersten Straße (Käsereistrasse) biegen wir links in den Ort ein. Diesen durchqueren wir bis zur Hauptstrasse, dort kurz links und dann auf der anderen Seite rechts hoch, wieder an einem kleinen Bachtal entlang. Dieser Wanderweg führt mitten durch ein Gehöft, danach rechts weiter bis zur nächsten Großkreuzung bei den Häusern, wo wir links abzweigen, um uns dann gleich an der nächsten Gabelung rechts einzuordnen. Das Gleiche – erst links, dann kurz darauf rechts – an den nächsten Abzweigungen. Die Rosenbergstrasse verlassen wir kurz vor dem abschließenden Hof rechts auf den unscheinbaren Wiesenweg, der uns bereits auf die Ruine Neuburg hinweist.

Die Neuburg und Mammern Ohne es zu sehen, sind wir schon sehr nah am See. Nun müssen wir aber erst einmal zur Ruine im Wald hinabsteigen, der Weg ist etwas steil, doch stehen wir bald direkt vor dem Hügel der imposanten ❹ **Neuburg**. Dank ihrer hervorragenden Lage über dem Untersee konnte die im 13. Jahrhundert errichtete Feste, eine der größten am Bodensee, den dortigen Handelsverkehr überwachen. Sie fiel schließlich keinen feindlichen Erstürmern, sondern der Vernachlässigung anheim, weil sie ab dem 17. Jahrhundert nicht mehr gebraucht wurde. Gleichwohl sind ihre Überreste beeindruckend – wie bei vielen thurgauischen Ruinen gibt es hier einen hübschen Grillplatz. Unterhalb von diesem steigen wir durch den Wald weiter ans Ufer hinab, überqueren die Straße in die Obstplantagen und laufen anschließend links an der Bahnlinie entlang in den Schlossort Ⓔ **Mammern** mit seiner bekannten Rokokokapelle. Hier kann man ausruhen, einkehren, am Ufer promenieren und anschließend per Bahn über Kreuzlingen nach Frauenfeld zurückfahren.

35

Von Müllheim nach Steckborn

Über den Seerücken

Mittel 13,5 km 275/285 Hm 3,5 Std.

Tourencharakter
Ab Müllheim geht es bis Heidenhaus kontinuierlich bergan, jedoch auf gut befestigten Wegen. Der Abstieg nach Steckborn ist kürzer, besitzt aber Teilabschnitte auf engen Wurzelpfaden.

Geokoordinaten
47.588248, 9.015315

Ausgangs-/Endpunkt
Bahnhof Müllheim-Wigoltingen

Einkehr
Gleich zu Beginn im Ortsteil Hasli oder auch in Müllheim selbst sowie in Heidenhaus und Steckborn

Anfahrt
Der SBB-Halt Müllheim-Wigoltingen liegt außerhalb der beiden Gemeinden in Hasli. Müllheim besitzt eine eigene Ausfahrt an der Schweizer A7 Kreuzlingen-Winterthur.

Karte
Kümmerly + Frey, Bodensee-Thurgau Wanderkarte Nr. 2 (1:60 000)

Information
Steckborn Tourismus, Seestrasse 123, CH-8266 Steckborn, Tel. +41 (0)52/761 10 55, www.steckborntourismus.ch

Ein Schloss, eine der schönsten Thurgauer Dorfkirchen, eine Seepromenade und viel Auf und Ab bietet unsere zweite Tour über den Seerücken.

Müllheim Der **A Bahnhof Müllheim-Wigoltingen** liegt im kleinen Weiler Hasli, der von einer großen Schweizer Getreidemühle dominiert wird – vom Bahnhofsgebäude laufen wir links am Landgasthof War-

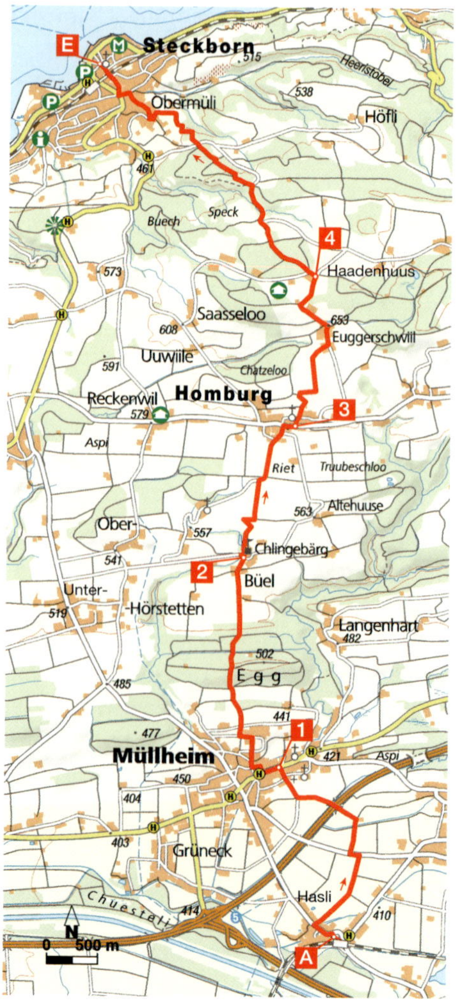

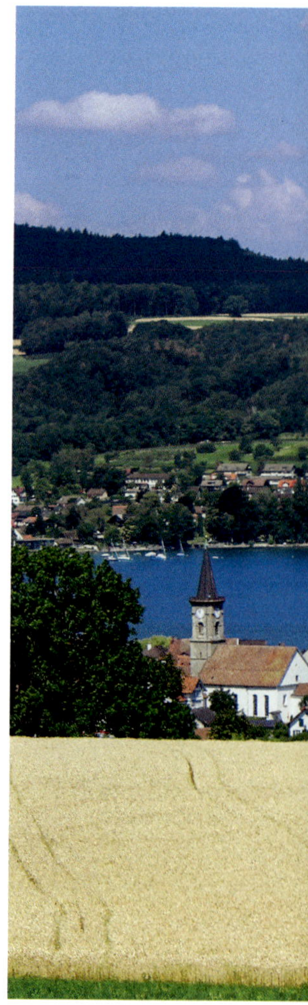

tegg auf die Getreidemühle zu bis zum Riegelhaus, wo wir auf die andere Straßenseite rechts zum Wanderweg wechseln. Auf diesem halten wir uns jeweils links bis zur Landstraße, an dieser kurz links entlang bis zum nächsten Weg, der gegenüber rechts abzweigt, an der nächsten Kreuzung links bis zur Autobahnunterführung.

Auf der anderen Seite kurz links, dann aber gleich rechts bis zum nächsten Sträßchen, das uns rechts nach **1** **Müllheim** bringt. An der Kreuzlinger Strasse eingetroffen, wählen wir den Zebrastreifen, gehen kurz links zum Käsereiweg, diesen rechts hoch, wieder links den Kirchweg entlang, erneut rechts, dann links bis zur Kreuzung, wieder einmal rechts und dann geradeaus, nach den Häusern über den Wiesenweg hoch zur Siedlung und hier links bis zur Straße, dann rechts hoch und nach den letzten Häusern geradeaus auf den Wald zu – klingt kompliziert, ist aber bestens ausgeschildert. Und zum Ausgleich wird es von da an ganz einfach, wenn es auch ab jetzt stetig bergan geht. Da der Thurgauer Seerücken eine Faltenstruktur hat, baut er sich vor uns von Kuppe zu Kuppe auf.

Steckborn im Vordergrund, gegenüber das deutsche Höri-Ufer

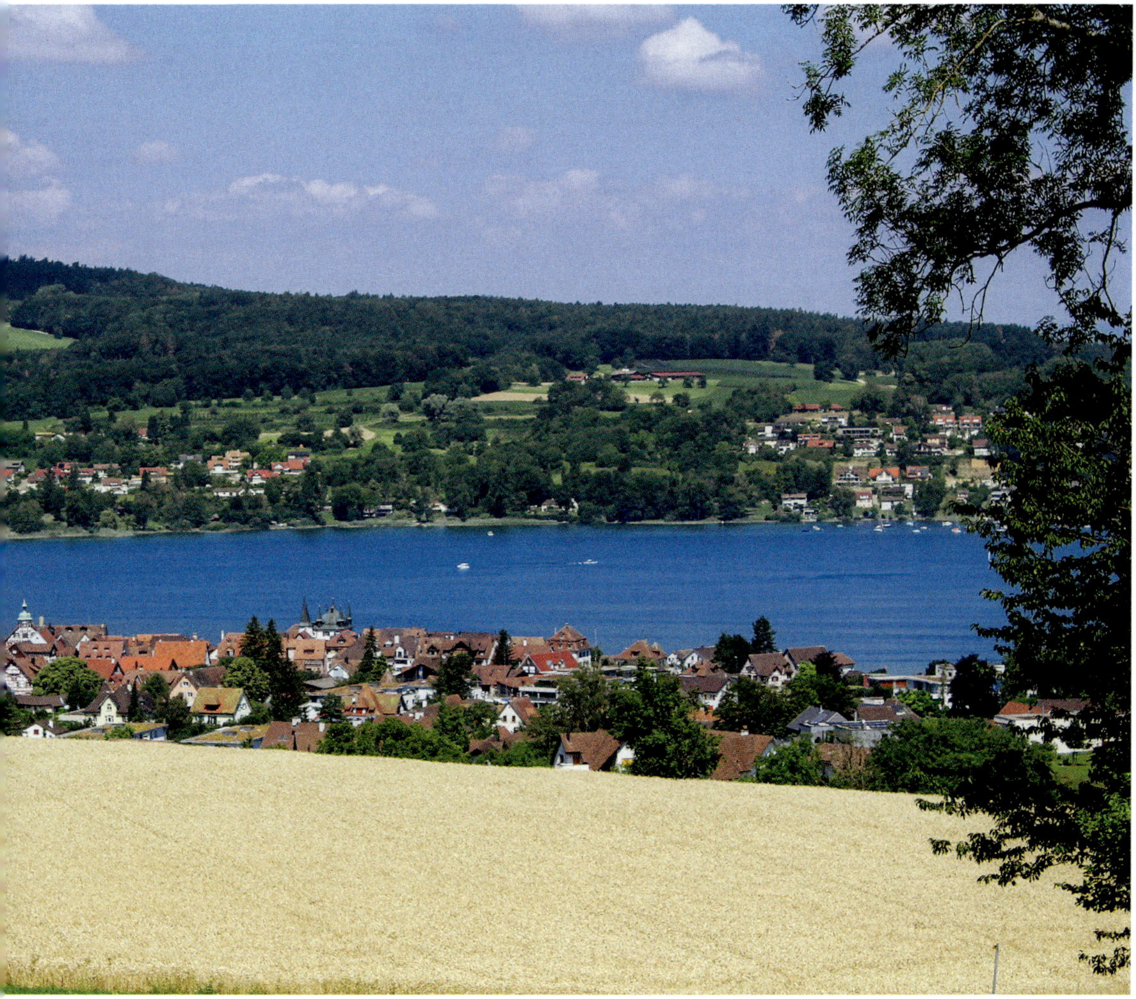

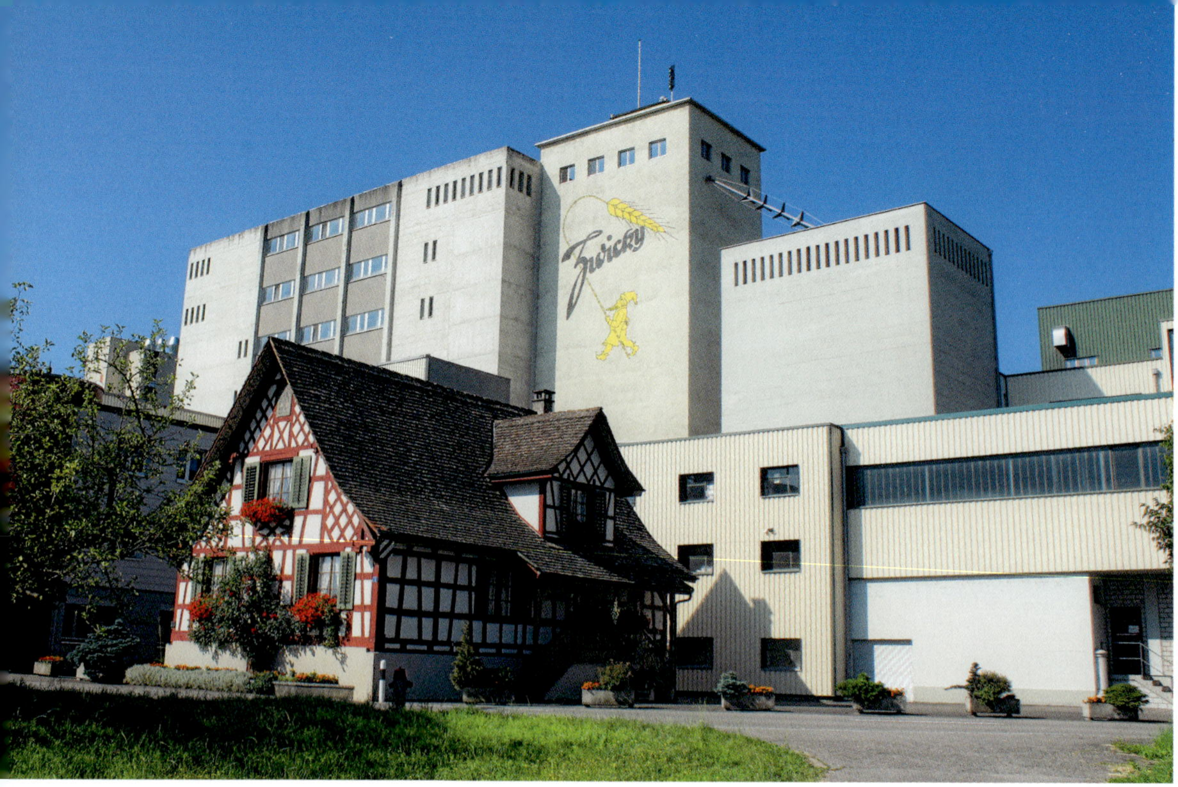

Kontraste: Riegelhaus vor Fabrikgebäude in Hasli

Klingenberg und Homburg Noch einmal heißt es aufpassen: Wenn wir am Waldrand angekommen sind, gehen wir nicht rechts, sondern leicht links auf den Waldweg an der Infotafel. Nach der Pferdesperre geht es recht steil bergauf, im Wald laufen wir stets stur geradeaus, bis wir auf der anderen Seite wieder aus ihm herauskommen. Selbst dann bleiben wir noch schnurgerade, vorbei an den Einzelhöfen, bis wir zum ❷ **Schloss Klingenberg** kommen, das hinter einer der erwähnten Kuppen liegt. In der schlichten, trotz Gebäudeverlusten aber durchaus noch imposanten Barockanlage aus dem 18. Jahrhundert residierten einst die Statthalter der Fürstabtei Muri. Am Wasserschloss links vorbei (aber geradeaus!) geht es durch das Waldstück schon die nächste Erhebung hoch, oben sehen wir links den Hof Oberkappel mit Kapelle, für uns geht es aber weiter geradeaus bis ins ebenfalls schon gut sichtbare ❸ **Homburg** mit seiner die Landschaft beherrschenden Barockkirche. Beide gehörten zu der kleinen fürstäbtlichen Herrschaft Klingenberg. Wir orientieren uns an der Kirche, zu der wir über die Kappelstrasse gehen, dann wenige Meter rechts an der Hauptstrasse und gleich wieder links hoch durch den hübsch bepflanzten Kirchhang zu dem Gotteshaus aus dem 18. Jahrhundert, das zu den schönsten Dorfkirchen des Thurgaus zählt. Nach dem Besuch dort laufen wir den Hügel auf der anderen Seite (Sonnenbergstrasse) kurz hinunter, um die nächste Kuppe in Angriff zu nehmen, wir machen eine größere Kurve und gehen rechts weiter am Hang und dann auf Euggerschwil zu.

Abstieg ab Heidenhaus Am ersten Hof gehen wir links durch die Hühnerfarmen und an der Kreuzung erneut links – natürlich bergan. Auf halber Höhe kommen wir zum Jagdhaus, einem markanten Holzbau, hier rechts weiter hoch bis zum Landgasthof ❹ **Heidenhaus** – dem höchsten Punkt unserer Tour. An der Großkreuzung

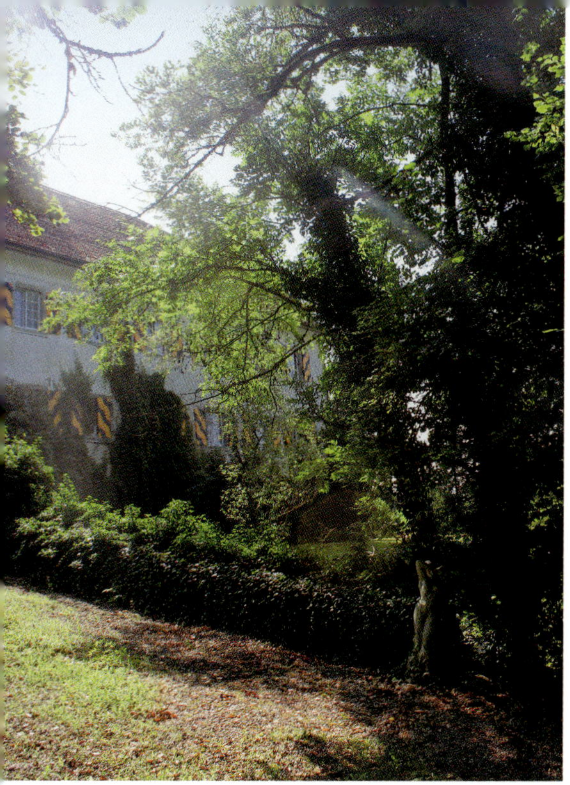

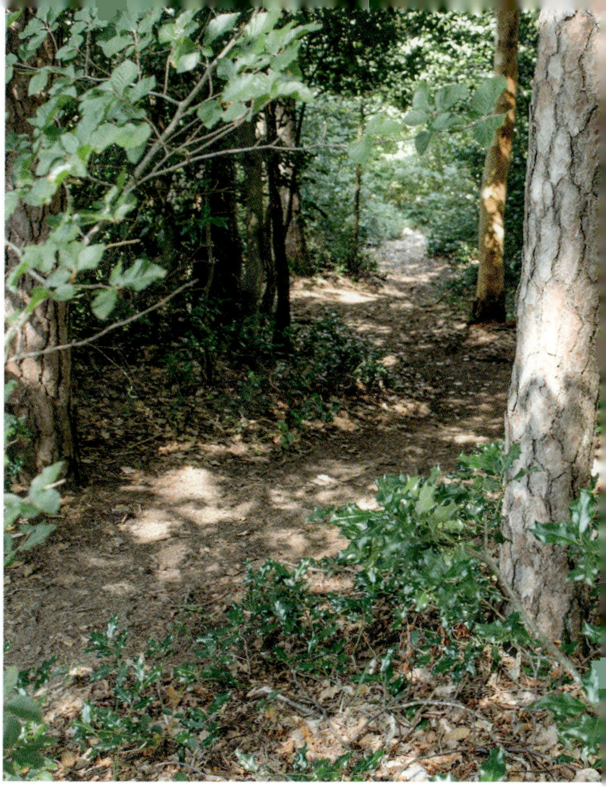

erst links, dann halb rechts in den Wald hinein. Wenn wir diesen verlassen, halten wir uns erst geradeaus, dann leicht rechts auf dem Teerweg ins nächste Waldstück und bis zum Grillplatz. Hier links, der Wanderweg ist jedoch nicht der Forstweg, sondern ein kleiner Wurzelpfad links, der direkt von der Feuerstelle im Wald aus hoch über dem Tobel entlangführt. Nach einiger Zeit auf dem engen Abschnitt kommen wir auf einen breiteren Weg zurück und gehen hier links bergab weiter, bis wir auf eine Straße treffen. Wir queren diese durch das nächste Waldstück, erreichen erneut ein Sträßchen, gehen über dieses auf die Wiese gegenüber, am Waldrand entlang und hinunter bis zum nächsten Weg, der uns rechts mit schöner Aussicht auf Steckborn, den Bodensee und die Höri am gegenüberliegenden Ufer in den Ort bringt. Sobald wir auf die Dorfstraße stoßen, können wir dieser rechts bis ins Zentrum folgen. Steckborn ist berühmt für seine Kachelöfen, seine Nähmaschinen und den Ortskern mit der evangelischen Kirche und den engen, mittelalterlich wirkenden Sträßchen. Sehenswert ist auch das prächtige Rathaus mit seiner schönen Fachwerkfassade (1667) und der Turmhof, ein Wehrbau des 14. Jahrhunderts mit später hinzugefügtem Türmchendach, heute das Heimatmuseum. Wer durch das Tor des Rathauses geht, kommt auf die schöne Uferpromenade, die an dem teils noch mauerumwehrten Ort entlangführt. Vom E **Bahnhof** kommt man schließlich via Kreuzlingen nach Müllheim zurück.

Links: Schloss Klingenberg

Rechts: Einmal mehr geht es bergauf.

Conny-Land

Nicht weit von unserer Strecke bei Lipperswil befindet sich der größte Freizeitpark der Schweiz, das Conny-Land, so benannt nach einem der Gründer. Von den einst vorherrschenden Tiershows sind nur noch die Seelöwen und Papageien geblieben. Berühmt ist der Park inzwischen für seine Fahr- und Spielgeräte – darunter die größte Achterbahn der Schweiz – sowie diverse moderne Showattraktionen wie Laserlabyrinthe und ein 4D-Kino. Perfekter Kontrast zu einem ruhigen Wandertag. www.connyland.ch.

36

Von Bussnang über Tobel nach Wuppenau

Ins Innere des Tannzapfenlands

Schwer | 28 km | 330/330 Hm | 6 Std.

Tourencharakter
Aufgrund der Länge und sich dadurch summierenden Anstiege fällt die Wanderung in die Kategorie schwierig. Bis auf den Abstieg ins Tal hinter Tobel jedoch gut befestigte Wege.

Ausgangs-/Endpunkt
Bussnang Bahnhof

Geokoordinaten
47.566190, 9.084193

Anfahrt
Bussnang liegt an der Bahnstrecke Weinfelden–Wil (Halt auf Verlangen!). Die Nationalstraße 14 führt durch das nahe Weinfelden, etwas weiter entfernt ist die Schweizer A7 Kreuzlingen–Winterthur (Ausfahrt Müllheim).

Einkehr
An der langen Strecke liegen zahlreiche Gasthöfe, genannt seien Wirtshäuser in Bussnang, Affeltrangen, Tobel, Mettlen und Oberbussnang.

Karte
Kümmerly + Frey, Bodensee-Thurgau Wanderkarte Nr. 2 (1:60 000)

Information
Gemeinde Tobel-Tägerschen, Hauptstrasse 22, Ch-9555 Tobel, Tel. +41 (0)58/346 01 00, www.tobel-taegerschen.ch

Eine große Runde durch den unteren Thurgau fordert viel Kondition, belohnt aber mit wunderschöner Landschaft und schmucken Dörfern.

Von Bussnang nach Tobel Bussnang nahe Weinfelden besitzt nur einen kleinen Ⓐ **Bedarfshaltebahnhof**, an dem Züge halten, die hier im Ort gebaut wurden: Die Eisenbahnfabrik beherrscht den Ort wie nur noch die beiden nebeneinanderstehenden Kirchen und der Viadukt, zu dem wir nun laufen. Dafür gehen wir die Bahnhofstrasse hoch, kurz rechts weiter, dann aber scharf links hinunter ins Gässli, nach dem Haus links und dann die zweite Straße links auf die Talbrücke zu und unter ihr hindurch. Nach dem Seniorenheim kurz links, dann rechts hoch (Schindegg). Der erste von vielen Anstiegen beginnt. Im Wald bleiben wir geradeaus, bis wir auf der anderen Seite an der Bahnlinie wieder herauskommen; dort am Hof vorbei und links über die Brücke, an der nächsten T-Kreuzung rechts, leicht abwärts, nach einigen Hundert Metern dann erneut rechts zum Schmidshof, vorbei am Grillplatz. Wir durchqueren ❶ **Oberschmidshof**

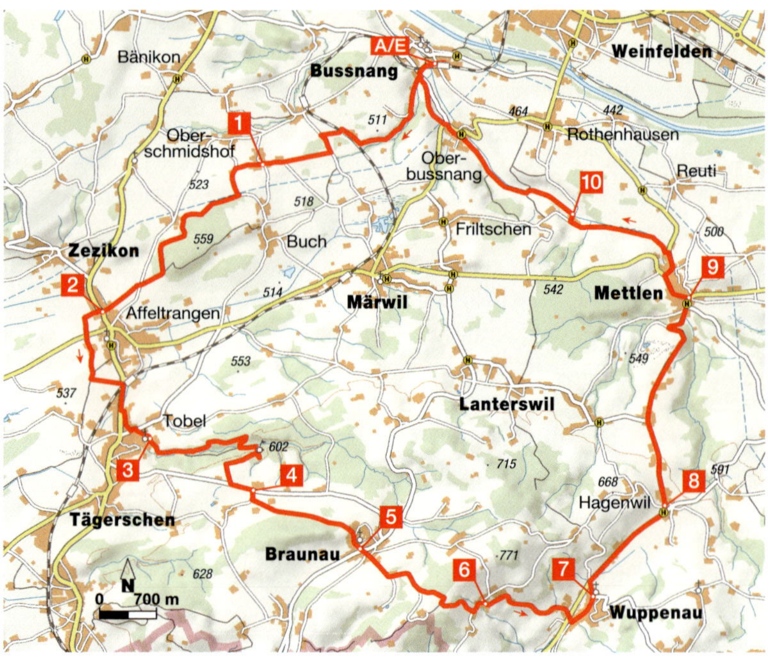

vollständig und kommen zum alten Wegweiser, wo wir links zur Pelletsfabrik abbiegen, an dieser vorbei bis zum Waldrand. Dort geht es rechts und dann kurz vor Haghof links im Wald weiter. Wenn wir diesen verlassen, sehen wir rechts bereits den bunten Kirchturm von ❷ **Affeltrangen**, wir biegen also rechts ab und kommen so an der nächsten Kreuzung geradeaus in das Dorf. An der »Fifties Bar« wechseln wir hinüber, um neben der Bäckerei sogleich wieder links weiter auf den kleinen Weg ortsauswärts einzubiegen, an der nächsten Kreuzung gehen wir links hoch, überqueren die Straße hinüber nach Kreuzegg, wandern durch den Hof, dann die Wiese hoch auf den Schwabenweg, eine alte Pilgerstraße. Hier halten wir uns rechts bis zum Wasserhochbehälter, dort links, und an der nächsten Abzweigung erneut links zum Bahnhof Tobel-Affeltrangen.

»Most-Indien« und Tannzapfenland

Sie finden sie überall im Thurgau an Wanderwegen, Kiosken, in Strandbädern und Biergärten: mannshohe Mostkrüge, Werbeträger einer Arboner Mosterei. Der Spitzname Most-Indien für den Kanton leitet sich einerseits vom beliebten Getränk aus den Apfelanbaugebieten (siehe Tour 33), andererseits von der geografischen Form des Thurgaus ab, der – mit etwas Fantasie – an die dreieckige Gestalt Indiens erinnert. Den Hinterthurgau, den Südzipfel des Kantons und unser heutiges Wandergebiet, nennen seine Bewohner aufgrund der Nadelwälder das Tannzapfenland.

Von Tobel nach Braunau Neben dem Gasthaus am Bahnhof überqueren wir die Gleise und gehen ins Ortsinnere. Nach dem Zebrastreifen gehen wir links in die Käsereistraße am Bächlein entlang und folgen dann dem Schild »Komturei« zur ehemaligen ❸ **Johanniterkommende**, vor der wir nun stehen. Seit dem 13. Jahrhundert beherrschte dieser Ritterorden das Dorf; die Bauten sind leider in keinem so guten Zustand. Ausnahme ist die Kirche, zu der wir links hochsteigen. An ihr vorbei geht es links weiter, nach dem Autohof rechts. Wir bewegen uns nun lange geradeaus

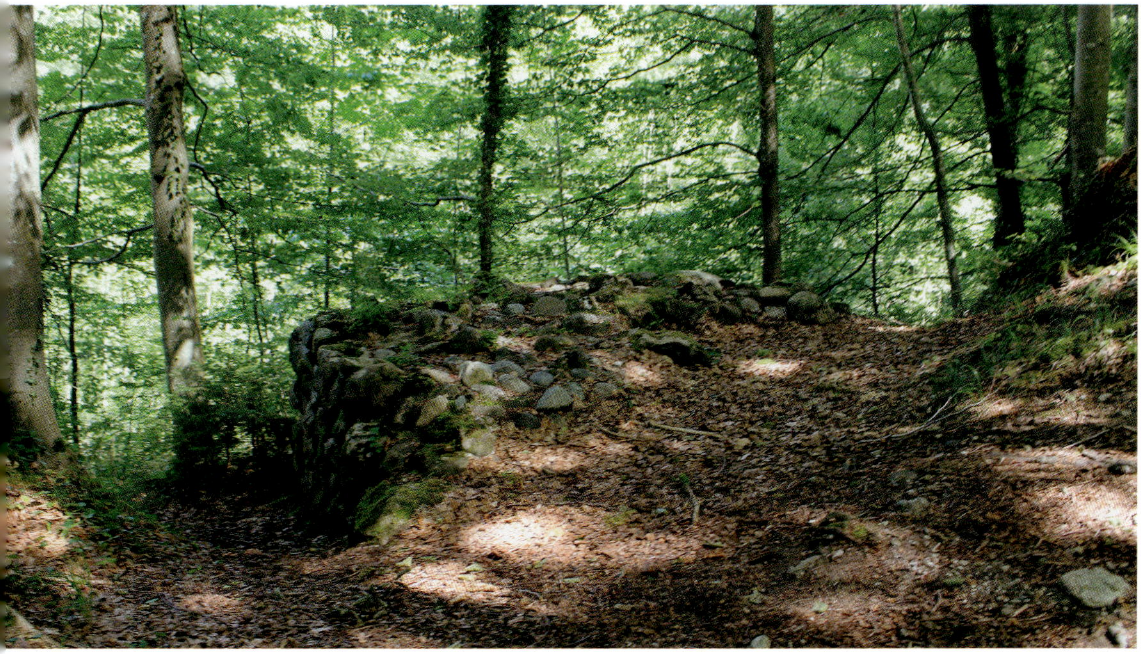

Versteckt im Tobel: Ruine Heitenau

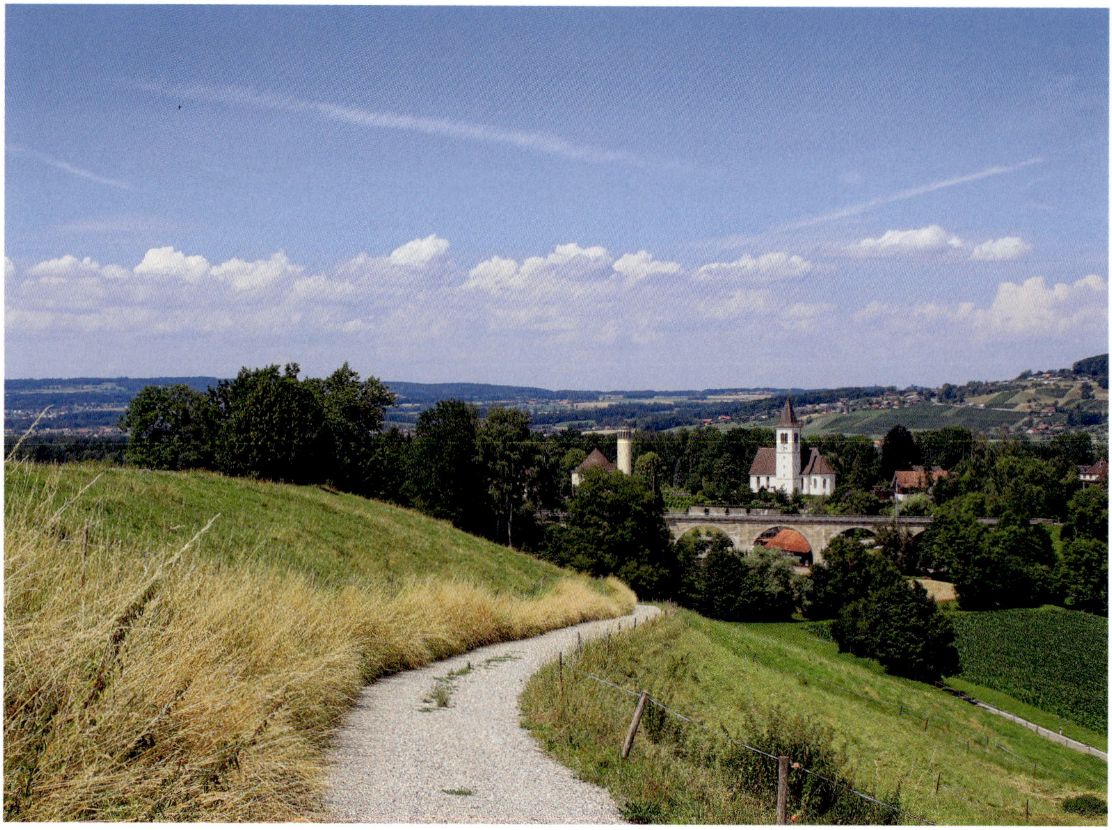

Wahrzeichen von Bussnang: der Viadukt und die beiden Kirchen

über dem einst namensgebenden (Hartenauer) Tobel, halten uns stets rechts nahe am Hang, bis wir schließlich selbst rechts auf einem schmalen Pfad hinuntersteigen. Es geht über die Brücke und auf der anderen Seite schon wieder links hinauf. Wir kommen rechts hoch zur Kreuzung, dort können wir einen kurzen Abstecher (150 Meter) zur Ruine Heitenau machen, auch sie gehörte den Johannitern, doch verfiel sie bis auf wenige Grundmauern schon im 14. Jahrhundert. Zurück bei der Abzweigung, gehen wir hoch zum Waldrand, und dann links bis zur Landstraße. Leider geht es auf dieser nun gut 300 Meter entlang – bitte Vorsicht – und dann gegenüber in ❹ **Oberhausen** rechts hoch zurück auf einen Wanderweg. Wir zweigen aber gleich wieder links ab und gehen nun lange am Waldrand entlang stetig ansteigend weiter, bis wir am ersten Hof über ❺ **Braunau** stehen, mit schönem Blick auf das herausgeputzte Zweikirchendorf. Wir steigen hinab bis zur großen Kreuzung bei der Gemeindeverwaltung, gehen geradeaus hinüber in die Dorfstraße und verlassen so Braunau mit Blick links auf die sehr alte, idyllisch gelegene Michaelskapelle. Ein langer Anstieg beginnt.

Wuppenau Wir laufen hoch, an einem Hof geradeaus vorbei (nicht abbiegen!), dann über eine Rechtskurve zum Waldrand, dort geradeaus am Wald entlang bis zur nächsten Kreuzung, hier rechts bis zum Hochbehälter – wir haben den höchsten Punkt unserer Tour mit gut 760 Metern erreicht und können den wunderbaren Ausblick bis nach Wil und zum Säntis genießen. Jetzt geht es links und dabei recht flott bergab bis nach ❻ **Greutensberg**, am Sträßchen links in den Weiler, hier rechts und weiter bergab bis zur Straße im Tal. Diese queren wir hinüber in die Dorfstraße, der wir anschließend links bis zur Kirche und dem schönen Holzhaus von ❼ **Wuppenau** daneben folgen. An der Kirche links bis zurück zur Landstraße, am Dorfmarkt dann rechts auf den neuen Rad- und Fußweg. Die nächsten Kilometer bleiben wir auf diesem – nicht schön, aber zielführend. So erreichen wir erst ❽ **Hagenwil**, folgen dort weiter der Konstanzerstrasse links nach Hagenbuch, stets weiter an der Deponie vorbei und über die Spitzkehre hinunter nach ❾ **Mettlen**.

Von Mettlen zurück nach Bussnang Hier gibt es ein paar nette Einkehrmöglichkeiten, am Ortseingang mit dem Restaurant Schäfli und geradeaus weiter der »Alten Post«. An dieser gehen wir links – man kann sich an den weinroten Radwegschildern orientieren – und kurz vor dem Anstieg rechts in die Weinfelderstraße. Diese verlassen wir kurz vor Ortsausgang am Furtbach links Richtung ❿ **Margenmühle** und sind so wieder auf einem einsameren Weg durch das Tal. Wir bleiben an der nächsten Abzweigung links und kommen so zur Margenmühle, gehen durch diese rechts über den Bach und dann gleich links weiter an diesem entlang, kurz darauf wieder über die Brücke und rechts weiter am Gewässer. Angekommen in Oberbussnang, gehen wir geradeaus durch das Dorf, treffen auf die Landstraße, queren diese diagonal hinüber auf den Wanderweg, der rechts den Berg hochführt (der zweite Weg, nicht der an der Schmiede!). Oben an der Abzweigung gehen wir links, nun hinunter und kommen so auf unseren alten Weg nahe des Viaduktes und mit ihm zum Ⓔ **Bahnhof** zurück.

Originell rasten lässt es sich (links) ...

... an so manchem ruhigen Bachtal (rechts).

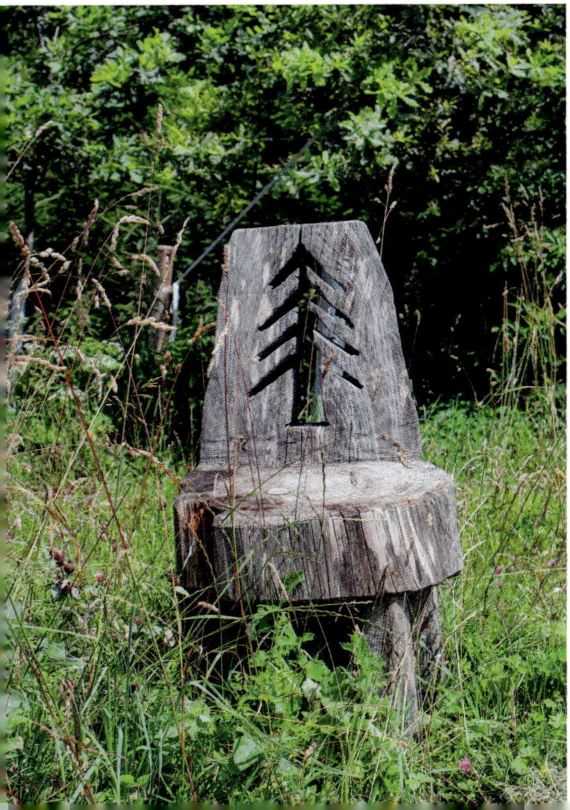

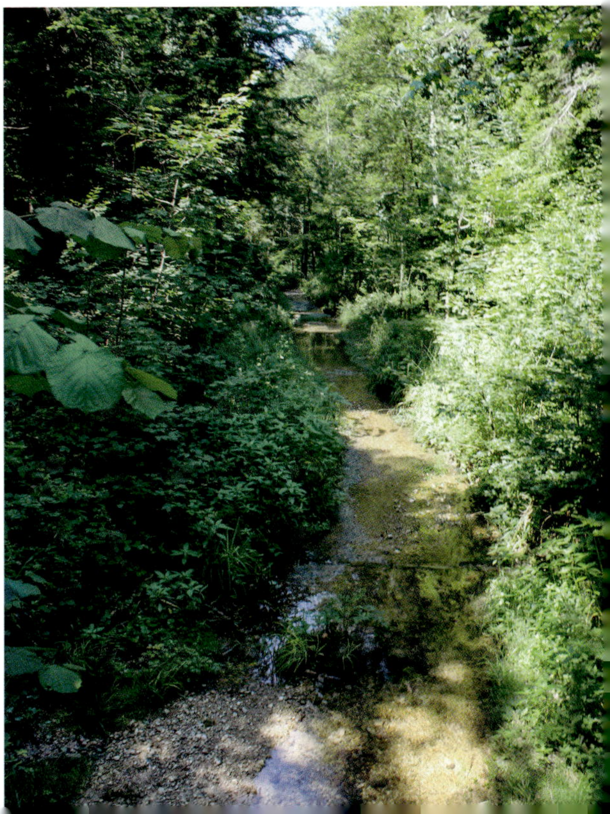

Für jeden Tag die richtige Tour

			km										
1	●	Thayngen–Opfertshofen	17,5 km	230/230 m	4,5 h	●	●	●		●		●
2	●	Bietingen–Diessenhofen	9,5 km	150/170 m	2h	●		●			●	●
3	●	Weiler–Schiener Berg	9,5 km	265/265 m	2,5 h	●			●		●	●
4	●	Stahringen–Mindelsee	17 km	70/70 m	3,5 h	●	●	●	●		●	●
5	●	Allensbach–Freudental	12 km	120/120 m	3h	●		●	●		●	●
6	●	Singen–Rosenegg–Gottmadingen	10 km	120/110 m	2,5 h	●	●	●		●		●
7	●	Mühlhausen–Aach	19 km	55/55 m	4,5 h	●	●	●	(●)	●		●
8	●	Honstetten	17 km	145/145 m	3,5 h	●		●	●		●	●
9	●	Stahringen–Homburg	5,5 km	195/195 m	1,5 h		(●)				●	●
10	●	Stockach–Hoppetenzell	15 km	140/140 m	3 h	●	●	●			●	●
11	●	Stockach–Winterspüren	11,5 km	160/180 m	2,5 h	●		●	●	●	●	●
12	●	Engen–Schenkenberg	19 km	170/170 m	4,5 h	●		●	●		●	●
13	●	Lippertsreute – Altheim	9,5 km	80/70 m	2,5 h	●	●	●	●		●	●
14	●	Frickingen – Heiligenberg – Betenbrunn	11,5 km	310/85 m	3 h	●	(●)	●	●		●	●
15	●	Sipplingen–Aufkirch	7,5 km	180/80 m	2 h	●		●			●	●
16	●	Baitenhausen–Breitenbach	12,5 km	90/90 m	3 h	●	●	●	●	●		●
17	●	Schnetzenhausen–Markdorf	8 km	50/20 m	2 h	●	●	●	●	●		●
18	●	Langenargen–Schloss Gießen	20 km	50/50 m	4,5 h	●		●	●	●		●

Nr.	Route	Länge	Höhenunterschied	Gehzeit	Einkehr	kindergeeignet	Sehenswürdigkeit	wintergeeignet	viel Sonne	schattiger Weg	ÖPNV
19	Kressbronn–Schleinsee	13 km	90/90 m	3 h	●	●	●	●		●	●
20	Oberteuringen–Ailingen	5,5 km	10/20 m	1,5 h	●	●	●	●	●		●
21	Baienfurt–Baindt	9,5 km	65/65 m	2 h	●		●	●		●	●
22	Meckenbeuren–Oberzell	9 km	60/50 m	2,5 h	●	●	●	●		●	●
23	Wasserburg–Oberreitnau–Lindau	17,5 km	105/105 m	4 h	●	●	●	●	●		●
24	Heimenkirch–Maria Thann	14 km	80/80 m	3,5 h	●	●	●	●	●		●
25	Hohenweiler–Gwiggen–Hörbranz	8 km	85/140 m	2 h	●	●	●	●	●		●
26	Lustenau–Hohenems	14 km	20/5 m	3 h				●	●		●
27	Hatlerdorf–Hohenems	10 km	260/270 m	2,5 h	●		●			●	●
28	Rankweil–Göfis–Feldkirch	10,5 km	95/110 m	2,5 h	●	●	●			●	●
29	Rorschach–St.-Anna-Schloss	8 km	295/295 m	2 h	●	●	●			●	●
30	Goldach–Horn	10 km	160/210 m	2 h	●	●	●	●	●		●
31	Wittenbach–Bernhardzell	17 km	200/200 m	3,5 h	●	●	●			●	●
32	Bischofszell–Pelagiberg	13 km	110/110 m	3 h	●		●	●	●		●
33	Amriswil–Lengwil	16,5 km	70/20 m	4 h	●	●	●	●	●		●
34	Frauenfeld–Pfyn–Mammern	19 km	240/240 m	4,5 h	●		●	●	●	●	●
35	Müllheim–Steckborn	13,5 km	275/285 m	3,5 h	●	●	●	●	●		●
36	Bussnang–Wuppenau	28 km	330/330 m	6 h	●		●	●	●		●

Piktogramme erleichtern den Überblick

Länge
Höhenunterschied
Gehzeit
Einkehr
kindergeeignet
Sehenswürdigkeit
wintergeeignet
viel Sonne
schattiger Weg
ÖPNV

PS:

Was noch zu sagen ist ...

Ich hoffe, Sie hatten – und haben – Freude an den beschriebenen Touren und dabei schöne Erlebnisse sowie vielleicht die ein oder andere Entdeckung gemacht, mit der Sie nicht gerechnet hätten. Sei es ein Bauwerk, ein Naturerlebnis besonderer Art oder auch eine freundliche Begegnung mit Einheimischen oder anderen Wanderfreunden auf den Wegen oder bei der Einkehr.

Seien Sie kreativ!

Möglicherweise haben sie auch einmal einen anderen Weg gesucht und unsere vorgeschlagenen Routen verlassen – hoffentlich freiwillig, wenn es an der Beschreibung lag, melden Sie sich, Verbesserungen sind immer erwünscht! –, auch dies ist durchaus im Sinne unserer Entdeckertouren. In jedem Fall würde es mich freuen, wenn Sie mir zustimmen, dass Ihnen Orte und Wege vorgestellt wurden, die Ihnen abseits der großen Touristenströme die Schönheit des Bodenseegebiets nahegebracht und Sie eine Wanderung hinter sich haben, die Sie gern weiterempfehlen oder irgendwann einmal wieder selbst in Angriff nehmen möchten. Und die Ihnen Anreize geliefert hat, weiterhin selbst auf Entdeckungsreise zu gehen, denn noch immer gibt es viel Sehenswertes rund um den See, das es nicht in unser Buch geschafft hat!

Dankeschön!

Zu sagen ist auch noch Dank. An den Verlag für die verlässlich gute Betreuung und Umsetzung des Projekts. An Christian Gassner (Villingen), Michael Moser (Engen) und Konstantin Pulsack (Konstanz), die mich auf einigen der Touren begleitet haben. Dank geht auch an einige der örtlichen Kulturämter und Tourismusinformationen der Region für Mithilfe, Auskünfte und vertiefendes Material.

Gewidmet ist dieses Buch Katrin Kohler.

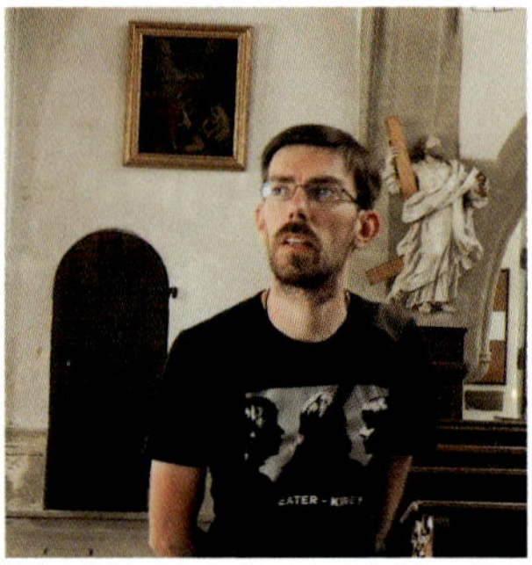

Benedikt Grimmler

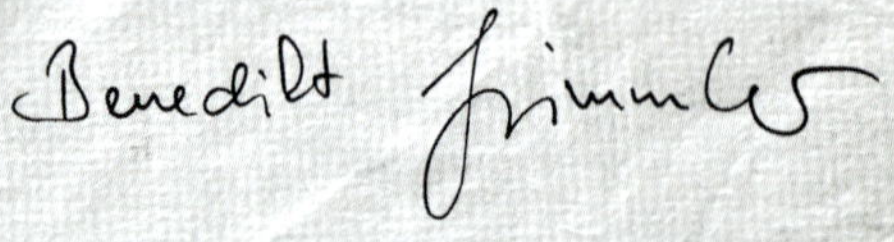

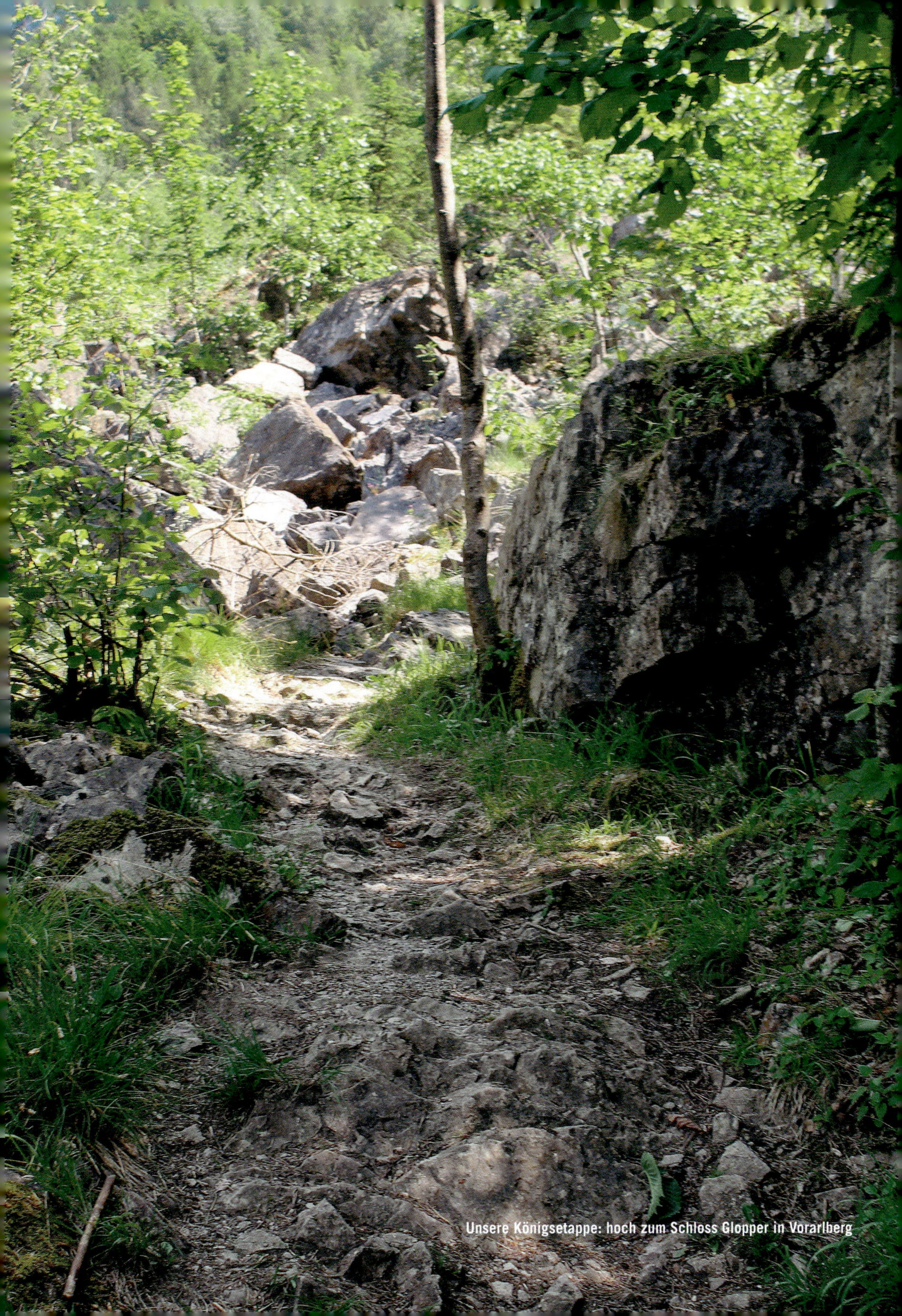

Unsere Königsetappe: hoch zum Schloss Glopper in Vorarlberg

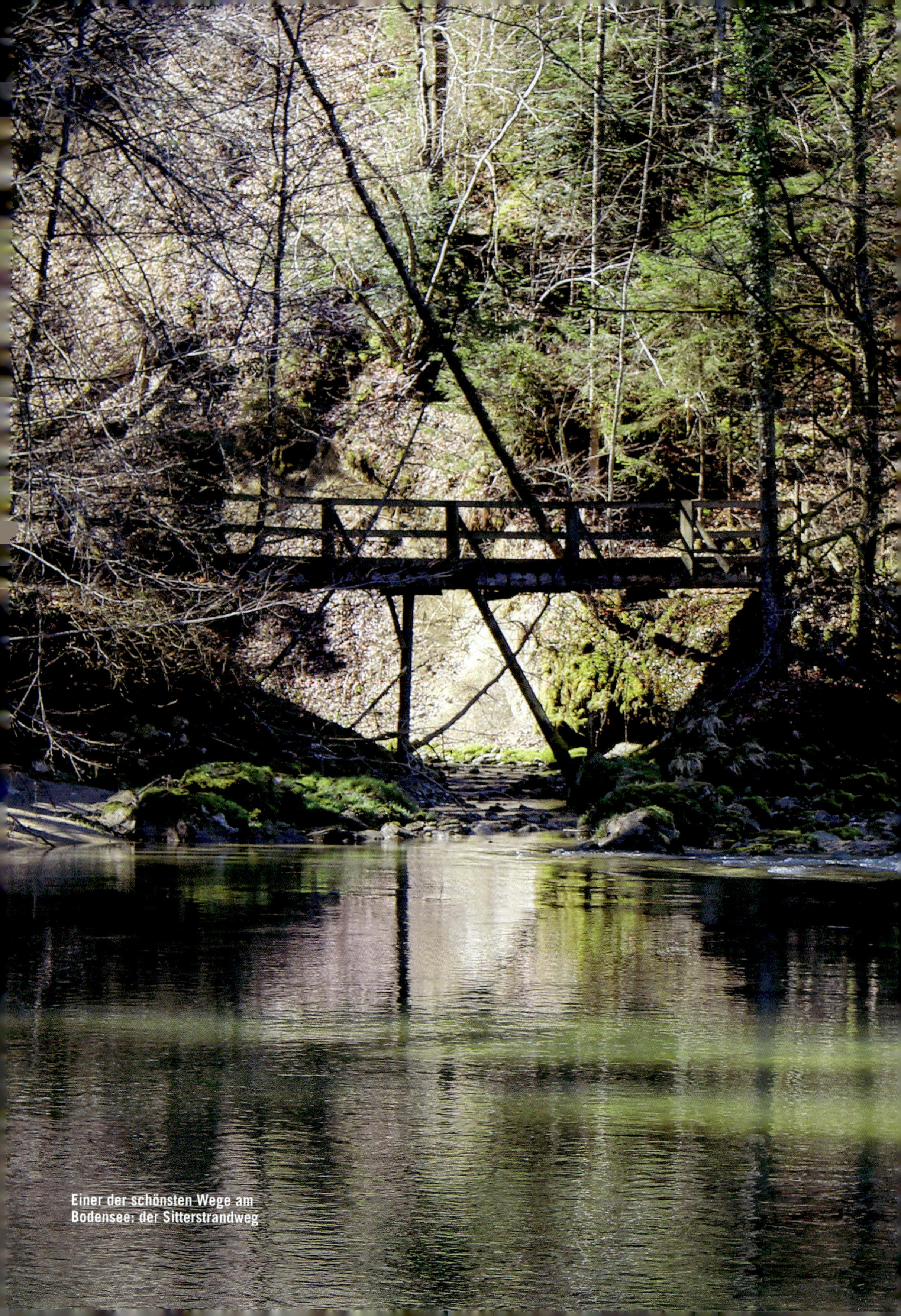

Einer der schönsten Wege am Bodensee: der Sitterstrandweg

Register

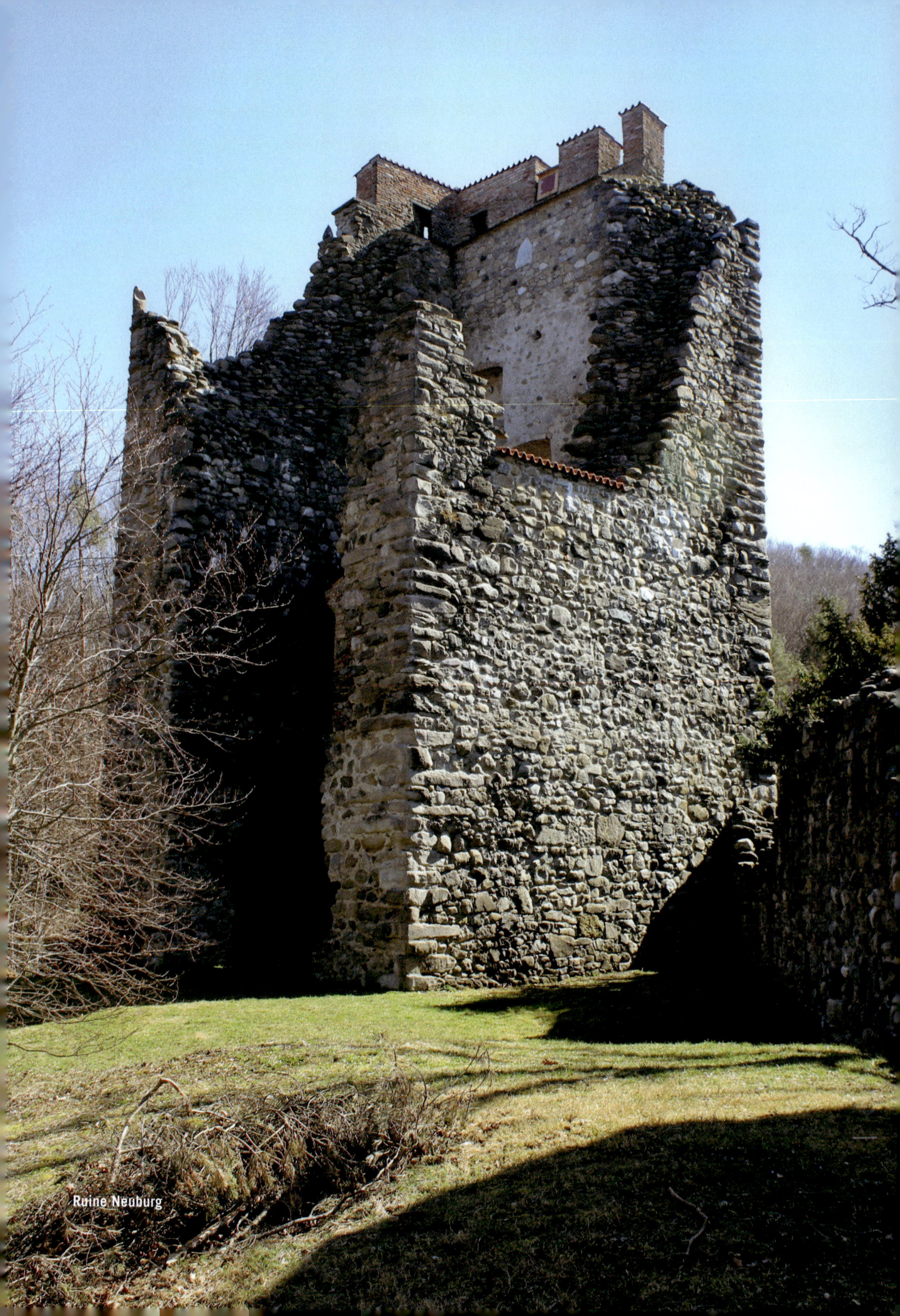

Ruine Neuburg

Impressum

Verantwortlich: Stefanie Krüger
Redaktion und Lektorat: Birgit Günther
Layout: BUCHFLINK Rüdiger Wagner, Nördlingen
Korrektorat: Simona Fois
Covergestaltung: Rudi Stix
Repro: Cromika
Kartografie: Bruckmann Verlag GmbH, Heidi Schmalfuß
Herstellung: Stephanie Schlemmer
Printed in Slovenia by Florjancic

★★★★★

Sind Sie mit diesem Titel zufrieden? Dann würden wir uns über Ihre Weiterempfehlung freuen.
Erzählen Sie es im Freundeskreis, berichten Sie Ihrem Buchhändler, oder bewerten Sie beim Onlinekauf. Und wenn Sie Kritik, Korrekturen, Aktualisierungen haben, freuen wir uns über Ihre Nachricht an Bruckmann Verlag, Postfach 40 02 09, D-80702 München oder per E-Mail an lektorat@verlagshaus.de.

Unser komplettes Programm finden Sie unter www.bruckmann.de

Alle Angaben dieses Werkes wurden vom Autor sorgfältig recherchiert und auf den neuesten Stand gebracht sowie vom Verlag geprüft. Für die Richtigkeit der Angaben kann jedoch keine Haftung übernommen werden, weshalb die Nutzung auf eigene Gefahr erfolgt. Insbesondere bei GPS-Daten können Abweichungen nicht ausgeschlossen werden. Sollte dieses Werk Links auf Webseiten Dritter enthalten, so machen wir uns die Inhalte nicht zu eigen und übernehmen für die Inhalte keine Haftung.
In diesem Buch wird aus Gründen der besseren Lesbarkeit das generische Maskulinum verwendet. Weibliche und anderweitige Geschlechteridentitäten werden dabei ausdrücklich mitgemeint, soweit es für die Aussage erforderlich ist.

Empfehlung der Redaktion: Sie sind auf der Suche nach weiterführender Literatur? Dann empfehlen wir Ihnen den Titel »Bodensee – Zeit für das Beste« von Rolf Goetz und Mirko Milovanovic. Oder Sie werfen einen Blick in die Zeitschrift »BERGSTEIGER«. Hier werden Sie bestimmt fündig.

Bildnachweis: Alle Bilder im Innenteil stammen vom Autor, außer S. 154: Georgiana Banita, Bamberg.
Umschlagvorderseite: Blick auf den Bodensee nahe Meersburg (ira008/shutterstock.com)
Umschlagrückseite: Idyll Schloss Freudental (Tour 5)

Die Deutsche Nationalbibliothek verzeichnet diese Publikation in der Deutschen Nationalbibliografie; detaillierte bibliografische Daten sind im Internet über http://dnb.d-nb.de abrufbar.

2. aktualisierte Auflage

ISBN 978-3-7343-1569-5